Dirk Lippold • Die Marketing-Gleichung für Software

D1935538

Dirk Lippold

Die Marketing-Gleichung für Software

Der Vermarktungsprozeß von erklärungs-bedürftigen Produkten und Leistungen dargestellt am Beispiel von Software

2., überarbeitete Auflage

M&P
VERLAG FÜR WISSENSCHAFT UND FORSCHUNG

Die Deutsche Bibliothek – CIP-Einheitsaufnahme

Lippold, Dirk :
Die Marketing-Gleichung für Software : Der Vermarktungsprozeß von erklärungsbedürftigen Produkten und Leistungen dargestellt am Beispiel von Software / Dirk Lippold.
– 2., überarb. Aufl.
– Stuttgart : M und P, Verl. für Wiss. und Forschung, 1998
zugl.: Göttingen, Univ., Diss., 1996
ISBN 3-476-46053-3

ISBN 3-476-46053-3

Dieses Werk ist einschließlich aller seiner Teile geschützt. Jede Verwertung außerhalb der engen Grenzen des Urheberrrechtsgesetzes ist ohne Zustimmung des Verlages unzulässig und strafbar. Das gilt insbesondere für die Vervielfältigungen, Übersetzung, Mikroverfilmungen und Einspeicherung in elektronischen Systemen.

M & P Verlag für Wissenschaft und Forschung
ein Verlag der J.B. Metzlerschen Verlagsbuchhandlung
und Carl Ernst Poeschel Verlag GmbH in Stuttgart

© 1998 J.B. Metzlersche Verlagsbuchhandlung
und Carl Ernst Poeschel Verlag GmbH in Stuttgart

Druck und Bindung: Franz Spiegel Buch GmbH, Ulm
Printed in Germany

Vorwort

Software ist eines der schillerndsten Produkte unserer Zeit. Seine Geschichte umfaßt weniger als drei Jahrzehnte. Wie kaum ein anderes Produkt ist es einer permanenten Kritik ausgesetzt. In der Fachwelt hat sich dafür ein griffiges Schlagwort festgesetzt: die Softwarekrise.

Tatsache ist, daß die Softwareentwicklung von Anfang an hinter den Innovationen im Hardwarebereich zurückgeblieben ist.

Tatsache ist aber auch, daß es den meisten Softwareunternehmen in der Bundesrepublik an Marketing-Kompetenz mangelt. Hier zeigt die Branche, in der die Entwickler das Geschäft dominieren, eine wesentliche strukturelle Schwäche.

Die vorliegende Arbeit soll dazu beitragen, diese Schwäche zu beheben und damit eine Hilfestellung zur erfolgreicheren Vermarktung von Software zu geben. Zwar ist auch das beste Marketing nicht in der Lage, schlechte, also nicht wettbewerbsfähige Produkte profitabel zu vermarkten. Hier ist der geordnete Rückzug vom Markt in jedem Fall die bessere Empfehlung. Indes zeigt die Praxis immer wieder, daß es eine Vielzahl von Softwareentwicklungen gab und gibt, die über technologische und fachliche Wettbewerbsvorteile verfügen, deren Vorzüge der Markt jedoch (noch) nicht honoriert. Diesen Produkten eine reelle Vermarktungschance einzuräumen und ein Vorgehensmodell für die entsprechende Chancenwahrnehmung aufzuzeigen, ist das Hauptanliegen der Marketing-Gleichung.

Es ist daher nicht mein Ehrgeiz, eine rein theoretische Untersuchung zu liefern. Aus einer nahezu zwanzigjährigen praktischen Erfahrung mit vielen Marketing-Projekten im Bereich erklärungsbedürftiger Produkte und Leistungen und aus marketingtheoretischen Überlegungen heraus entstand eine Arbeit, die versucht, auch für die Integration von Theorie und Praxis einen Beitrag zu leisten.

Es ist mir ein persönliches Anliegen, mich bei meinem verehrten akademischen Lehrer, Herrn Prof. Dr. Hans Knoblich, für seine intensive Betreuung der Arbeit zu bedanken. Seine fruchtbaren Hinweise und seine kritischen Würdigungen waren mir eine große Hilfe. Ihm habe ich es in erster Linie zu verdanken, daß die praxisorientierten Überlegungen die notwendige theoretische Absicherung erfuhren und damit das doch recht ungewöhnliche Vorhaben einer wissenschaftlichen Arbeit aus der Praxis für die Praxis von Erfolg gekrönt wurde. Bedanken möchte ich mich auch bei Herrn Prof. Dr. Jörg Biethahn für die spontane Übernahme des Koreferats sowie bei allen Gesprächspartnern, Freunden und Helfern, die durch ihre Anregungen am Zustandekommen der Arbeit mitgewirkt haben. Besonders erwähnen möchte ich in diesem Zusammenhang Herrn Friedrich A. Meyer, der mich in meinen ersten Berufsjahren immer wieder dazu motivierte, neue Ansätze und Lösungen im Software-Marketing systematisch zu entwickeln und zu gestalten.

Herzlichen Dank spreche ich meiner Familie, besonders meiner Frau Petra aus, die durch ihre konstruktive Kritik, ihre fachlichen Anregungen und ihre Ermutigung ganz wesentlich zum Gelingen dieses Vorhabens beitrug. Sebastian und Anna-Lina zeigten viel Verständnis an all jenen Wochenenden, an denen statt gemeinsamer Freizeitgestaltung die Priorität „Papas Buch" gegolten hat.

Stuttgart, im August 1996

Dirk Lippold

Vorwort zur 2. Auflage

Da die erste Auflage sehr schnell vergriffen war, beschränkt sich die zweite Auflage auf Druckfehlerberichtigungen und sprachliche Verbesserungen sowie auf eine Aktualisierung des statistischen Teils im dritten Kapitel. Hierbei waren die zahlreichen Hinweise und Zuschriften, für die ich mich an dieser Stelle nochmals bedanke, sehr hilfreich. Außerdem wurde ein Stichwortverzeichnis eingerichtet. Ich wünsche mir, daß diese Neuauflage weiterhin Zuspruch in Theorie und Praxis findet.

Stuttgart, im August 1997

Dirk Lippold

Inhaltsverzeichnis

VERZEICHNIS DER ABKÜRZUNGEN UND AKRONYME

ADV	Automatische Datenverarbeitung
AWF	Ausschuß für wirtschaftliche Fertigung e. V.
BDE	Betriebsdatenerfassung
BDU	Bundesverband Deutscher Unternehmensberater e. V.
BPR	Business Process Reengineering
BTX	Bildschirmtext
BVIT	Bundesverband Informationstechnologien e. V.
CAD	Computer Aided Design
CAE	Computer Aided Engineering
CAM	Computer Aided Manufacturing
CAP	Computer Aided Planning
CAS	Computer Aided Selling
CASE	Computer Aided Software Engineering
CAQ	Computer Aided Quality Assurance
CD-ROM	Compact Disk Read Only Memory
CIM	Computer Integrated Manufacturing
CW	Computerwoche
CZ	Die Computer Zeitung
DBMS	Datenbank-Managementsystem
DBW	Die Betriebswirtschaft
DV	Datenverarbeitung
EDB	Engineering Database
EDI	Electronic Data Interchange
EDV	Elektronische Datenverarbeitung
EDVA	Elektronische Datenverarbeitungsanlage
EITO	European Information Technology Observation
F & E	Forschung und Entwicklung
FIR	Forschungsinstitut für Rationalisierung (TH Aachen)
GMD	Gesellschaft für Mathematik und Datenverarbeitung
HdA	Handwörterbuch der Absatzwirtschaft

HMD	Handbuch der modernen Datenverarbeitung
IDC	International Data Corporation
IMM	Industrial Marketing Management
IS	Informationssystem(e)
ISAM	(Dateiorganisation)
IT	Informationstechnik/Informationstechnologie
JoM	Journal of Marketing
MDE	Maschinendatenerfassung
MDT	Mittlere Datentechnik
OEM	Original Equipment Manufacturer
OLTP	Online Transaction Processing
PC	Personal Computer
PPS	Produktionsplanung und -steuerung
RDBMS	Relationales Datenbank-Managementsystem
ROM	Read Only Memory (Festspeicher)
R/2 bzw. R/3	(Anwendungssoftwaresystem)
Unix	(Betriebssystem)
VAR	Value Added Reseller
VDI	Verein Deutscher Ingenieure
VDMA	Verband deutscher Maschinen- und Anlagenbauer e. V.
VMS	(Betriebssystem)
Windows NT	(Betriebssystem)
WiSt	Wirtschaftswissenschaftliches Studium
ZfB	Zeitschrift für Betriebswirtschaft
ZfbF	Schmalenbachs Zeitschrift für betriebswirtschaftliche Forschung
ZFP	Zeitschrift für Forschung und Praxis
ZVEI	Zentralverband der Elektrotechnischen Industrie e. V.
4GL	Fourth Generation Language (Hochsprache der vierten Generation)

ABBILDUNGSVERZEICHNIS

1. EINLEITUNG

1.1 Problemstellung

Der Softwaremarkt zählt zu den jungen Märkten unserer Volkswirtschaft. Seit seinem Entstehen Ende der 60er/Anfang der 70er Jahre [1]ist er durch ein stürmisches Wachstum mit hoher Dynamik gekennzeichnet. So galt die Softwarebranche jahrelang als „the growth industry's growth industry".[2] Die hohe Marktattraktivität hat zum Einstieg zahlreicher neuer Wettbewerber geführt und damit einen Wechsel vom Verkäufer- zum Käufermarkt eingeleitet.[3]

Laut Nomina, dem Herausgeber der ISIS-Softwarekataloge, sind es heute rund 10.000 Softwareprodukte, die in der Bundesrepublik, in Österreich und in der Schweiz von mehr als 2.000 Softwarehäusern angeboten werden.[4] Abbildung 1.01 zeigt die Entwicklung der im deutschsprachigen Raum angebotenen Softwareprogramme zwischen 1989 und 1997. Allerdings sind nicht einmal 10 Prozent dieser Produkte häufiger als 40 mal installiert.[5]

---

[1] „Um das Jahr 1970 schlug die Geburtsstunde der meisten Software- und Dienstleistungsunternehmen, die heute noch das Rückgrat dieses Wirtschaftssektors in der Bundesrepublik bilden." Dietz, P.: Aufbruchsjahre. Das goldene Zeitalter der deutschen Computerindustrie, Bonn - Fribourg - Ostrava 1995, S. 50

[2] O.V.:Wie gut geht es den Software-Häusern? in: Online 5/89, S. 36

[3] Vgl. Bittner, L.: Innovatives Software-Marketing, Landsberg/Lech 1994, S. 10

[4] Die ISIS-Softwarekataloge (ISIS Engineering Report, ISIS Personal Computer Report, ISIS Software Report und ISIS Unix Report) beschreiben halbjährlich nach einem einheitlichen Raster aufgrund von Anbieterangaben das Softwareproduktangebot im deutschsprachigen Raum nahezu lückenlos, so daß die Anzahl der in den ISIS-Katalogen verzeichneten Programme nahe an die Zahl der tatsächlich am Markt angebotenen Standardprogramme heranreichen dürfte. Allerdings ist die Anzahl aller Softwareprogramme kleiner als die Summe der in den vier Katalogen verzeichneten Produkte (1997: ca. 12.500 Programme von über 2.000 Anbietern), da etwa 4.000 Programme in mehr als einem ISIS-Katalog geführt werden.

[5] Auszählungen aus Nomina (Hrsg.): ISIS Engineering Report 1-97, ISIS Personal Computer Report 1-97, ISIS Software Report 1-97 und ISIS Unix Report 1-97

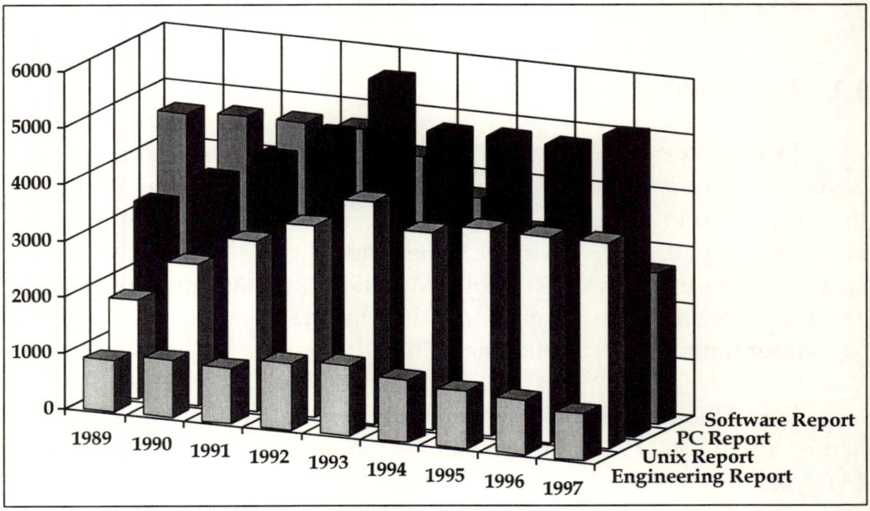

Abb. 1.01: Entwicklung der in den ISIS-Katalogen verzeichneten Programmangebote im deutschsprachigen Raum zwischen 1989 und 1997[1]

Die überwiegende Zahl der angebotenen Softwareprodukte wird den Break-Even-Punkt demnach nicht erreichen. Das ist nicht nur aus volkswirtschaftlicher Sicht eine Verschwendung knapper Ressourcen; auch einzelwirtschaftlich betrachtet ist es eine Erscheinung mit häufig existentiellen Konsequenzen. Diese Fehlentwicklung hat vielfältige Ursachen:[2]

- Scheinbar niedrige Markteintrittsschranken ermöglichen es nahezu jedem Programmierbüro, sein ursprünglich auftragsbezogen erstelltes Programm auch als Standardsoftware anzubieten.

---

[1] Vgl. Nomina (Hrsg.): ISIS-Reports 1989 - 1997, jeweils 1. Ausgabe. Den „Ausreisser" im PC Report 1/1993 erklärt Nomina mit der unbereinigten Zusammenlegung der PC Reports von Deutschland (inkl. Österreich) und Schweiz Anfang 1993.

[2] Vgl. Lippold, D.: Jedes dritte Softwarehaus in einer gefährlichen Sackgasse, Gastkommentar in : Computerwoche 28.06.1991, S. 5

- Die eigenen Möglichkeiten und Ressourcen sowohl bei der Entwicklung als auch beim Vertrieb der Softwareprodukte werden häufig überschätzt.
- Der ursprünglich veranschlagte Kosten- und Zeitaufwand für die Produktentwicklung und -einführung wird regelmäßig überschritten.
- Die Vermarktungskosten, d.h. die Aufwendungen für Markteinführung und -erhaltung, übertreffen die reinen Entwicklungskosten um ein Mehrfaches.
- Der bereits etablierte Wettbewerb und die damit verbundenen Marktsegmentbarrieren werden selten in die Planungen einbezogen.
- Die Anforderungen an Qualität und Stabilität, die an ein marktreifes Produkt zu stellen sind, werden in vielen Fällen unterbewertet.

Generell ist es also eine falsche Einschätzung dessen, was es bedeutet, Software profitabel zu vermarkten. Die Beobachtung dieser Marketingschwäche zieht sich wie ein roter Faden durch eine Reihe von empirischen Untersuchungen des Softwaremarktes, der seit Mitte der 70er Jahre vermehrt in den Blickpunkt der Markt- und Kommunikationsforscher gerückt ist. So stellt Diebold bereits 1977 fest, daß eine Marketing-Konzeption für die in der Bundesrepublik angebotenen Softwareprodukte vielfach nicht vorhanden ist.[1] Zwei Jahre später kommt eine GMD-Studie zu dem Ergebnis, daß die meisten Softwareanbieter „nicht über das marktstrategische Wissen [verfügen], um [...] aktive Marktpolitik betreiben zu können".[2] Eine weitere GMD-Studie weist auf „Defizite in der Marktbearbeitung" hin.[3] In Repräsentativbefragungen zu „Profil und Profilierung der Software-Industrie" wertet Infratest aus, daß sich das Marketing der Softwareanbieter auch weiterhin schwierig gestaltet

---

[1] Vgl. Diebold (Hrsg.): Der Markt für Informationstechnologie, Frankfurt 1977, S. 71

[2] GMD (Hrsg.): Der Markt für Anwendungssoftware in der Bundesrepublik Deutschland. Der GMD-Spiegel, Sonderheft November 1979, S. 40

[3] Neugebauer, U./Marock, J./Bujara, G.: Der Markt für Software, Systeme und DV-bezogene Dienstleistungen in der Bundesrepublik Deutschland, GMD-Studien Nr. 74, Dezember 1983, S. 30

und der spontane Bekanntheitsgrad von Software- und Systemhäusern nach wie vor sehr gering ist.[1] Die meisten Softwareanbieter „haben keine Ahnung von Marketing und stürzen sich blind in einen Verdrängungswettbewerb"[2]. Ein kaum kostendeckender Pro-Kopf-Umsatz sowie ein Softwareangebot, das die Bezeichnung *Produkt* nur in ganz seltenen Fällen verdient, sind deutliche Anzeichen dafür, daß es vielen Softwareanbietern an Marketing-Kompetenz fehlt.[3] Eine empirische Untersuchung von Meffert/Lamneck bescheinigt der Softwarebranche „eine falsche Werbestrategie, die Überbetonung technischer Verkaufsargumente, die fehlende Abstimmung zwischen F & E, Marketing und Vertrieb sowie die nicht konsequent am Kundennutzen ausgerichtete Marktsegmentierung"[4]. Eine der jüngsten Studien zu diesem Themenkomplex weist schließlich aus, daß die Kernprobleme deutscher Softwareunternehmen in den Bereichen Kapitalbeschaffung und Marketingorientierung liegen.[5]

Diese durchaus als chronisch zu bezeichnende Marketingschwäche trifft die bislang erfolgverwöhnte Branche angesichts gesunkener Wachstumsraten und verschärfter Wettbewerbsbedingungen in einer rezessiven Phase besonders heftig. Es liegt auf der Hand, daß gerade jene Unternehmen nachhaltig erfolgreich sein werden, die den neuen Rahmenbedingungen mit einer schlüssigen Marketing-Konzeption entsprechen.[6]

---

[1] Vgl. Infratest (Hrsg.): Profil und Profilierung der Software-Industrie 1984, München 1984, S. 3 und Infratest (Hrsg.): Profil und Profilierung der Software-Industrie 1986, München 1986, S. 27

[2] O.V.: Heißes Pflaster, in: highTech 10/89, S. 73

[3] Vgl. o.V.:Wie gut geht es den Software-Häusern? a. a. O., S. 31 ff.

[4] Meffert, H./Lamneck, S.: High-Tech-Marketing. Branchenspezifische Trends und Strategien für die 90er Jahre, Düsseldorf 1991, S. 58 zitiert nach Wimmer, F./Zerr, K./Roth, G.: Ansatzpunkte und Aufgaben des Software-Marketing, in: Wimmer, F./Bittner, L. (Hrsg.): Software-Marketing: Grundlagen, Konzepte, Hintergründe, Wiesbaden 1993, S. 12 f.

[5] Vgl. Rohr, S./Streicher, H.: Marketing und Vertrieb in der DV. Praxis - Beispiele - Empfehlungen, in: Computerwoche-Edition, München 1994, S.75

[6] Vgl. Becker, J.: Marketing-Konzeption. Grundlagen des strategischen Marketing-Management, 5. Auflage, München 1993, S. 1

Der Grund, daß gerade bei der Markteinführung so viele Softwareunternehmen ins Stocken geraten, liegt offensichtlich daran, daß die Entwickler ihr Produkt ("Baby") nicht mit den Augen des Kunden sehen.[1] Eine Branche, deren Wurzeln bei Techniker- und Tüftlernaturen zu suchen sind, zeigt hier eine wesentliche strukturelle Schwäche.[2] Wie andere Branchen zuvor werden auch die Softwarehäuser verstärkt auf den Kunden, seine Wünsche und Bedürfnisse eingehen müssen.[3] Die Verliebtheit in die eigene Programmentwicklung muß einer durch systematische Marktforschung, Marktsegmentierung und Positionierung fundierten Softwareentwicklung und -vermarktung weichen, d. h. die Schwerpunkte müssen sich auch in der Softwarebranche von der Entwicklung zur Vermarktung verschieben.[4] „Während deutsche Softwarekonstrukteure in der Regel zunächst entwickeln und erst danach fragen, was man aus einem fertigen Produkt machen kann, orientiert sich die US-Software-Industrie von vornherein am Markt. Ehe keine Marktanalyse vorliegt, wird mit der kostenverursachenden Entwicklungsarbeit gar nicht erst gestartet. [...] Verglichen hierzu sind deutsche Softwareentwickler häufig hochqualifizierte Bastler, aber leider mittelmäßige Marketiers."[5]

Mit den Defiziten in der Vermarktung ist *eine* Ursache für das Dilemma in der Softwarebranche angesprochen worden. Eine *zweite* Ursache hat ihren Ursprung in der *Entwicklung*, d. h. in der Erstellung von Softwareprodukten. Offensichtlich konnten die Programmier- und Implementierungsverfahren von Anfang an nicht mit der stürmischen Ent-

---

[1] Vgl. o.V.: Sanfte Stolpersteine, in: highTech 6/89, S. 80 - 82

[2] Vgl. o.V.: Dynamik im Softwaremarkt. Konjunkturtrends in der Informatik-Industrie, in: Diebold Management Report Nr. 10, 1989, S. 2

[3] Vgl. Bauer, H.: Wettbewerbsvorteile im Markt für Software und Service. Wo und wie von der Konkurrenz abheben?, Vortrag auf der 2. Tagung „Software- und Service-Marketing" der Nürnberger Akademie für Absatzwirtschaft am 03./04.05. 1993, zitiert nach Bittner, L.: Innovatives Software-Marketing, a. a. O., S. 10

[4] Vgl. Bittner, L.: Innovatives Software-Marketing, a. a. O., S. 10

[5] Vgl. Hargesheimer, E.: Software aus den USA, in: Computer Magazin, H. 7/8, 1985, S. 22 zit. nach Tüschen, N.: Unternehmensplanung in Softwarehäusern. Entwurf und Weiterentwicklung eines Bezugsrahmens auf der Basis empirischer Explorationen in Softwarehäusern in der Bundesrepublik Deutschland, Diss., Bergisch Gladbach, Köln 1989, S. 62

wicklung der Hardwaretechnologie Schritt halten.[1] So sind viele Softwareprodukte bereits veraltet, wenn sie die Entwicklungsabteilungen verlassen. Aufwendige Pflege und Anpassung der Systeme binden qualifiziertes Softwarepersonal - der sogenannte *Anwendungsstau* ist die Folge.[2] Es entstand das Schlagwort von der **Softwarekrise**, die Chroust folgendermaßen charakterisiert: „Seit vielen Jahren steht die Software-Entwicklung vor großen Problemen: Software-Entwicklung ist im allgemeinen *zu teuer, zu wenig termintreu, zu fehlerhaft und zu wenig wartungsfreundlich.*"[3]

Ob beide Ursachen gleichrangig nebeneinander stehen, soll hier nicht beurteilt werden. Es ist allerdings erstaunlich, daß sich mit der ingenieurmäßigen Entwicklung von Software „ganze Heerscharen von Mitarbeitern an Universitäten und in Unternehmen seit nahezu 20 Jahren"[4] beschäftigen - angefangen von der Darstellung herkömmlicher Programmiermethoden über Verfahrens- und Methodenbeschreibungen bis hin zum computergestützten Software-Engineering (CASE). Der Vermarktungsprozeß von Software hingegen ist erst in letzter Zeit zu

[1] „Die Hardware stellt im Gegensatz zur Software in der Regel keinen Schwachpunkt dar, da ihre Entwicklung in den vergangenen 20 Jahren der Software meist weit vorausgeeilt ist." Biethahn, J./Muksch, H./Ruf, W.: Ganzheitliches Informationsmanagement, Bd. II: Daten- und Entwicklungsmanagement, München, Wien 1991, S. 5

[2] Zu den konzeptionellen, organisatorischen, technischen und personellen Konsequenzen des Anwendungsstaus siehe insbesondere o.V.: Softwaremanagement statt Flickschusterei. Der strategischen Bedeutung des Faktors Software wird zu wenig Rechnung getragen, in: Diebold Management Report Nr. 8/9, 1989, S. 1 - 7

[3] Chroust, G.: Modelle der Software-Entwicklung, München, Wien 1992, S. 16 unter Bezugnahme auf Curtis, B./Krasner, H./Iscoe, N.: A Field Study of the Software Design Process for Large Systems, Comm ACM vol. 31 (1988) no. 11, S. 1268 - 1298, Gerisch, M./Schumann, J.: Software-Entwurf, Köln 1988, Jensen, R. W./Tonies, C. C. (Hrsg.): Software Engineering, Prentice Hall 1979, Naur, P./ Randell, B. (Hrsg.): Software Engineering, Proc. NATO Working Conference Oct. 1968 und Sneed, H. M.: Software-Wiederverwendung, in: ADV (Hrsg.): EDV in den 90er Jahren: Jahrzehnt der Anwender - Jahrzehnt der Integration, ADV 1990, S. 199 - 214. Als eine wesentliche Möglichkeit zur Überwindung der Softwarekrise werden heute vornehmlich *objektorientierte Technologien* angesehen. Siehe hierzu insbesondere Taylor, D. A.: Objektorientierte Technologien. Ein Leitfaden für Manager, Bonn - München - Paris 1992

[4] Bittner, L.: Innovatives Software-Marketing, a. a. O., S. 15

einem Thema geworden, dessen sich Tagungsinstitute und Seminarveranstalter sowie eine Handvoll Autoren verstärkt angenommen haben.[1]

Gleichwohl ist auch die jüngste Literatur zur Vermarktung von Software nicht über fragmentarische Ansätze hinausgekommen, das bekannte Marketing-Instrumentarium aus dem Konsum- und Investitionsgüterbereich auf Software zu übertragen. Zwei Abhandlungen sprengen jedoch diesen Rahmen und heben sich aufgrund ihrer Systematik deutlich von der herkömmlichen Vorgehensweise ab.

Zum einen handelt es sich um Baaken/Launen[2], die ein wesentlich erweitertes Instrumentarium für das Software-Marketing anbieten und damit den Besonderheiten und Charakteristika von Software in soweit gerecht werden. Aus Sicht der Softwarehäuser werden in dieser Abhandlung allerdings Empfehlungen für strategische Optionen und Vorgehensmodelle bei der Vermarktung vermißt.

Verdienste für ein sehr praktikables Vorgehen kommen Bittner[3] zu, der keine explizite Systematik der Marketing-Instrumente verfolgt, sondern einzelne Handlungsoptionen der Softwarehäuser den Phasen des Software-Lebenszyklus zuordnet und damit die (oft psychologisch bedingte) Trennung zwischen Entwicklung und Vermarktung aufzuheben versucht. Allerdings beschränkt sich Bittner ausschließlich auf das Marketing von Software für Personal Computer (PC-Software). Die so gewählte Eingrenzung des Untersuchungsgegenstandes Software ist sachlich und systematisch zwar durchaus verständlich, dem Leser suggeriert der Titel des Buches aber einen wesentlich weiter gefaßten Rahmen.

---

[1] Vgl. Bittner, L.: Innovatives Software-Marketing, a. a. O., S. 7

[2] Vgl. Baaken, T./Launen, M.: Software-Marketing, München 1993

[3] Vgl. Bittner, L.: Innovatives Software-Marketing, a. a. O.

1.2 Zielsetzung und Aufbau der Arbeit

Generell sind es zwei Phasen, in denen sich Erfolg oder Mißerfolg eines Softwareproduktes entscheiden: Die **Entwicklungsphase** (⇒ Entwicklungsprozeß) und die **Vermarktungsphase** (⇒ Vermarktungsprozeß). Für den Entwicklungsprozeß gibt es eine Reihe von leistungsfähigen Vorgehensmodellen[1], wohingegen für den Vermarktungsprozeß bislang nichts Analoges existiert.[2] Da die entwicklungsbezogenen Vorgehensmodelle regelmäßig mit der Markteinführung (genauer: mit der Vertriebsfreigabe) enden, werden zwangsläufig jegliche Vermarktungsaspekte vernachlässigt. Letztendlich ist es aber der Markt und damit der Kunde, der über den Erfolg des Produktes entscheidet.

Zielsetzung dieser Arbeit ist es, ein **Vorgehensmodell für den Vermarktungsprozeß** von Software zu entwerfen. Es soll eine phasenorientierte *Systematisierung* der Vermarktung unterschiedlicher **Softwaretypen** liefern und auf der Grundlage dieser Struktur einen sowohl strategischen als auch taktischen Handlungsrahmen für Softwarehäuser anbieten. In Anlehnung an die entsprechende Begriffsdefinition für den Softwareentwicklungsprozeß soll unter einem *Vorgehensmodell* eine Darstellung verstanden werden, die weitgehend den Vermarktungsprozeß von Software beschreibt und auch Analysen des Prozesses gestattet.[3] Analog zum Vorgehensmodell bei der Softwareentwicklung beschreibt das Vorgehensmodell bei der Vermarktung in *idealisierter Form*, wie der

---

[1] Zu den verschiedenen Vorgehensmodellen des Software-Engineering siehe insbesondere Chroust, G.: a. a. O., S. 35 ff. sowie Biethahn, J./Mucksch, H./Ruf,W.: Ganzheitliches Informationsmanagement, Bd. I: Grundlagen, 4. Aufl., München, Wien 1996, S. 198 ff.

[2] Vgl. Bittner, L.: Innovatives Software-Marketing, a. a. O., S. 15. So auch Roth/ Wimmer: „Theoretisch-systematische Ansätze eines *Software-Marketing* stehen noch aus ... ." Roth, G./Wimmer, F.: Software-Marktforschung als Grundlage der Produktgestaltung, in: Wimmer, F./Bittner, L. (Hrsg.): Software-Marketing: Grundlagen, Konzepte, Hintergründe, Wiesbaden 1993, S. 112

[3] Vgl. Wileden, J. C./Dowsen, M. (Hrsg.): International Workshop on the Software Process and Software Environments, Software Engineering Notes vol. 11 (1986) No. 4, S. 1 - 74 zit. nach Chroust, G.: a. a. O., S. 42

Software-Vermarktungsprozeß ablaufen soll.[1] Ebenso wie eine komplette Beschreibung aller Einflußfaktoren unmöglich ist, weil es in einem Unternehmen immer wieder informelle Informationsflüsse gibt, so ist auch die exakte Einhaltung des Prozesses in der Praxis nur selten uneingeschränkt möglich.[2] Eine idealisierte Darstellung des Vermarktungsprozesses ist dennoch nützlich, weil sie die Gemeinsamkeiten vieler realer, bereits durchgeführter Prozesse beschreibt und ein Vorbild, ein Handlungsmuster für die Durchführung des Vermarktungsprozesses gibt.[3]

Da die Verbindung zum Entwicklungsprozeß eine wesentliche Prämisse der obengenannten Zielsetzung ist, liegt der hier vorgestellten Systematisierung folgende Basisüberlegung zugrunde:

Der Entwickler erstellt ein Produkt, von dem er überzeugt ist, daß es über fachliche und technische Wettbewerbsvorteile verfügt (sonst hätte er es ja nicht entwickelt!). Entscheidend ist aber, daß dieser Wettbewerbsvorteil auch vom Markt wahrgenommen und honoriert wird. Erst die Akzeptanz im Markt sichert den nachhaltigen Gewinn. Genau diese *Lücke* zwischen dem Wettbewerbsvorteil *an sich* und dem vom Markt *honorierten* Wettbewerbsvorteil gilt es zu schließen.[4] Damit sind gleichzeitig auch die beiden Pole aufgezeigt, zwischen denen der Vermarktungsprozeß einzuordnen ist. Eine Optimierung des Vermarktungsprozesses bzw. seiner Teilkomponenten zielt somit auch gleichzeitig auf die Schließung der oben skizzierten Lücke ab.

Um den Vermarktungsprozeß insgesamt optimieren zu können, ist es sinnvoll, ihn im ersten Schritt in seine einzelnen Bestandteile (⇒ Ele-

---

[1] Vgl. Chroust, G.: a. a. O., S. 39 unter Bezugnahme auf Lehman, M. M./Belady, L. A. (Hrsg.): Program Evolution - Process of Software Change, APIC Studies in Data Proc. No. 27, Academic Press 1985

[2] Vgl. Chroust, G.: a. a. O., S. 39 und 41

[3] Vgl. ebenda, S. 39 f.

[4] Vgl. Lippold, D.: Marketing als kritischer Erfolgsfaktor der Softwareindustrie, in: Arnold, U./Eierhoff, K. (Hrsg.): Marketingfocus: Produktmanagement, Stuttgart 1993, S. 225

mente) zu zerlegen und diese jeweils einem zu optimierenden **Kundenkriterium** zuzuordnen:[1]

- **Segmentierung** zur Optimierung des *Kundennutzens*
- **Positionierung** zur Optimierung des *Kundenvorteils*
- **Signalisierung** zur Optimierung der *Kundenwahrnehmung*
- **Distribution** zur Optimierung der *Kundennähe*
- **Akquisition** zur Optimierung der *Kundenakzeptanz*
- **Betreuung** zur Optimierung der *Kundenzufriedenheit*

Diese Teilkomponenten werden im folgenden als **Marketing-Elemente** bezeichnet. In ihrer Addition beschreiben sie quasi eine *Zielfunktion*, die es im Hinblick auf die einzelnen Kundenkriterien zu optimieren gilt. Angesichts dieser Analogie läßt sich der Optimierungsansatz in seiner Gesamtheit auch als **Marketing-Gleichung** bezeichnen. Dabei geht es allerdings keineswegs um eine mathematisch-deterministische Auslegung dieses Begriffs. Angestrebt ist vielmehr der Gedanke eines herzustellenden *Gleichgewichts* (und Identität) zwischen dem fachlich/technischen Wettbewerbsvorteil und dem vom Markt honorierten Wettbewerbsvorteil. Mit anderen Worten, hinter dieser Begriffsbildung steht die These, daß das Gleichgewicht durch die Addition der einzelnen, an Kundenkriterien ausgerichteten Marketing-Elemente erreicht werden kann.

Abbildung 1.02 veranschaulicht den ganzheitlichen Ansatz der Marketing-Gleichung, indem sie die einzelnen Marketing-Elemente in einen zeitlichen und inhaltlichen Wirkungszusammenhang stellt.[2]

---

[1] Vgl. Lippold, D.: Marketing als kritischer Erfolgsfaktor der Softwareindustrie, a. a. O., S. 225

[2] Darstellung und Bezeichnungen in Anlehnung an Große-Oetringhaus, W.: Die Bedeutung des strategischen Marketings für den Vertrieb, Siemens-interne Vortragsunterlage, München 1986, S. 73

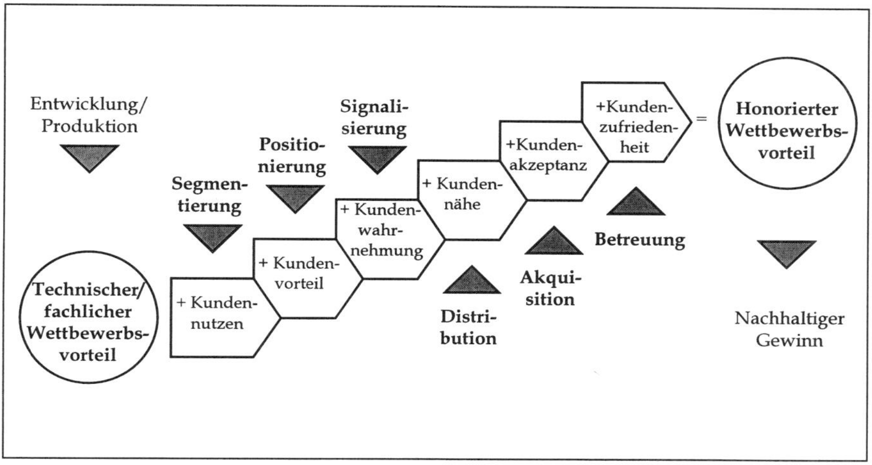

Abb. 1.02: Die Marketing-Gleichung für Softwareprodukte

Die Praxis zeigt immer wieder, daß es eine Vielzahl von Softwareentwicklungen gab und gibt, die über technische und fachliche Wettbewerbsvorteile verfügen, deren Vorzüge der Markt jedoch (noch) nicht honoriert. Diesen Produkten eine reelle Vermarktungschance einzuräumen sowie Mittel und Wege für die entsprechende Chancenwahrnehmung aufzuzeigen, ist das Hauptanliegen dieser Systematik.

Um spezifische Aussagen für die Ableitung vorgehensbezogener Marketing-Konzeptionen zu gewinnen, müssen die abzuleitenden Grundaussagen zwangsläufig differenziert werden. Da eine global-differenzierende Aussage für die Softwarebranche aufgrund der unterschiedlichen Kategorien des Produktes *Software* in vielen Fällen nicht ausreicht, ist - um diesem Differenzierungszwang gerecht zu werden - zunächst eine Ordnung und Systematisierung des Untersuchungsgegenstandes zu leisten.[1] Hierzu wird die *typologische* Methode herangezogen, deren *mittlerer Abstraktionsgrad* sich in der Einhaltung der Mitte zwischen zu starker begrifflicher Abstraktion („*generalisierende* Methode") einerseits und der bloßen Beschreibung jeden Einzelfalles

[1] Siehe in diesem Zusammenhang auch die grundlegenden Überlegungen und Empfehlungen von Becker, J.: a. a. O., S. 6, S. 486 f. und S. 493 ff.

(„*individualisierende* Methode") andererseits auszeichnet.[1] Hierbei beruhen die Anwendungsmöglichkeiten der **Produkttypologie** im Marketing auf der Erkenntnis, „daß ein bestimmter Produkttyp als eine Gruppierung von Waren mit gleichen Merkmalsausprägungen auch bestimmte gleichartige Marketingaktivitäten [...] erfordert."[2]

Mit der *phasenbezogenen Darstellung* der einzelnen Marketing-Elemente auf der Grundlage von **Softwaretypen** ist zugleich auch die Struktur und damit die Gliederung dieser Arbeit vorgegeben. Die Systematik umfaßt fünf Arbeitsbereiche, die sich in separaten Kapiteln widerspiegeln:

Das 2. *Kapitel* enthält neben der begrifflichen Grundlegung die Bildung von Produkttypen im Softwarebereich, auf deren Basis vorgehensbezogene Marketing-Konzeptionen differenziert betrachtet werden können.

Im 3. *Kapitel* folgen eine Analyse der Informationsfelder sowie Überlegungen zu Zielen, Zielsystemen und Strategien von Softwareunternehmen. Der Analyseteil liefert eine systematische Einschätzung aller Rahmenfaktoren des Unternehmens und schafft damit eine Ausgangsbasis für die in den einzelnen Phasen des Vermarktungsprozesses zu treffenden Entscheidungen.

---

[1] Vgl. Mellerowicz, K.: Allgemeine Betriebswirtschaftslehre. 1. Bd., 13. durchges. Aufl., Berlin 1969, S. 46 sowie zum produkttypologischen Ansatz in der Betriebswirtschaftslehre die grundlegenden Arbeiten von Knoblich, H.: Betriebswirtschaftliche Warentypologie, Bd. 32 der Beiträge zur Betriebswirtschaftlichen Forschung, Köln und Opladen 1969, Koppelmann, U.: Produktmarketing. Entscheidungsgrundlagen für Produktmanager, 3., neubearb. Aufl., Stuttgart u. a. 1989, S. 395 ff. und Schaper, T.: Produktorientiertes Marketing. Eine Analyse auf typologischer Basis, Diss., Thun - Frankfurt a. M. 1992

[2] Knoblich, H.: Produkttypologie, in: Diller, H. (Hrsg.): Marketing Lexikon, München 1992, S. 965

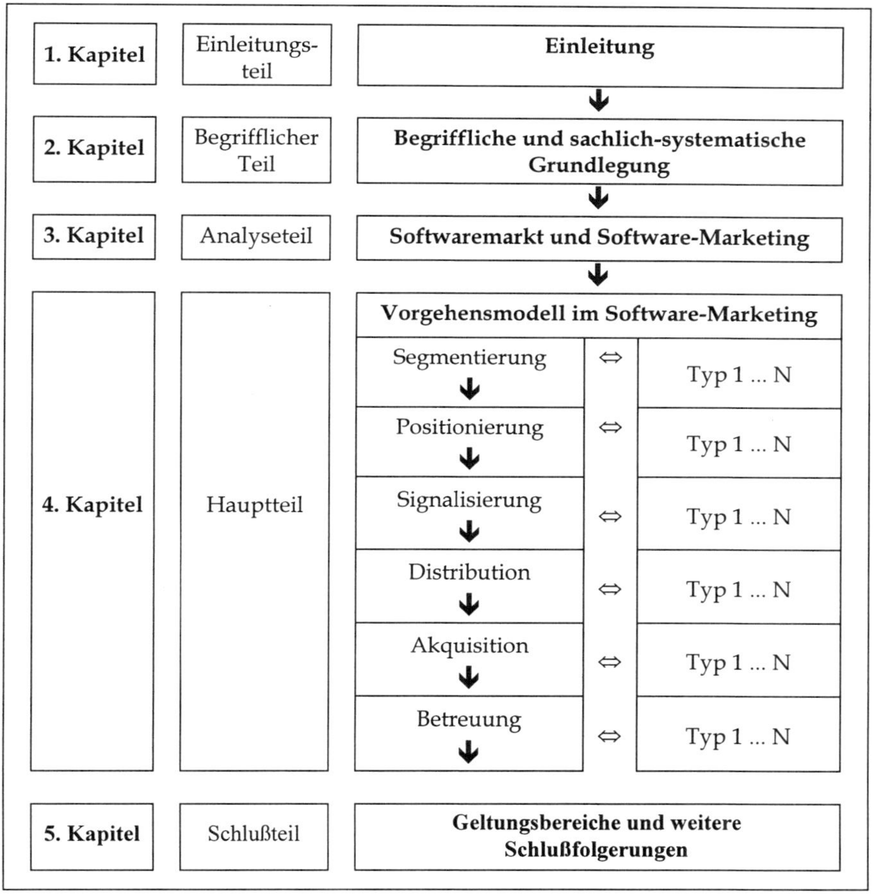

Abb. 1.03: Aufbau der Arbeit

Das 4. *Kapitel* bildet den Hauptteil der Arbeit. Hier wird phasenbezogen dargestellt, wie eine vorgehensbezogene Marketing-Konzeption in geeigneter Weise für einzelne Softwaretypen zu gestalten ist. Um dieser Zielsetzung nachzukommen, soll aufgezeigt werden, wie Segmentierung, Positionierung, Signalisierung, Distribution, Akquisition und Betreuung als Elemente der Marketing-Gleichung in Verbindung mit dem jeweiligen Softwaretyp kundenorientiert optimiert werden können.

Den Schlußteil der Arbeit bildet das *5. Kapitel*. Hier werden der Geltungsbereich der Marketing-Gleichung analysiert und hypothetische Beziehungen zwischen dem Individualitätsgrad des Softwareangebotes und der Rentabilität von Softwareunternehmen diskutiert.

2. Begriffliche und sachlich-systematische Grundlegung

2.1 Arten und Abgrenzung von Software

Die „babylonische Sprachverwirrung"[1] in der Informationstechnik gilt in besonderem Maße auch für den *Softwarebereich*. Die bestehende Uneinigkeit ist wohl weniger auf ein Versäumnis der Wissenschaft, sondern vielmehr auf die besondere Dynamik des Softwaremarktes zurückzuführen. So blieb die Begriffsbildung, deren „Urheberschaft" zumeist bei Software-Pionieren und -Praktikern mit zwar recht griffigen, aber nicht immer präzisen Bezeichnungen lag, hinter dem raschen technologischen Wandel zurück. Zum Verständnis und zur Abgrenzung des Untersuchungsgegenstandes ist es daher erforderlich, den terminologischen Rahmen abzustecken. Dabei wird auf eine erschöpfende kritische Würdigung der - teilweise im Widerspruch zueinander stehenden - Klassifizierungsvorschläge zu Gunsten einer Gesamtdarstellung der wichtigsten Systematisierungsansätze als Vorstufe zu einem eigenen umfassenden Systematisierungsversuch verzichtet.

Ausgehend von dem Begriffspaar *Hardware - Software* wird unter *Software* allgemein der Teil einer EDV-Anlage verstanden, „den man nicht angreifen kann"[2]. Dieser „immaterielle Teil" umfaßt die Gesamtheit aller in einem EDV-System zur Verfügung stehenden Programme und Programmierhilfen, wobei als *Programm* die zur Lösung einer Aufgabe benötigte Arbeitsanweisung bezeichnet wird.[3]

---

[1] Haug, R.: Normierte Programmierung oder das Baukastenprinzip für Software, in: Zeitschrift für Datenverarbeitung, 2, 1972, S. 97

[2] Schneider, H. J. (Hrsg.): Lexikon der Informatik und Datenverarbeitung, München 1986, S. 537. Vgl. darüber hinaus Baaken, T./Launen, M.: a. a. O., S. 3

[3] Vgl. Noack, H.: Der Aufbau eines elektronischen Datenverarbeitungssystems als rationale Investitionsentscheidung. Alternativen automatisierter Datenverarbeitung und Entscheidungshilfen für die Systemwahl in der Praxis, Berlin 1969, S. 32, und Englert, G.: Marketing von Standard-Anwendungssoftware, München 1977, S. 26. Zu weiteren Begriffsklärungen siehe auch Biethahn, J.: Einführung in die EDV für Wirtschaftswissenschaftler auf der Basis von PASCAL, 7., völlig überarb. und erw. Auflage, München, Wien 1992, S. 9 ff. und Hansen, H. R./Amsüss, W. L./Frömmer,

Zur weiteren Präzisierung des Begriffs *Software,* dessen Abgrenzung zur Hardware für unsere Zwecke allein nicht ausreicht, werden im folgenden die wichtigsten **Software-Klassifikationen** und die daraus abgeleiteten **Softwarearten** vorgestellt und im Hinblick auf ihre Eignung als Differenzierungsgrundlage für die Ableitung vorgehensbezogener Marketing-Konzeptionen untersucht. Abbildung 2.01 stellt - soweit sachlogisch sinnvoll - die einzelnen Klassifikationen und Softwarearten in einen Gesamtzusammenhang.

N. S.: Standardsoftware. Beschaffungspolitik, organisatorische Einsatzbedingungen und Marketing, Berlin - Heidelberg - New York - Tokyo 1983, S. 7 ff.

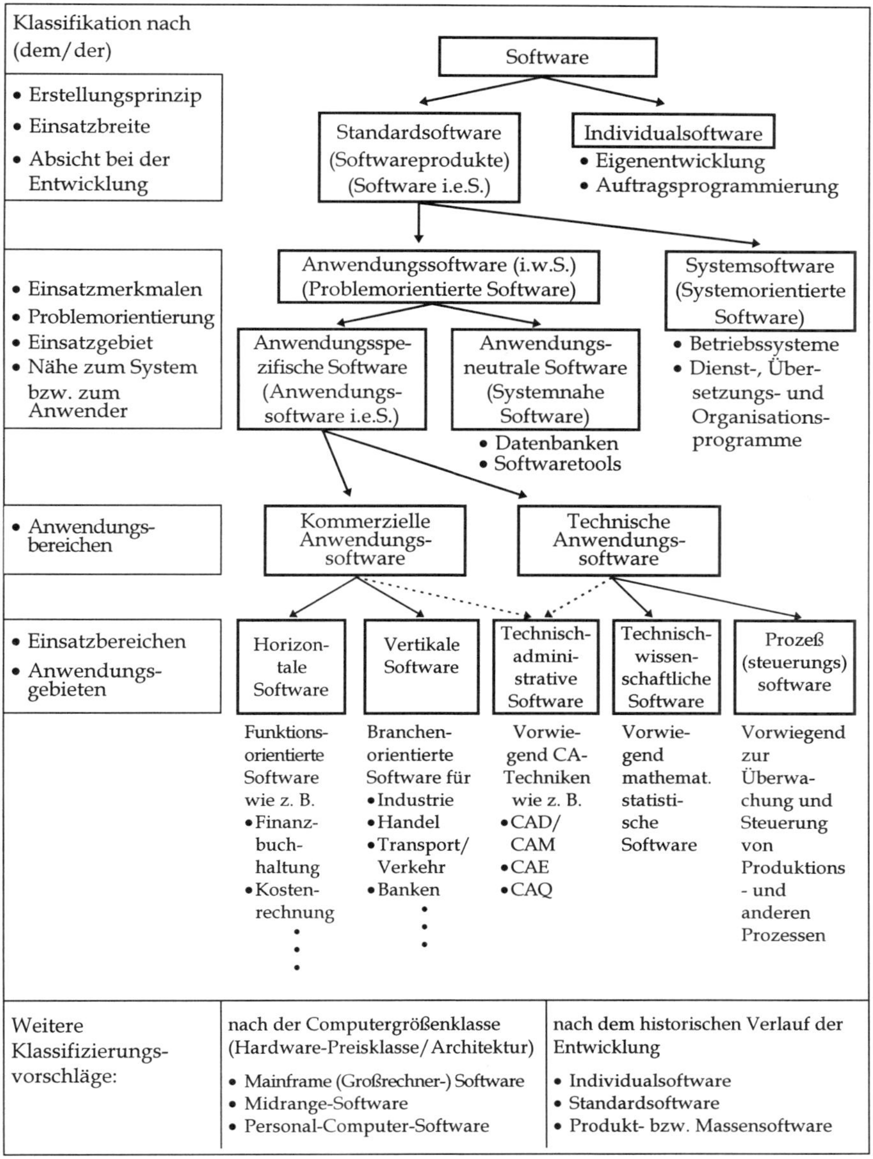

Abb. 2.01: Softwarearten

2.1.1 Individual- und Standardsoftware

Grundlegend ist die Einteilung der Software in **Standardsoftware** (Standardprogramm) und **Individualsoftware** (Individualprogramm). Diese nach dem „Erstellungsprinzip"[1] vorgenommene Klassifikation unterscheidet Software danach, ob sie auftragsunabhängig zum Einsatz bei einer Vielzahl von Anwendern oder ob sie für einen einzelnen Anwender und dessen Bedürfnisse individuell erstellt wird. Während Individualsoftware im allgemeinen nur für einen Anwender verwendbar und daher nur schwer *weiter*vermarktbar ist, wird Standardsoftware hinsichtlich ihrer Funktionen so konzipiert, daß die Anforderungen eines möglichst großen Anwenderkreises abgedeckt werden. Wesentliches Bestimmungsmerkmal von Standardsoftware ist daher die Absicht des *mehrfachen* Verkaufs bei der Konzeption und Erstellung der Programme.[2] Synonym für Standardsoftware wird daher auch - ohne daß explizit darauf hingewiesen wird - häufig die Bezeichnung **Softwareprodukt** verwendet.[3] Der Verfasser kann sich dieser begrifflichen Gleichsetzung allerdings nicht anschließen. Vielmehr wird hier gemeinsam mit Kotler/Blümel die Auffassung vertreten, „daß alles, was vermarktet werden kann, ein Produkt ist".[4] Nach dieser sehr weit gefaßten Begriffsbildung werden neben Sachleistungen also u. a. auch Dienstleistungen, unabhängig ob auftragsbezogen erstellt oder nicht, als Produkte angesehen.

---

[1] Baaken, T./Launen, M.: a. a. O., S. 9 f.

[2] Vgl. Maenner, U.: Der deutsche Software-Markt und die internationale Wettbewerbsfähigkeit deutscher Anbieter, Hamburg 1986, S. 36. *Einsatzbreite* und *Absicht bei der Entwicklung* sind daher synonym (zum *Erstellungsprinzip*) verwendete Bezeichnungen der Klassifikation nach Individual- und Standardsoftware. Siehe hierzu auch Möller, H.-W.: Die Wettbewerbsverhältnisse auf dem Markt für Datenverarbeitungsprogramme, Frankfurt/M. Bern 1981, S. 6

[3] So z. B. bei Schildhauer, T.: Strategisches Softwaremarketing. Übersicht und Bewertung, Diss., Wiesbaden 1992, S. 14 ff. und Möller, H.-W.: a. a. O., S. 7

[4] Kotler, P./Blümel, F.: Marketing-Management. Analyse, Planung, Umsetzung und Steuerung, 7., vollst. neu bearb. und für den dt. Sprachraum erw. Aufl., Stuttgart 1992, S. 621 f. Eine weite Fassung des Produktbegriffs vetreten u. a. auch Nieschlag, R./Dichtl, E./Hörschgen, H.: Marketing, 17., neu bearb. Aufl., Berlin 1994, S. 152 ff., Hansen, U./Leiterer, E.: Produktpolitik, 2. Aufl., Stuttgart 1984, S. 4 , Lancaster, K. J.: Consumer Demand. A New Approach, New York 1971, S. 7 und Böcker, F.: Marketing, 4. Aufl., Stuttgart, New York 1991, S. 190

Eine gewisse Abgrenzungsproblematik von Standard- und Individualsoftware liegt darin, daß es für die Softwarebranche geradezu ein „standardmäßiges" Vorgehen ist, individuell entwickelte Software dann als Standardsoftware zu deklarieren, wenn sich das Softwarehaus Chancen ausrechnet, die Pilotlösung ohne großen Anpassungsaufwand auch bei anderen Anwendern einsetzen zu können.[1] So wurden noch 1983 lediglich 20% der im bundesdeutschen Markt angebotenen Standardanwendungssoftware tatsächlich von vornherein als marktfähige Produkte entwickelt, „während 80 % das Ergebnis von individuellen Auftragsentwicklungen sind, die man hofft, auch bei anderen Kunden verwenden zu können".[2]

Eine weitere Abgrenzungsschwierigkeit zwischen Standard- und Individualsoftware liegt darin, daß an Standardanwendungen oft individuelle Anpassungen *(Modifikationen)* vorgenommen werden, um den betriebsspezifischen Systemumgebungen Rechnung zu tragen. Hierbei werden häufig die Standardprogramme derart „verbogen", daß man letztlich nur noch von einer Individuallösung sprechen kann.

Generell läßt sich Standardsoftware von Individualsoftware durch die Formulierung folgender **Prinzipien** abgrenzen:[3]

- *Allgemeingültigkeitsprinzip:* Die Software muß so konzipiert sein, daß sie eine ganze Klasse gleichgelagerter Funktionen (Problemkreise) übernehmen und verarbeiten kann.[4]

---

[1] Vgl. Diebold (Hrsg.): Der Markt für Informationstechnologie: Der Markt für Softwareprodukte in der Bundesrepublik Deutschland, Frankfurt/M. 1977, S. 9

[2] Neugebauer, U./Marock, J./Bujara, G.: a. a. O., S. 59

[3] Die nachstehenden Prinzipien erheben weder den Anspruch auf Vollständigkeit noch auf einen abgesicherten theoretisch-systematischen Ansatz. Sie sollen lediglich die wesentlichen Unterschiede zwischen Standard- und Individualsoftware möglichst plastisch darstellen. Zu den Unterschieden bzw. Vor- und Nachteilen zwischen Standard- und Individualsoftware siehe generell Biethahn, J./Muksch, H./Ruf, W.: Ganzheitliches Informationsmanagement, Bd. I, a. a. O., S. 138 ff. sowie Stahlknecht, P.: Einführung in die Wirtschaftsinformatik, 7. vollst. überarb. und erw. Aufl., Berlin - Heidelberg - New York 1995, S. 312 ff.

[4] Vgl. Frank, J.: Standard-Software. Kriterien und Methoden zur Beurteilung und Auswahl von Software-Produkten, Köln-Braunsfeld 1977, S. 14 f.

- *Auftragsunabhängigkeitsprinzip:* Bereits bei der Entwicklung der Software muß die Absicht des mehrfachen Verkaufs bestehen.[1]
- *Mehrfachverwendbarkeitsprinzip:* Die Software muß so flexibel programmiert und hinsichtlich ihrer Funktionalität so standardisiert sein, daß sie bei einer Vielzahl von Anwendern eingesetzt werden kann.[2]
- *Preisfestsetzungsprinzip:* Die Software muß auf dem Markt angeboten werden und über eine einheitliche Preisstellung verfügen.[3]

Neben diesen konstitutiven Prinzipien sind noch weitere, wenn auch nicht immer zwingend erforderliche Bestimmungsmerkmale von Standardsoftware zu nennen:

- *Paketprinzip:* Neben der direkten, auf einem Datenträger gespeicherten Programmfunktionalität sollte die Software aus einer Reihe von Zusatzleistungen wie Dokumentation, Schulung, Wartung und Installation bestehen.[4] (Siehe hierzu auch Abbildung 2.04)
- *„Steckdosenprinzip":* Die Software sollte über standardisierte Schnittstellen zu vor- oder nachgelagerten Programmen bzw. Programmteilen verfügen.[5]
- *Unabhängigkeitsprinzip:* Die Software sollte weitgehend unabhängig von Hardware, Betriebssystem und Organisationsstrukturen einsetzbar sein.[6]

---

[1] Vgl. Maenner, U.: a. a. O., S. 36

[2] Vgl. Kirsch, W./Börsig, C./Englert, G.: Standardisierte Anwendungssoftware in der Praxis. Empirische Grundlagen für Gestaltung und Vertrieb, Beschaffung und Einsatz, Berlin 1979, S. 35

[3] Vgl. Frank, J.: a. a. O., S. 15 und Biethahn, J./Muksch, H./Ruf, W.: Ganzheitliches Informationsmanagement, Bd. I, a. a. O., S. 138

[4] Vgl. ebenda. Bei diesem Prinzip ist es letztlich gleichgültig, ob die Zusatzleistungen durch den Hersteller der Software oder - wie bei der PC-Software regelmäßig der Fall - durch Dritte (Absatzmittler) erbracht werden.

[5] Vgl. Möller, H.-W.: a. a. O., S. 8.

[6] Vgl. Biethahn, J./Muksch, H./Ruf, W.: Ganzheitliches Informationsmanagement, Bd. I, a. a. O., S. 138

2.1.2 System- und Anwendungssoftware

Da die Grenzziehung zwischen Individual- und Standardsoftware - wie oben dargestellt - zwar plausibel, in der Praxis aber nicht immer ganz einfach vorzunehmen ist, liefert sie alleine keine hinreichende Klassifikation unter Marketing-Gesichtspunkten. Daher wird in der Literatur häufig eine Verknüpfung mit dem Begriffspaar *System-* und *Anwendungssoftware* durchgeführt. Diese ebenfalls als grundlegend zu bezeichnende Klassifikation[1] der Software beschränkt sich dann häufig von vornherein auf eine Unterteilung der *Standard*software in *(Standard-) Anwendungssoftware* und *(Standard-) Systemsoftware.*

Die **Systemsoftware,** häufig auch als Basis-, Grund- oder Betriebssoftware bezeichnet, besteht aus einer Reihe von Programmen, die Steuerungs-, Überwachungs-, Übersetzungs- oder Dienstleistungsfunktionen beim Ablauf von anderen Programmen übernehmen und damit die Kommunikationsfähigkeit der EDV-Anlage ermöglichen.[2] Systemsoftware bildet also die Grundvoraussetzung zum Betrieb einer EDV-Anlage und besteht aus dem Betriebssystem, das die Hardware steuert, überwacht und Programmabläufe koordiniert sowie aus entsprechenden Dienst-, Organisations- und Übersetzungsprogrammen.[3]

Anwendungssoftware[4] sind Programme, die der *unmittelbaren* Lösung bestimmter Anwenderaufgaben dienen, wie z. B. Fakturierungs-,

---

[1] Die dieser Einteilung zugrundeliegenden Klassifikationskriterien werden in der Literatur ebenfalls nicht einheitlich bezeichnet. Diebold spricht von einer „Klassifizierung nach sachlogischen bzw. funktionalen Einsatzmerkmalen" (Diebold (Hrsg.): a. a. O.,S. 10), Möller nennt das Kriterium des „Einsatzgebietes" (Möller, H.-W.: a. a. O., S. 6), Maenner führt als Abgrenzungskriterium die „Nähe zum System bzw. zum Anwender" (Maenner, U.: a. a. O., S. 37) auf und Baaken/Launen sehen in dieser Unterteilung eine Klassifikation nach dem Merkmal der „Problemorientierung" (Baaken, T./Launen, M.: a. a. O., S. 11). Der Verfasser schließt sich hier der Auffassung von Maenner an, da die Nähe zum Hardware*system* maßgebend für die Bildung des Begriffes „*System*software" war.

[2] Vgl. Hansen, H. R.: Arbeitsbuch Wirtschaftsinformatik I. EDV-Begriffe und Aufgaben, 3., erw. Aufl., Stuttgart 1987, S. 131 und Schneider, H.-J. (Hrsg.): a. a. O., S. 537

[3] Vgl. Biethahn, J.: a. a. O., S. 89 und Baaken, T. /Launen, M.: a. a. O., S. 8 f.

[4] Weitere Bezeichnungen sind: Applikationssoftware, Anwendersoftware, Problemsoftware.

Lagerhaltungs- oder Finanzbuchhaltungsprogramme.[1] Anwendungssoftware zielt somit immer auf die Erfüllung der *eigentlichen*, vom Anwender gewünschten und veranlaßten Aufgaben zur Lösung seiner unterschiedlichen *Probleme* ab.[2]

Diese für die weiteren Ausführungen wichtige Grenze zwischen System- und Anwendungssoftware kann jedoch nicht immer eindeutig gezogen werden, da es eine Reihe von Programmen gibt, die „bezüglich ihres Charakters zwischen System- und Anwendungsprogrammen anzusiedeln sind"[3]. Bei diesen „Zwischenprogrammen" handelt es sich in erster Linie um Software, die nur mittelbar zur Lösung von konkreten Anwendungsaufgaben beiträgt, indem sie hierzu gewisse Hilfsfunktionen leistet (wie z. B. Tools zur Programmentwicklung) oder überhaupt erst die organisatorische Grundlage für die Anwendung spezifischer Anwendungsprogramme bildet (wie z. B. Datenbanksysteme).[4] Einige Autoren fassen deshalb den Begriff der Systemsoftware weiter (Stichwort: *systemnahe* Software)[5], andere Veröffentlichungen subsumieren diese Programme unter *anwendungsneutraler* Software und stellen diese der *anwendungsspezifischen* Software gegenüber.[6] Da das Beschaffungs- und Marktverhalten bei den Zwischenprogrammen dem der Anwendungsprogramme sehr viel stärker ähnelt als dem der Systemprogramme, spricht die praktische Handhabung dafür, den Begriff der Anwendungssoftware weiter zu fassen und zwischen Anwendungssoftware im weiteren Sinne und Anwendungssoftware im engeren Sinne zu unterscheiden. Die anwendungsspezifische Software wird als Anwen-

---

[1] Vgl. Diruf, G.: Entscheidungsmodell für die Auswahl von Computersystemen, Diss., München 1971, S. 28

[2] Vgl. Frank, J.: a. a. O., S. 14. Aufgrund dieser oder ähnlicher Begriffsklärungen wird in der Literatur wiederholt von *problemorientierter Software* gesprochen. Siehe hierzu auch das Klassifizierungsmerkmal *Problemorientierung* bei Baaken, T./Launen, M.: a. a. O., S. 9 ff. Der Verfasser hält den Problembezug bei der begrifflichen Abgrenzung allerdings für wenig zielführend, da es auch im Bereich der Systemsoftware eine Fülle von *Problem-* und Aufgabenstellungen gibt, die der Anwender gelöst haben möchte.

[3] Kirsch, W./Börsig, C./Englert, G.: a. a. O, S. 31

[4] Vgl. ebenda.

[5] So z. B. Diebold (Hrsg.): a. a. O., S. 17 ff. und Hansen, H. R.: a. a. O., S. 131 f.

[6] Vgl. Kirsch, W./Börsig, C./Englert, G.: a. a. O., S. 31

dungssoftware im engeren Sinne bezeichnet und die gesamte Anwendungssoftware (im weiteren Sinne) setzt sich aus der anwendungsneutralen und der anwendungsspezifischen Software zusammen.[1]

In Abbildung 2.02 sind alle aus der Kombination der beiden Begriffspaare *Individual-* und *Standardsoftware* bzw. *System-* und *Anwendungssoftware* resultierenden Softwarearten hinsichtlich ihrer praktischen Relevanz für das Software-Marketing dargestellt und abgegrenzt.

	Individualsoftware	**Standardsoftware**
Systemsoftware	**selten**	**enge Kopplung mit der Hardware (⇒ Hardware-Marketing)**
Anwendungssoftware	**Eigenentwicklung** **Auftrags-programmierung**	**Standardanwendungs-software**

- ☐ Keine praktische Relevanz für das Software-Marketing
- ▒ Kaum praktische Relevanz für das Software-Marketing
- ■ Große praktische Relevanz für das Software-Marketing

Abb. 2.02: Softwarearten und ihre praktische Relevanz für das Software-Marketing

2.1.3 Kommerzielle und technische Software

Für den hier relevanten Bereich der Anwendungssoftwareprodukte kann die Unterteilung in *kommerzielle* und *technische Software* wohl

[1] Vgl. Kirsch, W./Börsig, C./Englert, G.: a. a. O., S. 31

als klassisch bezeichnet werden,[1] obwohl auch bei dieser Gliederung die Grenzziehung nicht immer eindeutig ist.[2]

Die **kommerzielle Anwendungssoftware** läßt sich aufgrund ihrer unterschiedlichen Einsatzbereiche und Anwendungsgebiete in *branchenspezifische* und *branchenneutrale Software* unterteilen.[3] Während zur **branchenneutralen Software** alle Programmlösungen zu zählen sind, die branchenübergreifend bzw. branchenunabhängig eingesetzt werden können wie z. B. Finanzbuchhaltungs-, Kostenrechnungs- oder Personalabrechnungssysteme, berücksichtigt die **Branchensoftware** in der Problemlösung vor allem branchenspezifische Gesichtspunkte wie beispielsweise Programme zur Stücklistenauflösung oder zur Kapazitätsterminierung in der diskreten Fertigung. Die Patientenabrechnung im Krankenhausbereich oder Programme zur Prämienberechnung in der Versicherung sind weitere Beispiele für branchenorientierte Anwendungen.

Allerdings bietet gerade der Bereich der Branchenlösungen und hier insbesondere die vielen computergestützten (⇒ Computer Aided = CA-) Anwendungen aus der Fertigungsindustrie die größten Überschneidungen zur technischen Software. Während die **technisch-wissenschaftlichen Anwendungen** mit vorwiegend mathematisch-statistischen Verfahrenslösungen und die **Prozeßsoftware**, die zur Steuerung und Kontrolle einzelner Werkzeugmaschinen, Handhabungsautomaten oder Roboter eingesetzt wird, relativ eindeutig dem Gesamtbereich der **technischen Software** zugeordnet werden können, wachsen **„CA-" Anwendungen** wie CAD (Computer Aided Design), CAM (Computer Aided Manufacturing), CAE (Computer Aided Engineering) oder CAQ (Com-

---

[1] Vgl. Diebold (Hrsg.): a. a. O., S. 11 ff.

[2] Insbesondere werden mit zunehmender Bedeutung von Prozeßorganisation, Workgroup- und Workflow-Computing die Grenzen zwischen kaufmännischen und technischen Organisationsbereichen immer durchlässiger, so daß eine eindeutige Zuordnung einzelner Softwarelösungen nicht mehr möglich ist. Vgl. Bittner, L.: a. a. O., S. 58

[3] Vgl. insbesondere Diebold (Hrsg.): a. a. O., S. 13 ff. und Möller, H.-W.: a. a. O., S. 9. Beide Veröffentlichungen sprechen allerdings von *branchen-* und *querschnittsorientierter Software* als Begriffspaar.

puter Aided Quality Assurance) über die Integration der Fabrikabläufe in sogenannten CIM-Systemen (Computer Integrated Manufacturing) auch in den kommerziellen (⇒ kaufmännischen) Bereich hinein.[1] MDE/BDE-Systeme (Maschinen-/Betriebsdatenerfassung), die ursprünglich ebenfalls zu den rein technischen Softwarelösungen gezählt wurden, übernehmen bei dieser integrativen Entwicklung die Funktion, Daten aus dem Produktionsprozeß an die kaufmännische Software weiterzugeben.[2] In Abbildung 2.01 sind diese „Zwitterprogramme" als **technisch-administrative Software** sowohl der technischen als auch der kommerziellen Software zugeordnet.

2.1.4 Mainframe-, Midrange- und PC-Software

Nicht mehr in das Konzept der Hintereinanderschaltung von Klassifikationen paßt die Einteilung der Software nach der *Computergrößenklasse* bzw. nach der *Hardwareplattform*. Bedingt durch die rasche technologische Entwicklung und hier insbesondere durch den Siegeszug der Personal Computer ist die Hardwarebasis in der Praxis das vorrangige Klassifikationskriterium für Software geworden.

Aufgrund der besonderen Dynamik in der Informationstechnologie ist diese Klassifikationsart allerdings sehr stark zeitgebunden. Sie unterliegt einem ständigen Wandel - unabhängig davon, ob Preisklassen, Performance- oder Architekturdaten der Hardware als Klassifikationsmerkmal herangezogen werden. So gab es bis Ende der 70er Jahre lediglich zwei relevante Ausprägungen dieses Klassifikationsmerkmals: Software für Großrechner (**Mainframes**) und Software für Minicomputer (mittlere Datenverarbeitung, Midrange, Basisdatenverarbeitung). Mit dem Aufkommen der Mikroprozessor-Technik änderte sich die Lage in der Computerbranche schlagartig. Der 8-Bit-Mikroprozessor oder „Com-

---

[1] Zu den Begriffsdefinitionen der einzelnen CA-Anwendungen siehe insbesondere die praxisorientierte Empfehlung von AWF (Hrsg.): Integrierter EDV-Einsatz in der Produktion: CIM - Computer Integrated Manufacturing. Begriffe, Definitionen, Funktionszuordnungen, Ausgabe November 1985

[2] Vgl. hierzu Bittner, L.: Innovatives Software-Marketing, a. a. O., S. 57 f., der allerdings sowohl die CA-Anwendungen als auch MDE/BDE der rein technischen Software zuordnet.

puter auf einem Chip"[1] trat seinen Siegeszug als **Personal Computer** an. Die dazu erforderliche Software hat sich auf seinen Nachfolgern als *PC-Software* in vielen Marktsegmenten zur *Massenware* mit weltweiter Vermarktung in millionenfachen Stückzahlen entwickelt.[2] Aus heutiger (hardware-orientierter) Sicht ergibt sich damit eine Unterteilung in **Mainframe-, Midrange-** und **PC-Software**, wobei als *Midrange* der Bereich der sogenannten mittleren Datentechnik bezeichnet wird.

Die Grenzziehung zwischen diesen drei Hardwaregrößenklassen wird jedoch zunehmend schwieriger, da über hardware-unabhängige Betriebssysteme (wie z. B. UNIX oder Windows NT) auch viele Softwareprodukte auf unterschiedlichen Hardware-Plattformen lauffähig sind, so daß eine eindeutige Zuordnung nicht mehr möglich ist.[3]

Ungeachtet dieser Überlegung haben Baaken/Launen aufgrund der besonderen Bedeutung der PC-Software eine neue Einteilung hergeleitet:[4]

- Individualsoftware
- Standardsoftware und
- „Produkt"- bzw. Massensoftware

Sie sehen in dieser Reihenfolge den „historischen Verlauf der Entwicklung" widergespiegelt.[5] Da die *„Produkt"- bzw. Massensoftware* ihrem Wesen nach auch immer eine Standardsoftware ist, ist die logische Dimension dieser Einteilung nicht einheitlich und soll daher explizit nicht weiter verfolgt werden.

---

[1] Ries, A./Trout, J.: Marketing generalstabsmäßig, Hamburg 1986, S. 204

[2] Vgl. ebenda, S. 9 f.

[3] Die Abgrenzung wird auch deshalb erschwert, weil diese Softwareprodukte auch *gleichzeitig* (z. B. auf der Basis eines Netzwerkes) auf mehreren Hardware-Architekturen einsetzbar sind.

[4] Vgl. Baaken, T./Launen, M.: a. a. O., S. 11 ff.

[5] Vgl. ebenda, S. 11

2.1.5 Abgrenzung des Untersuchungsgegenstandes Software

Zur Abgrenzung des Untersuchungsgegenstandes *Software* bieten sich in sachlicher Hinsicht die Dimensionen *Softwarearten* und *Hardwareplattformen* und in personeller Hinsicht die Dimension *Zielgruppen* an.[1] Im vorliegenden Zusammenhang erfolgen Eingrenzungen bei allen drei Dimensionen.

Hinsichtlich der Dimension *Zielgruppen* soll nur solche Software betrachtet werden, die Beschaffungsobjekt von gewerblichen Unternehmen oder sonstigen Organisationen ist. Allerdings ist die Unterscheidung, ob die Software Beschaffungsgegenstand von gewerblichen Organisationen oder von Privatabnehmern ist, nicht ganz unproblematisch. Denn je nach Verwendungszweck kann ein und dasselbe Produkt (z. B. das Tabellenkalkulationsprogramm Excel der Fa. Microsoft) einmal als (geringwertiges) Investitionsgut und ein anderes Mal als Konsumgut (zu Nutzung auf dem privaten PC) bezeichnet werden.[2]

Auf Seiten der *Hardwareplattformen* werden Homecomputer und die auf diesen Geräten lauffähige Software ausgegrenzt. Damit scheiden alle Freizeitprogramme wie z. B. Computerspiele, die zwar Anwendungssoftware sind, aus dieser Betrachtung aus.[3]

Das gleiche gilt für die Systemsoftware in der Dimension *Software*. Da sie auf das engste mit den jeweiligen Hardware-Eigenschaften verknüpft ist und regelmäßig vom Anlagenhersteller mit der Hardware mitgeliefert wird, ist auch „ ... das Marketing dieser Softwareprodukte direkt gekoppelt [...] mit dem Marketing der entsprechenden Hardware-

---

[1] Vgl. Abel, J.: Kooperationen als Wettbewerbsstrategien für Software-Unternehmen, Diss., Frankfurt/M. 1992, S. 14 ff.

[2] Zur nicht ganz unproblematischen Abgrenzung nach dem Verwendungszweck siehe auch Nieschlag, R./Dichtl, E./Hörschgen, H.: Marketing, 17. Aufl., a. a. O., S. 34

[3] Vgl. Baaken, T./Launen, M.: a. a. O., S. 3. Da die Nachfrage nach Home-Computern vornehmlich aus dem Bereich der privaten Haushalte stammt, erweisen sich die Abgrenzungen teilweise als redundant. Vgl. Abel, J.: a. a. O., S. 15

produkte"[1]. Da für Systemsoftware ein „andersartiges Beschaffungsverhalten"[2] als für Anwendungssoftware zu beobachten ist, wird sie hier von der weiteren Betrachtung ausgeschlossen. Die Eingrenzung des im Rahmen dieser Arbeit relevanten Untersuchungsgegenstandes ist in Abbildung 2.03 grafisch verdeutlicht.

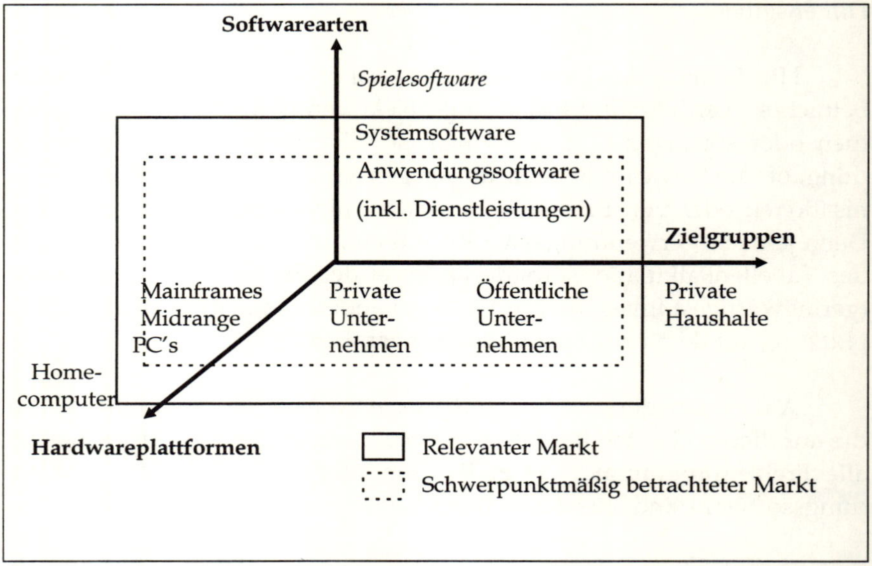

Abb. 2.03: Abgrenzung des Untersuchungsgegenstandes Software

---

[1] Vgl. Schildhauer, T.: a. a. O., S. 15. Abel weist allerdings zu Recht darauf hin, daß im Mikrocomputerbereich das Betriebssystem teilweise auch getrennt von der Hardware verkauft wird. Vgl. Abel, J.: a. a. O., S. 16 (Fußnote).

[2] Baaken, T./Launen, M.: a. a. O., S. 3

2.2 Besonderheiten von Software

Software zeichnet sich durch Besonderheiten („Eigentümlichkeiten"[1]) aus, die innerhalb einer Marketing-Konzeption ausdrücklich berücksichtigt werden müssen. Zu diesen Eigenarten zählen[2]

- die besonderen *Abhängigkeiten* und Beziehungen zwischen Software und Hardware,
- die *Immaterialität* von Software,
- die *Inhomogenität* der verschiedenen Zielgruppen von Software,
- die enge Verzahnung von *Sach-* und *Dienstleistung,*
- der hohe *Komplexitätsgrad* und die damit verbundene *Erklärungs- und Beratungsbedürftigkeit* von Software,
- der *System-* und *Integrationscharakter* von Software.

Aus allen genannten Eigenarten folgt, daß Konzeptionen für das Software-Marketing teilweise aus Problemstellungen des Investitionsgütermarketing, des Dienstleistungsmarketing, des Konsumgütermarketing und - soweit als theoretisches Gebäude überhaupt manifestiert - aus den Besonderheiten des Technologiemarketing abgeleitet werden können. Diese Umstände beeinflussen in besonderem Maße allgemeingültige Aussagen innerhalb von Software-Marketing-Konzeptionen.

2.2.1 Software als eigenständiges Marktobjekt

Software ist kein traditionelles Gut, sondern Teil eines Informationssystems, das aus Hardware, Software und Organisation besteht.[3] Aufgrund dieser Verknüpfung war Software lange Zeit kein eigenständiges Produkt. Sie wurde vielmehr von den Computerherstellern nur im *Verbund* mit der Hardware angeboten ($\Rightarrow$ *bundling*).[4] Die Kosten für die

---

[1] Kirsch, W./Börsig, C./Englert, G.: a. a. O., S. 27

[2] Zu den Besonderheiten von Software siehe auch Baaken, T./Launen, M.: a. a. O., S. 14 ff.

[3] Vgl. Möller, H.-W.: a. a. O., S. 19

[4] Vgl. Kirsch, W./Börsig, C./Englert, G.: a. a. O., S. 27

Softwareentwicklung, die bis zum Ende der 60er Jahre zum überwiegenden Teil von den Hardwareherstellern betrieben wurde, waren als Bestandteil im Kauf- oder Mietpreis für die EDV-Anlage einkalkuliert.[1]

Erst mit der Ankündigung des **Unbundling** im Jahre 1969, d. h. mit der getrennten Berechnung von Hardware und Software, änderte sich die Situation auf dem Softwaremarkt grundlegend.[2] Jetzt waren die (schon immer kostenpflichtigen) Softwareprogramme der freien Softwareproduzenten mit denen der Computerhersteller vergleichbar. Das führte zu einer Stimulierung der (hersteller-unabhängigen) Softwarebranche, die aufgrund der Preistrennung nunmehr über ein wettbewerbsfähiges Angebot verfügen konnte. Insofern kann auch erst nach der von der IBM initiierten Unbundling-Politik von einem *unabhängigen* Softwaremarkt gesprochen werden.[3]

Durchgängig hat sich das Unbundling (zumindest im Bereich der Systemsoftware) aber bis heute nicht durchgesetzt. Ist die Pauschalpreispolitik im sogenannten *proprietären* Bereich[4] noch verständlich, da hier Hardware und Betriebssystem weder (wettbewerbstechnisch) zu trennen sind noch von Dritten angeboten werden, so ist die im Personal-Computer-Bereich immer häufiger anzutreffende (kostenlose) Zugabe von PC-Programmen im Rahmen von Hardwareverkäufen um so irritierender.

---

[1] Vgl. Möller, H.-W.: a. a. O., S.15

[2] Zu den Motiven und Auswirkungen des Unbundling siehe insbesondere Leue, G./ Herbold, R.: Unbundling - Neue preispolitische Aspekte auf dem Computermarkt, in: Elektronische Datenverarbeitung, Heft 3 (1970), , S. 127 - 131, Head, R. V.: A Guide to Packaged Systems, New York - London - Sydney - Toronto 1971, S. 4 - 8 , Frank, J.: a. a. O., S. 20, Möller: a. a. O., S. 15 - 17 sowie Vollmer, R.: Das blaue Wunder. Die IBM und ihre Mitbewerber, Reutlingen 1984, S. 26 - 29, der die besondere Rolle der IBM als Initiator des Unbundling darstellt.

[3] Vgl. Hansen, H. R./Amsüss, W. L./Frömmer, N. S.: a. a. O., S. 31

[4] Proprietäre Systeme sind hersteller-spezifische Hard- und Softwareprodukte. Proprietäre Systeme stehen im Gegensatz zu *offenen* (hersteller-unabhängigen) *Systemen.*

2.2.2 Software als immaterielles oder materielles Gut

Die reine Programmfunktionalität von Software ist - abgesehen von der Speicherung auf Datenträgern - substantiell *nicht* vorhanden.[1] Diese Eigenart hat unterschiedliche Auswirkungen auf die handels- und steuerrechtliche Behandlung von Software bei Hersteller und Anwender.[2] Während das Unternehmen, das Software für Zwecke der betrieblichen Leistungserstellung entgeltlich erwirbt, diese als immateriellen Anlagewert in der Bilanz aktivieren kann, sofern das Programm bereits bei Vertragsabschluß existiert, besteht für den Softwarehersteller keine Möglichkeit der Aktivierung.[3] Die Frage, „ob es sich bei Software [...] tatsächlich generell um immaterielle Güter handelt oder ob hier nicht in bestimmten Fällen auch materielle Güter gegeben sein können", ist bis heute strittig.[4] Die Existenz von materiellen Trägermedien für Software (Magnetbänder, Disketten, CD-ROM) beeinträchtigt jedenfalls eine eindeutige Zuordnung.[5]

Aus Marketing-Sicht besonders gravierend sind die durch die Besonderheit der Immaterialität hervorgerufenen begrenzten Möglichkeiten bei der Darstellung der allgemeinen Leistungskriterien von Software. Neben der (allerdings beschränkten) Selbstdarstellungfähigkeit von bereits installierten Systemen (z. B. als Referenz-, Test- oder Demonstrationsversion) kommt hierbei der Dokumentation als Gebrauchsanwei-

---

[1] Vgl. Baaken, T./Launen, M.: a. a. O., S. 14 f.

[2] Die Abgrenzungsproblematik zwischen materiellen und immateriellen Gütern im Jahresabschluß hat sich infolge der wirtschaftlichen Bedeutung von Software zu einem für die Bilanzierungspraxis bedeutsamen Problemkreis entwickelt. Vgl. hierzu insbesondere David, W.: Die Abgrenzung materieller und immaterieller Güter im Jahresabschluß und ihre Konkretisierung am Beispiel der Software, in: DBW-Depot Nr. 172 (Manuskripte aus dem Institut für Betriebswirtschaftslehre der Universität Kiel) o. J., und Vogel, H.: Die Aktivierung originärer immaterieller Anlagewerte im aktienrechtlichen Jahresabschluß, Diss., Berlin 1982

[3] Zur handels- und steuerrechtlichen Behandlung des Software-Erwerbs siehe Baaken, T./Launen, M.: a. a. O., S. 14

[4] Vgl. David, W.: a. a. O., S. 1

[5] Vgl. hierzu auch Meffert, H.: Dienstleistungsmarketing, in: Tietz, B./Köhler, R./Zentes, J. (Hrsg.): Handwörterbuch des Marketing, 2., vollst. überarb. Aufl., Stuttgart 1995, Sp. 456 unter Bezugnahme auf Meyer, A.: Dienstleistungsmarketing, 2. Aufl., Augsburg 1992

sung einerseits und als *Darstellungsinstrument* andererseits eine erhebliche Bedeutung zu.[1]

2.2.3 Software als Investitions- oder Konsumgut

Durch das Vordringen des Computers in nahezu alle Lebensbereiche ist grundsätzlich eine Zuordnung der Software zu Investitions- wie zu Konsumgütern denkbar.[2]

Da im Rahmen dieser Systematik nur solche Software betrachtet werden soll, die Beschaffungsobjekt von gewerblichen Unternehmen oder sonstigen Organisationen ist[3], ist in diesem Sinne der hier behandelte Untersuchungsgegenstand als Investitionsgut[4] anzusehen. Da außerdem die hier betrachtete Software zur Lösung von Anwendungsaufgaben, die allgemein als automatisierbar angesehen werden, in nahezu *allen* Wirtschaftsbereichen einsetzbar ist, kann Software grundsätzlich als *universell einsetzbares, immaterielles Investitionsgut* bezeichnet werden.[5]

Die begriffliche Zuordnung zum Investitionsgüterbereich ist insbesondere deshalb von Bedeutung, weil das Beschaffungsverhalten von Organisationen deutliche Unterschiede zu dem von privaten Abnehmern aufweist und damit einen wesentlichen Einfluß auf die Marketing-Konzeption derartiger Produkte hat. Allerdings werden bei der PC-

---

1 Vgl. Baaken, T./Launen, M.: a. a. O., S. 15

2 Vgl. ebenda, S. 3

3 Das Merkmal der organisationalen Beschaffung ist nach Zentes konstitutiv für Investitionsgüter. Vgl. hierzu Zentes, J.: Grundbegriffe des Marketing, 2. überarb. Aufl., Stuttgart 1988, S. 189

4 Das eigentliche begriffliche Gegensatzpaar ist *Konsumgut - Produktivgut,* wobei unter Produktivgütern alle die materiellen und immateriellen Erzeugnisse verstanden werden, „die in Produktivbetrieben (Industrie-, Handwerks-, Handelsbetrieben) für die Erstellung anderer Sachgüter oder Dienstleistungen verwendet oder verbraucht werden" (Knoblich, H.: Besonderheiten der Absatzmärkte für Produktivgüter, in: VDI-Zeitschrift, Nr. 24, Dezember 1969, S. 1740). Nach Knoblich sind demnach (Anlage-) Investitionsgüter als langlebige Gebrauchsgüter des aperiodischen Bedarfs eine Untermenge der Produktivgüter. Vgl. ebenda.

5 Baaken, T./Launen, M.: a. a. O., S. 7 und S. 49

Software die Grenzen zwischen Investitionsgut und Konsumgut zunehmend fließend („*Soho-Software*“ für **S**mall **O**ffice/**H**ome **O**ffice)[1], so daß auch aus Marketing-Sicht häufig keine eindeutige Zuordnung mehr möglich ist.

2.2.4 Software als Sach- oder Dienstleistung

Softwareprodukte sind in erster Linie *Problemlösungen*. So werden letztlich nicht Programme, sondern betriebswirtschaftliche oder technische Konzeptionen vermarktet, die i. d. R. zur Lösung von automatisierbaren Prozessen der betrieblichen Ablauforganisation dienen.[2] Als hochentwickelte, verfeinerte Konzeptionen verfügen sie über einen Komplexitätsgrad, der sie zu besonders *erklärungsbedürftigen* Investitionsgütern macht. Ihr Einsatz ist vielfach nur dann sinnvoll vorzunehmen, wenn begleitende Beratungsleistungen erbracht werden. Nicht selten sind diese Dienstleistungen sogar ausschlaggebend für eine Auftragserteilung.[3]

Als wesentliche Schlußfolgerung aus der besonderen Erklärungs- und Beratungsbedürftigkeit von Software folgt, daß das Programm lediglich Kern eines Leistungsbündels ist, das von Dokumentations- und Installationsunterlagen über Hilfesysteme, Schulungen und Hotline-Service bis hin zur Organisations- und Integrationsberatung sowie zur Modifikation und Wartung des Programms reicht.[4] In Abbildung 2.04 ist dieser Sachverhalt veranschaulicht.[5]

---

[1] Vgl. Bittner, L.: Innovatives Software-Marketing, a. a. O., S. 54

[2] Vgl. Kirsch, W./Börsig, C./Englert, G.: a. a. O., S. 19

[3] Vgl. Forschner, G.: Investitionsgüter-Marketing mit funktionellen Dienstleistungen. Die Gestaltung immaterieller Produktbestandteile im Leistungsangebot industrieller Unternehmen, Diss., Berlin 1988, S. 6

[4] Zur Bedeutung der Dienstleistungen im Umfeld der Softwareprodukte siehe insbesonder Bittner, L.: Ursachen und Folgen der steigenden Bedeutung des DV-Service, in: Wimmer, F./Bittner, L. (Hrsg.): a. a. O., S. 159 - 189

[5] Darstellung in Anlehnung an Frank, J.: a. a. O., S. 15 und Wimmer, F./Zerr, K./Roth, G.: a. a. O.; S. 26

Angesichts der Aufzählung von notwendigen Zusatzleistungen im Softwaregeschäft und der damit verbundenen Heterogenität des Erkenntnisobjektes *Software* stellt sich die Frage, ob dieser Arbeit das Verständnis für Software als *investive Sachleistung* oder als *investive Dienstleistung*[1] zugrunde liegen soll.

[1] Analog zu der bekannten Einteilung in Konsumgüter und Investitionsgüter lassen sich auch *konsumtive* und *investive* Dienstleistungen unterscheiden. Als *investive* Dienstleistungen werden solche Dienstleistungen bezeichnet, „ ... die von *Nicht*-Konsumenten, also von Organisationen (Unternehmen, öffentlichen Betrieben, Verbänden u. ä.) gekauft werden, um mit dem Einsatz dieser Dienstleistungen anschließend Sachleistungen oder weitere Dienstleistungen für die Fremdbedarfsdekkung zu erstellen.“ Vgl. Hilke, W.: Grundprobleme und Entwicklungstendenzen des Dienstleistungs-Marketing, in: Dienstleistungs-Marketing, Bd. 35, Wiesbaden 1989, S. 7 unter Bezugnahme auf Engelhardt, W. H./Schwab, W.: Die Beschaffung von investiven Dienstleistungen, in: Die Betriebswirtschaft (DBW), 42. JG. (1982), S. 505

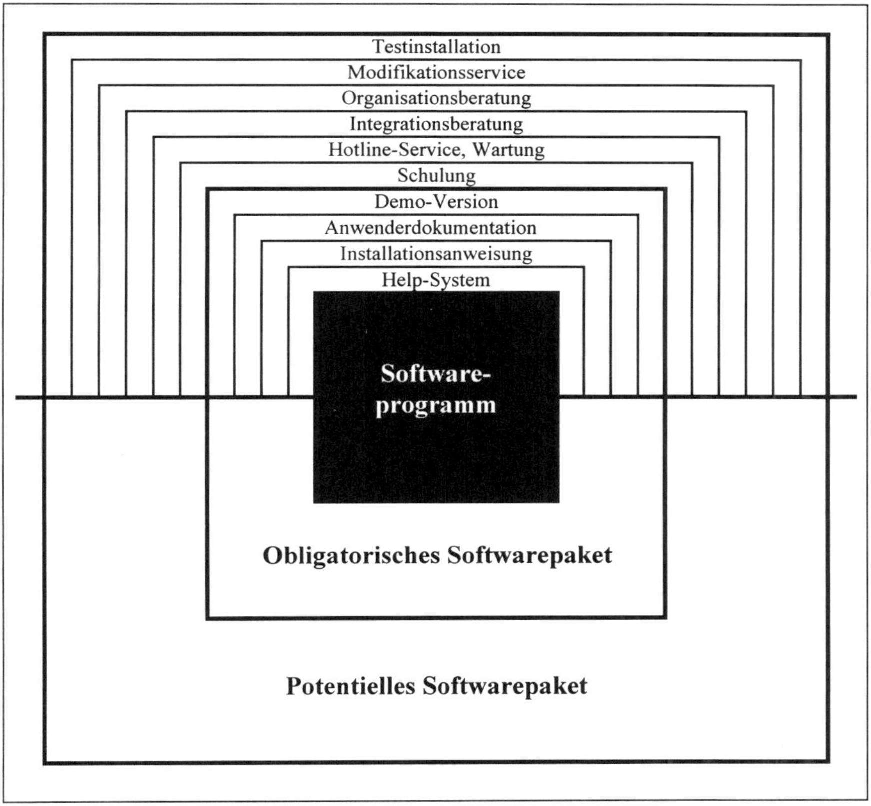

Abb. 2.04: Software als Leistungspaket

Wenn von Dienstleistungen gesprochen wird, sollte zunächst eine Unterscheidung zwischen *funktioneller Dienstleistung* einerseits und *institutioneller Dienstleistung* andererseits getroffen werden.[1]

Als **funktionelle Dienstleistungen** sind jene immateriellen Leistungen zu verstehen, die ein Unternehmen zur Absatzförderung seiner (selbsterstellten) Sachgüter *zusätzlich* anbietet und erbringt.[2] Das Kriteri-

[1] Vgl. Hilke, W.: a. a. O, S. 9

[2] Vgl. Forschner, G.: a. a. O., S. 14

um *Zusatzleistung* soll dabei zum Ausdruck bringen, daß ein Unternehmen über ein Gesamtleistungspotential verfügt, das es in die Lage versetzt, neben der reinen Sachleistung auch Dienstleistungen erbringen zu können, unabhängig davon, welche Leistungskomponente letztlich den größeren Anteil an der abgesetzten Gesamtleistung ausmacht.[1] Demgegenüber werden **institutionelle Dienstleistungen** von reinen Dienstleistungsinstitutionen durchgeführt, und zwar als *Hauptfunktion* zum Absatz von Sachleistungen, Nominalgütern oder Dienstleistungen.[2]

Legt man diese begriffliche Einteilung zugrunde, so können wir uns für den Bereich der auftragsunabhängig erstellten Software (⇒ *Standardsoftware*) der Auffassung anschließen, „ ... daß Software [zwar] die Wesenszüge einer Dienstleistung trägt, ihr Verwendungszweck und die charakteristischen Fertigungsprozesse [...] aber nicht der Vorstellung von einer [institutionellen] Dienstleistung nach allgemeinem Sprachgebrauch entsprechen“[3]. Anbieter von Standardsoftware sind demnach keine „Nur-Dienstleister“, wie es die institutionellen Dienstleistungsunternehmen darstellen, sondern „Auch-Dienstleister“ als Anbieter von *funktionellen* Dienstleistungen.[4] Insofern liegt dieser Systematik das Verständnis für **Standardsoftware** als eine *investive Sachleistung mit funktionellen Dienstleistungsanteilen* zugrunde.

Anders sieht es dagegen für den Bereich der auftragsbezogen erstellten Software (⇒ *Individualsoftware*) aus. Bezieht man den sog. *„externen Faktor“* als konstitutives Merkmal aller Dienstleistungen in die begriffliche Abgrenzung zwischen Sach- und Dienstleistung mit ein,[5] so

[1] Vgl. Forschner, G.: a. a. O., S. 15 f.

[2] Vgl. Hilke, W.: a. a. O., S. 9

[3] Vgl. Baaken, T./Launen, M.: a. a. O., S. 6

[4] Vgl. Forschner, G.: a. a. O., S. 19. Forschner spricht allerdings nicht von Softwarehäusern, sondern allgemein von Investitionsgüterherstellern.

[5] Nach Meffert werden neben der *Integration des externen Faktors* noch weitere Merkmale für konstitutiv erachtet: 1) die *Immaterialität* der Leistung, 2) der *synchronische Kontakt* zwischen Kunde und Dienstleistungsanbieter und 3) die *Bereit-stellung von Leistungsfähigkeiten* in Form personeller, sachlicher oder immaterieller Ressourcen. „Von diesen Merkmalen erweist sich nur die Integration eines externen Faktors in den Leistungserstellungsprozeß als unabhängige und allen Dienstleistungen gemeinsame Eigenschaft.“ Meffert, H.: Dienstleistungsmarketing, a. a. O., Sp. 455 f.

ist festzustellen, daß die Erstellung und Nutzung von Individualsoftware ohne die **Integration eines externen Faktors**[1] nicht möglich ist. Zu diesen externen Faktoren, die sich der autonomen Disponierbarkeit des Dienstleisters entziehen,[2] zählen die zur Realisierung von Individualsoftware benötigte aktive Mitwirkung oder zumindest die Bereitstellung der gegebenen Hardwarekonfigurationen des Anwenders und dessen Informationsinput bzw. Anforderungsprofil, das sich wiederum aus den jeweiligen Ablauf- und Aufbauorganisationen ergibt.[3] **Individualsoftware** muß somit das Verständnis einer *investiven Dienstleistung* zugrunde gelegt werden.[4]

Marketing			
Sachleistungsmarketing		Dienstleistungsmarketing	
Konsumgüter	Investitionsgüter	Investive Dienstleistungen	Konsumtive Dienstleistungen
	Standardsoftware	Individualsoftware	
	Software		

Abb. 2.05: Zuordnung von Software zu den Objektbereichen des Marketing

Somit liegt die Schlußfolgerung nahe, daß sich das Marketing für Software aus zwei Teilkomponenten zusammensetzt: dem Marketing für *investive Sachleistungen mit funktionellen Dienstleistungen* (⇒ Standardsoftware) und dem Marketing für *investive Dienstleistungen* (⇒ In-

[1] Der Begriff des *externen Faktors* geht zurück auf Maleri, R.: Grundzüge der Dienstleistungsproduktion, Berlin/Heidelberg/New York 1973

[2] Vgl. Rück, H. R. G.: Dienstleistungen - ein Definitionsansatz auf der Grundlage des „Make or buy"-Prinzips, in: Kleinaltenkamp, M. (Hrsg.): Dienstleistungsmarketing. Konzeptionen und Anwendungen, Wiesbaden 1995, S. 6 (Fußnote)

[3] Vgl. Roth, G./Wimmer, F.: a. a. O., S. 113

[4] Zu diesem Ergebnis kommen auch Knoblich, H./Oppermann, R.: Dienstleistung - ein Produkttyp. Eine Erfassung und Abgrenzung des Dienstleistungsbegriffs auf produkttypologischer Basis, in: der markt 1996/1, 35. Jg., Nr. 136, S. 19

dividualsoftware). In Abbildung 2.05 ist dieser Zusammenhang verdeutlicht.[1]

Die Aufsplittung in **Sachleistungsmarketing** und **Dienstleistungsmarketing** darf nun nicht dazu führen, beide Komponenten als völlig verschiedene oder unvereinbare Dinge anzusehen.[2] Im Gegenteil, die *Problemlösungskraft*, die den angebotenen Softwareprodukten innewohnt, besteht ja gerade in einer engen Verzahnung zwischen Sach- und Dienstleistung. Hilke spricht in diesem Zusammenhang von einem **„Marketing-Verbund“** zwischen Sachleistungen und Dienstleistungen.[3]

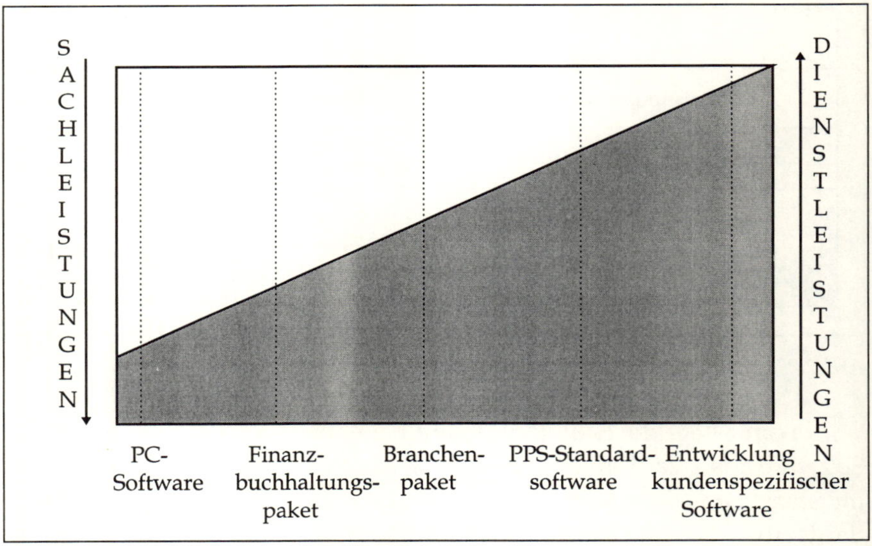

Abb. 2.06: Der Marketing-Verbund-Kasten für Software

Zur Verdeutlichung dieses Sachverhaltes soll der in Abbildung 2.06 dargestellte **Marketing-Verbund-Kasten** herangezogen werden. Auf der linken Seite des Marketing-Verbund-Kastens werden die ange-

[1] Darstellung in Anlehnung an Hilke, W.: a. a. O., S. 7

[2] Vgl. ebenda.

[3] Vgl. ebenda.

botenen *Sachleistungen* von oben nach unten abgetragen, auf der anderen Seite die angebotenen Dienstleistungen von unten nach oben gemessen.[1] Auf diese Weise läßt sich in der Senkrechten darstellen, in welchem Umfange sich ein bestimmter Auftrag aus Sach- und Dienstleistungen zusammensetzt, um für einen (potentiellen) Kunden eine vollständige Problemlösung zu bedeuten.[2] Bei der grafischen Darstellung darf die Begrenzungslinie *nicht* als Diagonale durch den Marketing-Verbund-Kasten dargestellt werden. Da es undenkbar ist, daß die Sachleistung *Software* ohne jegliche Dienstleistung absetzbar ist, beginnt die Begrenzungslinie etwas oberhalb der linken unteren Ecke des Kastens.[3] Andererseits zeigt das Beispiel der auftragsbezogen erstellten Individualsoftware, daß eine Absatzleistung zu 100 Prozent nur aus Dienstleistungen bestehen kann. Daher sollte die Begrenzungslinie direkt im oberen rechten Eckpunkt enden. Außerdem sollen die in Abbildung 2.06 genannten Beispiele den engen Verbund zwischen Sach- und Dienstleistungen veranschaulichen.[4]

2.2.5 Der System- und Integrationscharakter von Software

Wenn sich Software aus mehreren DV-Programmen zusammensetzt, die hinsichtlich ihrer Funktionalität in einer komplementären Beziehung zueinander stehen, wird auch von **Softwaresystemen** gesprochen. Programme, die Bestandteil dieses übergeordneten Gesamtsystems sind und ggf. auch eigenständigen Marktcharakter aufweisen können, werden als **Softwaremodule** bezeichnet.[5] Der Begriff des *Softwaresystems* ist aber nicht unbedingt identisch mit dem im *Systemgeschäft* verwendeten Begriff des **Leistungssystems**. Konstitutives Merkmal für das Leistungssystem ist die *Gesamtverantwortung* eines Anbieters für das auf die besondere Problemsituation des Kunden ausgerichtete Bündel von Sach-

---

[1] Vgl. Hilke, W.: a. a. O., S. 8

[2] Vgl. Forschner, G.: a. a. O., S. 20

[3] Vgl. Hilke, W.: a. a. O., S. 8

[4] Vgl. ebenda.

[5] Vgl. Wimmer, F./Zerr, K./Roth, G.: a. a. O., S. 16

und Dienstleistungskomponenten.[1] Die Übernahme der Gesamtverantwortung *kann*, muß aber nicht zwingend das Angebot eines Anbieters von Softwaresystemen charakterisieren. So kann das Softwaresystem beispielsweise *Teil* eines Systemgeschäfts sein, das sich aus Hardware, Software(system) und installationsbegleitenden Dienstleistungen zusammensetzt und dessen Gesamtverantwortung der Hardwarehersteller übernimmt. Der Hardwarehersteller (und nicht der Software(system)-hersteller bzw. -anbieter ist damit auch der alleinige Ansprechpartner des Kunden. Bietet das Softwareunternehmen dagegen eine auf den Anwender zugeschnittene, integrierte CIM-Lösung, bestehend aus Software- und Dienstleistungskomponenten, für eine bereits beim Anwender installierte Hardwareanlage als Gesamtverantwortlicher an, so ist dieses Softwaresystem zugleich auch ein Leistungssystem im oben beschriebenen Sinne.

Nach Wimmer/Zerr/Roth zeichnen sich Softwaresysteme „generell dadurch aus, daß sie einer **internen** sowie **externen Integration** bedürfen".[2]

2.2.5.1 Interne Integrationsbeziehungen

Wesentlicher Inhalt der *internen Integration* ist die Verknüpfung der einzelnen Softwaremodule untereinander, so daß die Durchgängigkeit aller unterstützten Funktionen gewährleistet ist. Daneben wird die interne Integration vornehmlich über eine modulunabhängige Datenbasis bzw. *Datenbank*, über eine einheitliche *Benutzeroberfläche* sowie über *Programmier- und Kommunikationsschnittstellen* sichergestellt.[3] Die Gestaltungsmöglichkeiten der internen Integration werden wesentlich durch die Wahl der zur Softwareentwicklung herangezogenen *Softwareproduk-*

---

[1] Zur Definition des Leistungssystems vgl. insbesondere Böcker, J.: Marketing für Leistungssysteme, Diss., Wiesbaden 1995, S. 21 f.

[2] Wimmer, F./Zerr, K./Roth, G.: a. a. O., S. 16. Wesentliches Merkmal eines Softwaremoduls ist die Unterstützung eines in sich geschlossenen funktionalen Anwendungsbereichs, so daß auch von *Anwendungsmodulen* gesprochen werden kann. Beispiel für solche Anwendungsmodule sind die (SAP) R/2- bzw. R/3-Module: HR (Personalwirtschaft), FI-GL (Finanzbuchhaltung) und SD (Vertriebsabwicklung).

[3] Vgl. ebenda.

tionsumgebung (z. B. 4GL-Tool) sowie durch die verwendete *Betriebssystemplattform* bestimmt. Weiteres Kennzeichen einer internen Integrationsqualität ist die Verwendung eines einheitlichen *Daten- und Funktionsmodells,* das die Integration der Anwendungsmodule offenlegt. Die interne Integration stellt somit für den Anwender sicher, daß das Softwaresystem „eine in sich konsistente, abgeschlossene Problemlösung im Hinblick auf die zu unterstützenden Anwendungsbereiche darstellt."[1] Die praktische Bedeutung und der Stellenwert der internen Integration wird nicht zuletzt auch darin deutlich, daß viele Experten den Markterfolg der SAP vornehmlich auf die hohe interne Integrationsqualität der SAP-Module zurückführen.[2] In Abbildung 2.07 sind die internen Integrationsbeziehungen von Software am Beispiel eines PPS-Systems dargestellt.

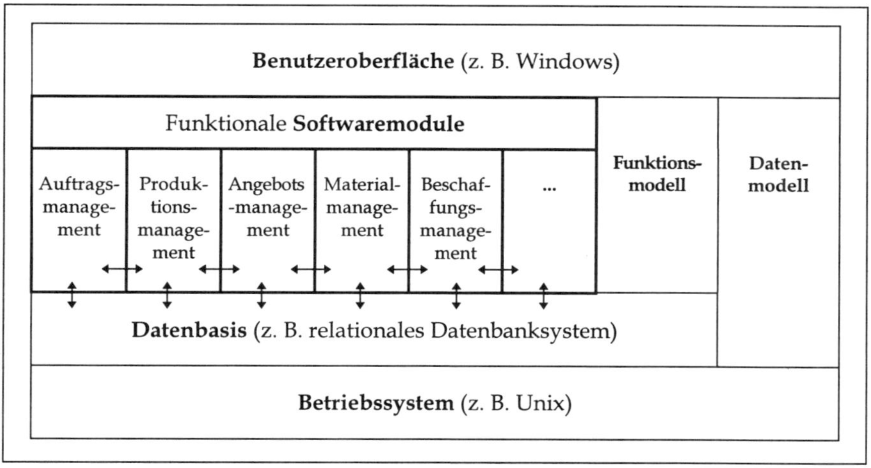

Abb. 2.07: Interne Integrationsbeziehungen am Beispiel eines PPS-Systems

[1] Wimmer, F./Zerr, K./Roth, G.: a. a. O., S. 16

[2] So werden sowohl im R/2- als auch im R/3-System die Daten eines betriebswirtschaftlichen Vorgangs realtime an alle abhängigen Informationskreise wie Bestandsführung, Disposition, Kapazitätsplanung, Finanzbuchhaltung und Kostenrechnung weitergereicht („durchgebucht"). Während im R/2-System die einzelnen Module noch einen eigenständigen Marktcharakter haben, d. h. auch „stand-alone" einsetzbar sind, sind sie im R/3-System allerdins derart *hochintegriert,* daß - unabhängig vom jeweiligen Nutzungsgrad des Anwenders - jeweils das Gesamtsystem ausgeliefert werden muß.

2.2.5.2 Externe Integrationsbeziehungen

Ebenso wichtig wie die internen Integrationsbeziehungen eines Softwaresystems ist seine Integration in die anwendungs- und systemspezifische Umgebung. Die „Einbettung" von Softwareprogrammen in das vorgegebene soziale, organisatorische und technische Umfeld des Anwenderunternehmens wird als *externe Integration* bezeichnet.[1] Hierbei sind folgende Integrationsformen zu unterscheiden:[2]

- (System)technische Integration,
- Organisatorische Integration und
- Soziale Integration.

(1) Technische Integration. Die (system)technische Integrationsqualität betrifft Fragen der Verträglichkeit mit anderen Softwaresystemen sowie der Lauffähigkeit auf verschiedenen Rechnern, Rechnerklassen und Rechnergenerationen. Die technische Integration zählt zu den großen Herausforderungen der Informationstechnologie und sucht eine Antwort auf das Dilemma vieler Anwenderunternehmen: Die Einbindung und Nutzung von Softwareinnovationen bei gleichzeitigem Schutz jahrelang gewachsener DV-Strukturen.[3] Handelt es sich bei den bestehenden DV-Strukturen vorwiegend um proprietäre (herstellerspezifische) Systeme, so verringern sich im Regelfall die Freiheitsgrade für den Anwender bei Folgeinvestitionen.[4] Ein Ausweg wird allgemein in sogenannten *„offenen Systemen"* gesehen, die auf herstellerunabhängigen Standards basieren und damit möglichst viele Freiheitsgrade bei zukünftigen Investitionsentscheidungen erhalten sollen.[5]

---

[1] Vgl. Wimmer, F./Zerr, K./Roth, G.: a. a. O., S. 17

[2] Vgl. ebenda.

[3] Vgl. Staiger, W.: Treibende Kraft. IBM sieht sich als Wegbereiter zu einer neuen Softwarekultur, in: Chefbüro, 18. Jg., Nr. 1/95, S. 44

[4] Vgl. Hansen, H. R.: Wirtschaftsinformatik I. Einführung in die betriebliche Datenverarbeitung, 6., neubearb. und stark erw. Aufl., Stuttgart 1992, S. 402

[5] Vgl. ebenda. Ziel solcher Normungs- und Standardisierungsbemühungen ist es aus Sicht der Anwender, einheitliche Rahmenbedingen für eine unternehmensweite Anwendungsintegration in Form einer einheitlichen *Anwendungsarchitektur* zu schaffen, so daß die nach diesen Richtlinien entwickelten Anwendungen „ ... miteinander kommunizieren können, dem Benutzer immer gleichartig erscheinen und

(2) Organisatorische Integration. Die organisatorische Integrationsqualität bezieht sich vornehmlich auf die Einbindung des Softwaresystems in das aufbau- und ablauforganisatorische Umfeld des Anwenderunternehmens.[1] Mit einer auf den individuellen Bedarf zugeschnittenen Softwareentwicklung kann den spezifischen organisatorischen Erfordernissen des Anwenderunternehmens voll Rechnung getragen werden. Anders dagegen bei der Einsatzplanung von Standardsoftware: Hier sind im Regelfall Leistungsprofil der Software und Anforderungsprofil der bestehenden Anwenderorganisation nicht deckungsgleich, so daß sich die Frage stellt, ob die (Standard-)Software der Organisation oder die Organisation der Software angepaßt werden soll. Sicherlich muß die richtige Antwort für jeden Einzelfall gefunden werden. Setzt man aber eine entsprechende Modularisierung und Flexibilität der einzusetzenden Software voraus, so sprechen nicht zuletzt wirtschaftliche Gründe für eine organisatorische Anpassung. Im Falle der Softwareanpassung nämlich heben die vermehrten Modifikations- und Wartungskosten die wirtschaftlichen Vorteile einer Standardsoftware gegenüber einer Individuallösung über die gesamte Einsatzdauer der Software ganz oder teilweise wieder auf.[2]

(3) Soziale Integration. Die soziale Integrationsqualität schließlich bezieht sich auf alle Maßnahmen, die die Nutzungsbereitschaft des Softwaresystems bei den Anwendern erhöht.[3] Wenn man bedenkt, daß häufig nur ein Bruchteil der vorhandenen Funktionalität eines eingesetzten Softwaresystems tatsächlich genutzt wird[4], so ist dies häufig auf eine mangelnde Akzeptanz bei den Nutzern zurückzuführen. Eine fortschrittliche Softwareergonomie, die benutzerfreundliche Gestaltung von Geschäftsprozessen und entsprechende Schulungen, die durch Projektmanagement-, Installations- und Wartungsverfahren ergänzt werden,

---

auf unterschiedlichen Plattformen (Hardware und Systemsoftware) eingesetzt werden können." Ebenda, S. 404

[1] Vgl. Wimmer, F./Zerr, K./Roth, G.: a. a. O., S. 17

[2] Vgl. Lippold, D.: Die Chance zur Reorganisation. Der zielorientierte Ansatz beim Einsatz von Anwendungssoftware, in: Die Computer Zeitung, 14. 12.1988, S. 19

[3] Vgl. Wimmer, F./Zerr, K./Roth, G.: a. a. O., S. 17

[4] Vgl. Eigner, M./Lippold, D.: Wege zu neuen PPS-Systemen, Gastkommentar in: Computerwoche 04.03.1994, S. 8

sind geeignete Maßnahmen, um die soziale Integrationsqualität zu erhöhen.[1] Vor, während, nach und neben der Systemeinführung bietet sich somit für Softwareanbieter eine Reihe von funktionellen Dienstleistungen an, um das Nutzenpotential der Softwaresysteme voll auszuschöpfen.

Arten und Ziele der externen Integration von Softwaresystemen sind in Abbildung 2.08 zusammengefaßt dargestellt.

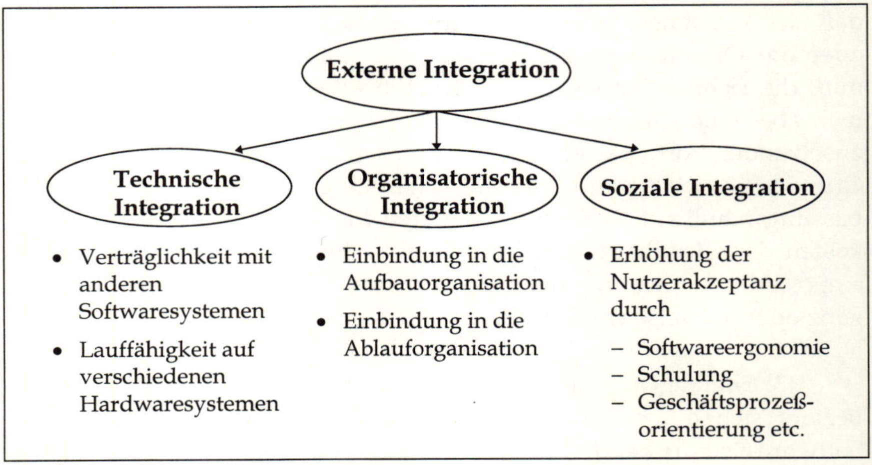

Abb. 2.08: Arten und Ziele der externen Integration von Software

[1] Vgl. Wimmer, F./Zerr, K./Roth, G.: a. a. O., S. 17

2.3 Typologisierung von Software

Angesichts der oben beschriebenen Eigenarten von Software, die vor allem auch in der besonderen Vielfalt und Brandbreite ihrer Einsatzmöglichkeiten zu sehen sind, kann die in Abschnitt 2.1 durchgeführte Klassifikation nicht die unter Marketing-Gesichtspunkten gewünschte Ordnung und Systematisierung des Untersuchungsgegenstandes leisten. Zwar kann durch Hintereinanderschaltung mehrerer Kriterien eine Art hierarchische Begriffsanordnung gefunden werden (siehe Abbildung 2.01), auf jeder einzelnen Stufe wird jedoch immer nur nach einem Merkmal gegliedert.

2.3.1 Grundlagen der typologischen Methode

Eine Eignung als Differenzierungsgrundlage für die Ableitung vorgehensbezogener Marketing-Konzeptionen verspricht erst eine *typologische Ordnung.* Nach dem Grad der Abstraktion der zu gewinnenden Erkenntnisse ist die typologische Betrachtungsweise in der Mitte zwischen der **generalisierenden Methode** („**Generalisation**") und der **individualisierenden Methode** („**Individuation**") einzuordnen.[1] Während die gewonnenen Aussagen der Generalisation für alle Objekte eines Wissensgebietes Gültigkeit haben sollen und daher zwangsläufig ein sehr hohes Abstraktionsniveau aufweisen, richtet sich das Erkenntnisinteresse der Individuation auf das Einzigartige, Besondere bzw. nicht Wiederholbare - also auf den Einzelfall.[2] Die typologische Betrachtungsweise bietet sich also an, weil sie aufgrund ihres mittleren Abstraktionsgrades weder zu sehr auf die Besonderheiten des Einzelfalles abstellt, noch realitätsfernen, abstrakten Denkmodellen nachgeht. Hier werden - je nach Fragestellung - bestimmte Softwarearten, die in wesentlichen Merkmalsausprägungen übereinstimmen, zu einem besonderem Softwaretyp zusammengefaßt. Die Produkttypologie wird dabei von der Erkenntnis geleitet, daß die Eigenarten der einzelnen Softwaretypen maßgeblichen

---

[1] Vgl. Knoblich, H.: Die Typologie als Methode der Marktforschung, in: Marktforscher, 21. Jg., H. 3/1977, S. 63

[2] Vgl. Knoblich, H.: Die typologische Methode in der Betriebswirtschaftslehre, in: WiSt - Wirtschaftswissenschaftliches Studium, H. 8, August 1972, S. 141 und S. 147

Einfluß auf den Einsatz der Marketinginstrumente haben.[1] Sie ist - im Gegensatz zur Klassifikation - dadurch gekennzeichnet, daß stets mehrere Merkmale gleichzeitig zur Charakterisierung des Untersuchungsgegenstandes herangezogen werden. Die Produkttypologie ist somit mehrdimensional.[2]

2.3.2 Wesen und Prozeß der Typenbildung

Zielsetzung der typologischen Ordnung des Untersuchungsgegenstandes *Software* ist die Zusammenfassung einer Reihe von Softwarearten, die in charakteristischen Merkmalsausprägungen übereinstimmen, zu bestimmten **Softwaretypen**. Da ein *Typus* allgemein den Bedeutungsinhalt eines Musters (eines Vorbilds) hat, in dem nur das Wesentliche Ausdruck findet, ist ein *Softwaretyp* der Repräsentant mehrerer Softwarearten im Hinblick auf das gemeinsam Wesentliche einer bestimmten, zweckbezogenen Fragestellung.[3]

Beim Prozeß der Typenbildung können drei Phasen unterschieden werden:[4]

(1) Bestandsaufnahme der verschiedenen Softwarearten zur Gewinnung von Unterscheidungsmerkmalen

(2) Auswahl und Zusammenstellung von Merkmalen und deren Ausprägungen, die zur Differenzierung geeignet sind

(3) Eigentliche Typenbildung durch Kombination von Merkmalen zu Typen

---

[1] Vgl. Knoblich, H.: Produkttypologie, in: Diller, K. (Hrsg.): Marketing-Lexikon, a. a. O., S. 964

[2] Vgl. Knoblich, H.: Gütertypologien, in: Tietz, B./Köhler, R./Zentes, J. (Hrsg.): Handwörterbuch des Marketing, a. a. O., Sp. 840

[3] Vgl. Knoblich, H.: Warenorientierte Absatztheorie, in: Handwörterbuch der Absatzwirtschaft (HdA), Stuttgart 1974, Sp. 171

[4] Vgl. Knoblich, H.: Warentypologie, in: Handwörterbuch der Absatzwirtschaft (HdA), Stuttgart 1974, Sp. 2177

Die erste Phase der Typenbildung ist mit der in Abschnitt 2.1 vorgenommenen Systematisierung der einzelnen Softwarearten abgeschlossen, wobei die Aufstellung und Gliederung der Softwarearten bereits einen Eindruck von der Vielfalt und Differenziertheit des *Produktes* Software gibt.

2.3.3 Gewinnung von typologischen Merkmalen für Software

Die Gewinnung geeigneter Merkmale einschließlich der Bestimmung der Merkmalsausprägungen ist Voraussetzung jeder Typenbildung.[1] Die in Abschnitt 2.1 aufgeführten Klassifikationsmerkmale sind aus Marketing-Sicht nicht ausreichend und müssen um weitere Merkmale ergänzt werden.

Abbildung 2.09 zeigt einen (keineswegs vollständigen) Katalog von **Softwaremerkmalen** mit den wichtigsten Ausprägungen. Es handelt sich dabei überwiegend um *qualitative* Merkmale mit abgestuften und daher nicht immer ganz eindeutigen Merkmalsausprägungen.[2]

Die *Anzahl* der praktisch bedeutsamen Merkmale macht außerdem eine Systematisierung erforderlich. Daher ist der Merkmalskatalog den *Instrumentalbereichen des Marketing*[3] entsprechend in produkt-, preis-, distributions- und kommunikationspolitische Merkmale unterteilt. Gleichzeitig wird damit ein Zusammenhang zwischen der Produkteigenart und der unternehmerischen Absatzgestaltung hergestellt.

---

[1] Vgl. Knoblich, H.: Warentypologie, a. a. O., Sp. 2177

[2] Obwohl im nachfolgenden Merkmalskatalog i. d. R. drei Merkmalsausprägungen je Merkmal festgelegt sind, muß darauf hingewiesen werden, daß im Grunde stets eine wesentlich größere Zahl von intensitätsmäßigen Zwischenabstufungen vorliegt, wenn sich eine Stufenfolge der Ausprägungen im Sinne eines *Mehr oder Weniger* (z. B. groß - mittel - klein) ergibt. Vgl. ebenda, Sp. 2178

[3] Es wird hier von der klassischen 4er-Systematik des Marketinginstrumentariums ausgegangen. Eine Diskussion, ob die 3er- oder die 4er-Systematik zweckmäßiger ist, ist an dieser Stelle nicht sehr lohnend. Zu einer zusammenfassenden Würdigung beider Instrumentalsysteme siehe insbesondere Becker, J.: a. a. O., S. 463 ff.

Produktpolitische Merkmale	• **Art der Hardwareplattform** (Mainframe Computer [Großrechner] - Midrange Computer [Minicomputer, Workstation] - Personal Computer) • **Systemtechnische Konzeption** (Zentralrechner-Konzept - dezentrales Konzept) • **Hardware-Spezifität** (proprietäres System - offenes System) • **Individualitätsgrad der installierten Lösung** (vollständig individuell - viele Modifikationen/ Anpassungen - einige Modifikationen/ Anpassungen - keine Modifikationen/ Anpassungen) • **Umfang der unterstützenden Beratungsleistungen** (groß - mittel - klein) • **Art der Wartung** (Individualwartung - Standardwartung - Update-Wartung) • **Standardisierungsgrad der Schnittstellen zu Fremd-Softwareprodukten** (hoch - mittel -niedrig) •**Art der Markierung** (Sachmarke - Firmenmarke)
Preispolitische Merkmale	•**Preiswettbewerb** (aktive Preispolitik) (bedeutend - unbedeutend) •**Einfluß des Softwareherstellers auf die Preisbildung** (groß - mittel - klein) •**Preisbildung** (kostenorientiert - konkurrenzorientiert - nachfrageorientiert) •**Preislage** (hoch - mittel - niedrig)
Distributionspolitische Merkmale	• **Absatzweg** (direkt - indirekt) • **Kunde-Hersteller-Beziehung** (eng - anonym) • **Grad der Markterfassung** (selektiv - total) •**Grad der Marktbearbeitung** (regional - national - international)
Kommunikations-/ Akquisitionspolitische Merkmale	•**Länge des Akquisitionszyklus** (kurz - mittel - lang) •**Art des Kaufabschlusses** (Einzelabschluß - Rahmenabkommen) •**Bedeutung der persönlichen Akquisition für den Kaufabschluß** (groß - mittel - klein) •**Bedeutung der Werbung für den Kaufabschluß** (groß - mittel - klein)

Abb. 2.09: Software-Merkmalskatalog

Auf die Aufzählung einer Reihe von sogenannten *elementaren* Merkmalen, die im Rahmen der Produkttypologie von allgemeinem Interesse sind,[1] ist hier verzichtet worden, weil sie für unsere Aufgabenstellung keine typenbildende Kraft haben. Zu solchen elementaren Merkmalen zählen die Periodizität des Bedarfs (täglich - periodisch - aperiodisch), die Verwendungsdauer (Verbrauchsgüter - Gebrauchsgüter) oder die Erklärungbedürftigkeit (bekannt - erklärungsbedürftig). Mit anderen Worten, *alle* Softwareprodukte sind erklärungsbedürftige Gebrauchsgüter des aperiodischen Bedarfs.

2.3.4 Bildung von Softwaretypen

Das eigentliche Ziel dieses Vorgehens, die Bildung von Softwaretypen bzw. von Produkttypen des Softwarebereichs, kann auf zweierlei Weise erreicht werden:[2]

(1) durch die **progressive** (synthetische) **Typenbildung** und

(2) durch die **retrograde** (analytische) **Typenbildung**.

Beim *synthetischen Verfahren* werden die Ausprägungen einzelner Merkmale nach den Regeln der Kombinatorik miteinander zu Produkttypen verknüpft.[3] Diese Art des Vorgehens ist vorwärtsgerichtet, die Typen werden konstruktiv erzeugt. Der *analytische* Weg, der hier zur Typenbildung eingeschlagen werden soll, geht von einzelnen, aufgrund praktischer Erfahrungen bekannten Typen aus und ordnet rückwärtsblickend diejenigen Merkmalsausprägungen zu, die diese Produkttypen am sinnvollsten beschreiben.[4]

Für die Zwecke dieser Systematik wird eine Aufteilung der Software in drei Produkttypen vorgenommen, die wie folgt beschrieben werden können:

---

[1] Knoblich spricht in diesem Zusammenhang von einer Art „Grundgesamtheit der Merkmale", die für typologische Untersuchungen der unterschiedlichsten Zielsetzungen gelten kann. Vgl. Knoblich, H.: Warentypologie, a. a. O., Sp. 2178

[2] Vgl. Knoblich, H.: Produkttypologie, a. a. O., S. 964 f.

[3] Vgl. Knoblich, H.: Gütertypologien, a. a. O., Sp. 841

[4] Vgl. ebenda.

Typ A:

Individualsoftware sowie Standard-Softwareprodukte, die generell auf die (meist noch zentral und proprietär ausgelegten) systemtechnischen und funktionalen Anforderungen von Groß- und Mittelbetrieben zugeschnitten sind, im Regelfall auf deren spezifische Bedingungen und Bedürfnisse angepaßt und mit relativ hohen Dienstleistungsanteilen eingeführt werden. Bedeutende Vertreter dieses Softwaretyps sind Individualsoftwaresysteme, die R/2-Software von SAP sowie eine Reihe von leistungsfähigen Softwareprodukten im Großrechnerbereich und für das AS/400-Hardwaresystem der IBM sowie für die Rechner des Betriebssystems VMS von Digital.

Typ B:

Softwareprodukte, die für die kommerziellen oder technischen Anforderungen mittelständischer Betriebe (oder dezentral organisierter Großbetriebe) in einer offenen Systemlandschaft konzipiert sind, nur in Einzelfällen auf die individuelle Situation der Anwender angepaßt werden und deren Dienstleistungsanteil sich vornehmlich auf Einführungsunterstützung und Schulung konzentriert. Prominente Vertreter dieses Softwaretyps sind das integrierte PPS-System Triton der Firma Baan, die Softwarefamilie R/3 von SAP und auf der anwendungsneutralen Seite die Datenbanksysteme Oracle, Ingres und Sybase.

Typ C:

Softwareprodukte, die als (z. T. vernetzte) PC-Lösungen für Betriebe aller Größenordnungen angeboten werden, ohne daß individuelle Anpassungen zum Einsatz kommen und der Dienstleistungsanteil aufgrund von integrierten Hilfe-, Demo- und Schulungssystemen stark reduziert ist. Beispiele für diesen Softwaretyp sind die massenhaft installierten Microsoft-Office-Produkte Word, Excel, Powerpoint und Mail, die integrierten Pakete Lotus 1-2-3 und Works sowie das Datenbanksystem Dbase IV. Desweiteren zählen die KHK-Softwareprodukte zu den bekannteren Vertretern dieses Typs.

Es ist leicht zu erkennen, daß sich diese Beschreibungen in etwa mit dem decken, was man auch (sehr vereinfacht) als *Mainframe-Software* (Typ A), *Midrange-Software* (Typ B) und *Software für Personal Computer* (Typ C) bezeichnen könnte. Ebenso ließen sich aber auch die begrifflichen Kurzfassungen *Software für proprietäre Systeme* (Typ A), *Software für offene Systeme* (Typ B) und *Massen-Software* (Typ C) nennen. Da weder der Bedeutungsinhalt noch die Abgrenzung dieser Begriffe einheitlich sind,[1] werden sie - um Fehlerquellen von vornherein zu vermeiden - hier bewußt nicht verwendet. Die angedeutete gedankliche Gleichheit kann jedoch durchaus im Auge behalten werden.[2]

In Abbildung 2.10 sind die produkt-, preis-, distributions- und kommunikationspolitischen Merkmale aus Abschnitt 2.3.3 in Form ihrer jeweiligen Ausprägung den drei Softwaretypen zugeordnet. Damit ergibt sich ein erster Eindruck über die typenbezogene Homogenität der Absatzgestaltung im Softwarebereich.

---

[1] So gibt es beispielsweise proprietäre Systeme nicht nur im Großrechnerbereich sondern auch in der mittleren Datentechnik (Midrange-Bereich).

[2] Zu einer ähnlichlichen Problematik der „begrifflichen Kurzfassung" von Softwaretypen siehe Kirsch, W./Börsig, C./Englert, G.: a. a. O., S. 36 f.

Merkmale	Merkmalsausprägungen		
	Typ A	Typ B	Typ C
Produktpolitische Merkmale			
• Art der Hardware-Plattform	Mainframe / Midrange Computer	Midrange Computer	Personal Computer
• Systemtechnische Konzeption	überwiegend zentral	←→	überwiegend dezentral
• Hardware-Spezifität	überwiegend proprietär	offen	offen
• Individualitätsgrad der installierten Lösung	vollständig individuell/hoher Individualanteil	←→	keine Modifikationen
• Umfang der unterstützenden Beratungsleistungen	hoher Dienstleistungsanteil	←→	geringer Dienstleistungsanteil
• Art der Wartung	Individualwartung/ Standardwartung mit hohen Individualanteilen	Standardwartung	Update-Wartung
• Standardisierungsgrad der Schnittstellen zu Fremdsoftware	niedrig	←→	hoch
• Art der Markierung	Firmenmarke	Firmen-/Sachmarke	Sachmarke
Preispolitische Merkmale			
• Preiswettbewerb	eher unbedeutend	←→	bedeutend
• Einfluß des Softwareherstellers auf die Preisbildung	groß	←→	eher gering
• Art der Preisbildung	eher kostenorientiert	eher konkurrenz-orientiert	eher nachfrage-orientiert
• Preislage	hoch	←→	niedrig
Distributionspolitische Merkmale			
• Absatzweg	direkt	direkt/indirekt	indirekt
• Kunde-Hersteller-Beziehung	eng	teilweise eng	anonym
• Grad der Markterfassung	selektiv	überwiegend selektiv	total
• Grad der Marktbearbeitung	überwiegend national	national/inter-national	überwiegend international
Kommunikations-/Akquisitionspolitische Merkmale			
• Länge des Akquisitionszyklus	überwiegend lang	←→	überwiegend kurz
• Art des Kaufabschlusses	Einzelabschluß	überwiegend Einzelabschluß	Tendenz zum Rahmenabkommen
• Bedeutung der Werbung für den Kaufabschluß	gering	eher gering	eher hoch
• Bedeutung der persönlichen Akquisition für den	sehr hoch	eher hoch	eher niedrig

Abb. 2.10: Zuordnung von ausgewählten Merkmalsausprägungen zu Softwaretypen

Besonders augenfällig ist diese Homogenität bei der Einordnung der drei Softwaretypen in den Marketing-Verbund-Kasten. Als *typenbildendes Merkmal* dient hierbei der **Umfang der (unterstützenden) Beratungsleistungen**. Je weiter man sich in dem Marketing-Verbund-Kasten nach rechts bewegt, um so größer ist der Anteil der begleitenden Beratungsleistungen. Während beim Typ C der Anteil der Sachleistungen deutlich dominiert, nimmt beim Typ A die Dienstleistungskomponente den weitaus größeren, im Falle von Individualsoftware den gesamten Teil an der Gesamtleistung in Anspruch. Als Bezugsgröße zur Bestimmung der Anteilswerte kann der jeweilige Anteil am *Gesamtauftragswert*[1] herangezogen werden. In Abbildung 2.11 ist diese Einordnung grafisch dargestellt.[2]

---

[1] Zahlenbeispiele aus der Praxis finden sich bei Forschner, G.: a. a. O., S. 22 f. und Backhaus, K.: Auftragsplanung im industriellen Anlagengeschäft, Stuttgart 1980, S. 68

[2] Forschner weist darauf hin, daß sich aus solchen „...Zuordnungen von funktionellen Dienstleistungen zu investiven Sachleistungen [...] noch keine allgemeingültigen Gesetzmäßigkeiten für eine „optimale" Dienstleistungspolitik ableiten [lassen]". Vgl. Forschner, G.: a. a. O., S. 23. Gleichwohl machen die Zuordnungen deutlich, bei welchen Softwaretypen das begleitende Dienstleistungsangebot von besonderer Bedeutung für ein erfolgreiches Marketing ist.

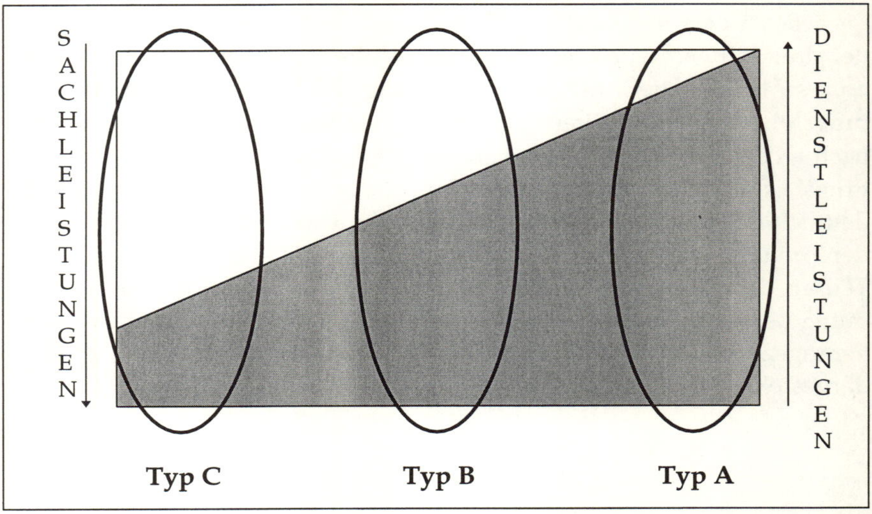

Abb. 2.11: Einordnung von Softwaretypen in den Marketing-Verbund-Kasten

Ein ähnliches Bild ergibt sich, wenn man den **Individualitätsgrad** der installierten Lösung als typenbildendes Merkmal heranzieht (siehe Abbildung 2.12). Auf der linken Seite des Kastens wird der *Standardanteil* der angebotenen Softwarelösung von oben nach unten gemessen und auf der rechten Seite der *Individualanteil* von unten nach oben abgetragen. Das „Maßschneidern" einer Lösung auf die individuellen Bedürfnisse eines Kunden wird auch als **Customizing** bezeichnet.[1] Auf der Senkrechten ist dann dargestellt, in welchem Umfang sich eine bestimmte Softwarelösung aus Standard- bzw. Customizing-Anteilen zusammensetzt, um für den Anwender eine vollständige Lösung zu bedeuten. Im Gegensatz zur vorhergehenden Darstellung verläuft die Begrenzungslinie zwischen Standard- und Individualanteil diagonal von der linken unteren zur rechten oberen Ecke, da es durchaus vorstellbar ist, daß ein angebotenes Softwareprogramm zu 100 % nur aus einer Standardleistung oder zu 100 % ausschließlich aus einer (kunden)individuellen Lösung besteht.

[1] Vgl. Nieschlag, R./Dichtl, E./Hörschgen, H.: Marketing, 17. Aufl., a. a. O., S. 85

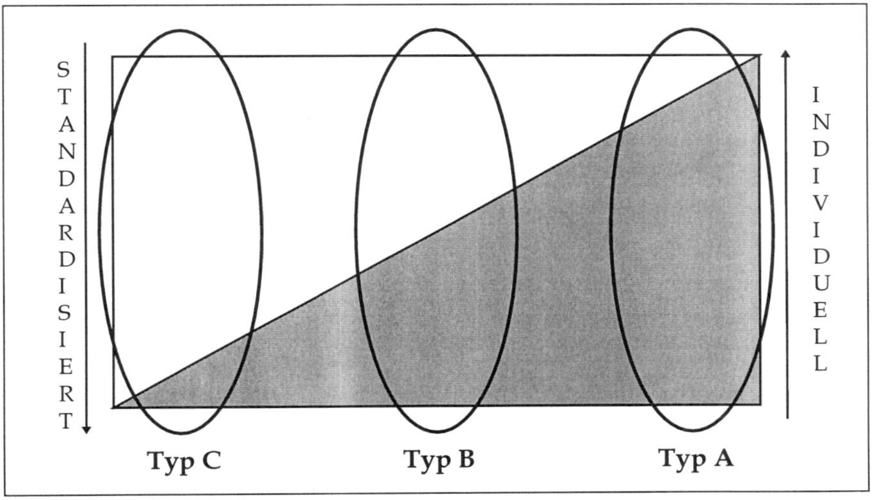

Abb. 2.12: Individualitätsgrad nach Softwarewaretypen

3. Softwaremarkt und Software-Marketing

3.1 Informationsfelder für Softwarehäuser

Die Informationsbeschaffung ist Beginn und Grundlage aller marketingpolitischen Aktivitäten. Sie ist eine Voraussetzung dafür, um unternehmerischen Entscheidungen eine größere Sicherheit zu verleihen.[1] Die hiermit angesprochene **Marktforschung** ist jedoch nicht nur am Anfang konzeptioneller Überlegungen von Bedeutung. Gerade im Softwaregeschäft ist es erforderlich, *ständig* über eine aktuelle Informationsbasis zu verfügen, die dem schnellebigen technologischen Innovations- und Entwicklungsprozeß Rechnung trägt.[2]

Obwohl für die Vorbereitung und Sicherung des Markterfolges von technologieorientierten Produkten eine effiziente Marktanalyse und -beobachtung unentbehrlich ist, wird ein *Marktforschungsdefizit* im Softwarebereich festgestellt: „Software-Marktforschung ist heute noch im wesentlichen eine einfache Bedarfsmengenforschung, kaum Konkurrenzforschung und am wenigsten Anwenderforschung."[3] Die untergeordnete Bedeutung der Marktforschung bei der Softwareentwicklung und -vermarktung überrascht auch deshalb, weil die Informationsbasis im Geschäft mit innovativer Softwaretechnik weit mehr Daten umfassen muß, als es im konventionellen Produktgeschäft üblich ist.[4] Eine we-

---

[1] Vgl. Schäfer, E./Knoblich, H.: Grundlagen der Marktforschung, 5., neubearbeitete Aufl., Stuttgart 1978, S. 5 sowie generell zur Unsicherheit von Entscheidungen siehe Wittmann, W.: Unternehmung und unvollkommene Informationen, Köln und Opladen 1959

[2] Vgl. Strothmann, K.-H./Kliche, M.: Innovationsmarketing. Markterschließung für Systeme der Bürokommunikation und Fertigungsautomation, Wiesbaden 1989, S. 51

[3] Roth, G./Wimmer, F.: a. a. O., S. 110 unter Bezugnahme auf Witt, F.-J.: Anwendungssoftware-Entwicklung und -Design für das innerbetriebliche Rechnungswesen - eine Marktstudie, in: Planung und Analyse, 3 (1988), S. 119

[4] Vgl. Strothmann, K.-H./Kliche, M.: a. a. O., S. 51f.

sentliche Aufgabe für Softwarehäuser ist es daher, alle für ihr Geschäft relevanten Informationen in ihrer Gesamtheit strukturiert zu erfassen.[1]

Ausgangspunkt der folgenden Darstellung bildet eine Betrachtung des für Softwarehäuser grundlegenden Informationsfeldes *Märkte und Marktstrukturen* mit seinen Angaben über Marktpotential, Marktvolumen und Marktanteile. Danach werden die Marktteilnehmer im Rahmen der Informationsfelder *Softwareanbieter* und *Anwenderunternehmen* beschrieben. Es folgt schließlich das für Softwarehäuser besonders relevante Informationsfeld *Softwaretechnologie.* Bei dieser Systematik des Softwaremarktes ist bewußt von dem als *klassisch* zu bezeichnenden Gliederungsschema der betriebswirtschaftlichen Marktforschung von Schäfer/Knoblich[2] in Teilbereichen abgewichen worden, weil dieser Arbeit mit der Darstellung der Marktstrukturen, -potentiale, -beziehungen und -teilnehmer eine gesamtwirtschaftliche Sicht und nicht eine einzelwirtschaftliche Betrachtungsweise zugrundeliegt.[3]

Da über Potentiale und Volumina von *Absatz-* bzw. *Vertriebswegen* im Softwarebereich keine sekundärstatistischen Angaben vorliegen, wird an dieser Stelle auf eine entsprechende Darstellung zugunsten einer ausführlichen Strukturanalyse im Abschnitt 4.4 *Distribution* verzichtet.

---

[1] Auf das bislang unzureichend genutzte Problemlösungspotential, das eine auf die spezifischen Belange von Software angepaßte Marktforschung besitzt, wird besonders hingewiesen bei Roth, G./Wimmer, F.: a. a. O., S. 109 - 131

[2] Schäfer/Knoblich gliedern die Marktforschung in A) Untersuchung bzw. Beobachtung des Bedarfs (Nachfrage), B) Untersuchung bzw. Beobachtung der Konkurrenz (Angebot) und C) Untersuchung bzw. Beobachtung der Absatzwege (Verteilungsapparat). Vgl. Schäfer, E./Knoblich, H.: a. a. O., S. 23

[3] So macht die Untersuchung bzw. Beobachtung der Konkurrenz nur aus der einzelwirtschaftlichen Perspektive, d. h. aus Sicht eines einzelnen Softwareunternehmemens einen Sinn.

3.1.1 Informationsfeld Märkte und Marktstrukturen

Das verfügbare Zahlenmaterial über den **Softwaremarkt** ist ebenso vielfältig wie widersprüchlich.[1] Da keine amtliche Statistik über die Softwarebranche geführt wird, muß auf Schätzungen von Marktforschungsunternehmen[2], Verbänden[3] und einzelnen größeren Anbietern (insbesondere Hardwareherstellern) zurückgegriffen werden.[4] Die differierenden Angaben sind vor allem *methodischer* Natur und nicht zuletzt auf die im 2. Kapitel hinreichend beschriebene Abgrenzungs- und Klassifizierungsproblematik von Software zurückzuführen.[5]

In jüngster Zeit zeichnet sich eine Vereinheitlichung dahingehend ab, daß sich mit der Gründung des „European Information Technology Observatory" (EITO), eine Initiative der EU-Kommission in Brüssel,[6] eine Verständigung auf das Datenmaterial der IDC unter verstärkter Mitarbeit des VDMA und des ZVEI ergeben hat. Im Rahmen dieser Arbeit wird daher im wesentlichen auf die von der EITO veröffentlichten Zahlen der IDC zurückgegriffen.[7] IDC unterteilt hierbei den gesamten Markt

---

[1] So auch Lünendonk, T./Streicher, H.: Die 50 größten DV-Beratungs- und Software-Unternehmen in Deutschland. Relationen, Strukturen, Tendenzen, München 1996, S. 3: „Wohl kaum ein Markt ist heute gleichermaßen dynamisch und unüberschaubar wie der der Informationstechnik."

[2] Zu den wichtigsten Marktforschungsinstituten, die sich auf den IT-Markt im allgemeinen und auf die Softwarebranche im besondern spezialisiert haben, zählen u. a. Dataquest (Frankfurt/M.), Diebold (Eschborn), Frost & Sullivan (Frankfurt/M.), IDC (Kronberg), Infratest (München) und Input (Langgöns). Vgl. auch Bittner, L.: Innovatives Software-Marketing, a. a. O., S. 44

[3] Zu nennen sind hier insbesondere die einschlägigen Statistiken und Erhebungen des VDMA, des ZVEI, des BDU und des BVIT.

[4] Zu dieser Problematik siehe auch Maenner, U.: a. a. O., S. 18 f.

[5] So bezieht beispielsweise die Software-Statistik des VDMA auch die von den Anwendern selbst erstellte Software in das Gesamtvolumen des Softwaremarktes mit ein, während IDC und Diebold das Marktvolumen aus den Software-Umsätzen ermitteln. Vgl. ebenda.

[6] In Zusammenarbeit mit EUROBIT (Frankfurt) und den europäischen Messen CeBIT (Hannover), SIMO (Madrid) und SMAU (Mailand)

[7] European Information Technology Observatory / European Economic Interest Group (EITO): European Information Technology Observatory 93/94/95/96/97, Frankfurt 1993/94/95/96/97; im folgenden kurz als *EITO-1993/94/95/96/97* bezeichnet

für Informationstechnologie (*„IT-Market"*) in die Bereiche *„IT-Hardware"*, *„Software Products"* und *„Services"*, wobei im Software(produkt)bereich zwischen *„Systems Software"* und *„Application Software"* unterschieden wird.[1]

Neben einem **Ländervergleich** auf europäischer Ebene steht in der nachfolgenden Betrachtung eine **Wachstumsanalyse** der einzelnen Sektoren des deutschen IT-Marktes (Hardware, Software, Services) sowie der Kategorien innerhalb des Softwaremarktes im Vordergrund. Aufgrund der engen Verflechtung zwischen Sach- und Dienstleistungen wird hierbei jeweils der gesamte **Markt für Software und IT-Services** betrachtet.

3.1.1.1 Der westeuropäische Markt für Software und Services

Mit rund 83 Mrd. ECU (157 Mrd. DM) vereint der west*europäische* Markt für Software und IT-Services knapp ein Drittel des Weltmarktvolumens auf sich.[2] Der *deutsche* Markt für Software und IT-Services wiederum ist mit einem Gesamtvolumen von 38,5 Mrd. DM und einem Marktanteil von 25 % der größte nationale Teilmarkt in Westeuropa. Es folgen mit einigem Abstand Frankreich (19 % Marktanteil), Großbritannien (15 %) und Italien (9 %).[3] In Abbildung 3.01 sind die Marktanteile der bedeutendsten westeuropäischen Länder aufgeführt.[4]

Darüber hinaus zählt der deutsche Softwaremarkt zu den wachstumsstärkeren nationalen Teilmärkten in Europa. In Abbildung 3.02 sind die *erwarteten* jährlichen Wachstumsraten der wichtigsten Länder von

---

[1] Trotz der o. g. Vereinheitlichungsbestrebungen weichen die jährlichen Analysedaten der EITO insbesondere für den deutschen IT-Markt z. T. erheblich voneinander ab. Durch die verstärkte Mitwirkung von VDMA und ZVEI und der damit verbundenen Neueinschätzung des Marktes sowie aufgrund von Neudefinitionen des Erhebungsgegenstandes Software sind die IT-Daten der EITO-1993 und 1994 mit denen der EITO-1995 bis 1997 nur noch bedingt vergleichbar.

[2] EITO-1997, S. 252. Es liegt ein Umrechnungskurs von 1,90 zugrunde.

[3] Vgl. ebenda, S. 256 ff.

[4] Vgl. ebenda.

1996 bis 1998 den entsprechenden durchschnittlichen jährlichen Wachstumsraten von 1994 bis 1996 gegenübergestellt.[1]

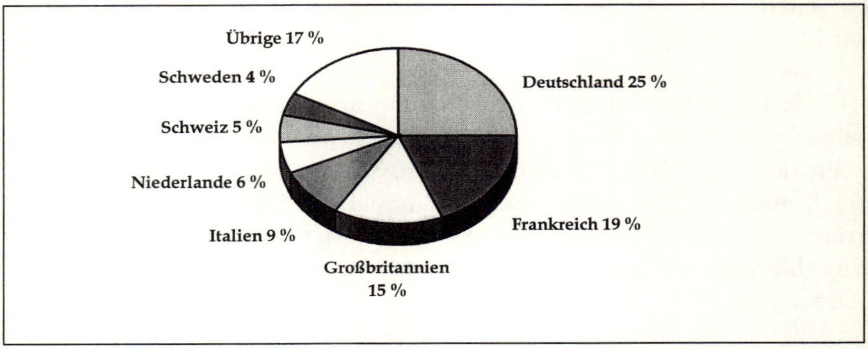

Abb. 3.01: Marktanteile wichtiger nationaler Softwaremärkte in Europa 1996

Hierbei ist ersichtlich, daß für den Zeitraum von 1994 bis 1996 in den größeren europäischen Ländern weiterhin eine leichte Zunahme des Wachstums erwartet wird.

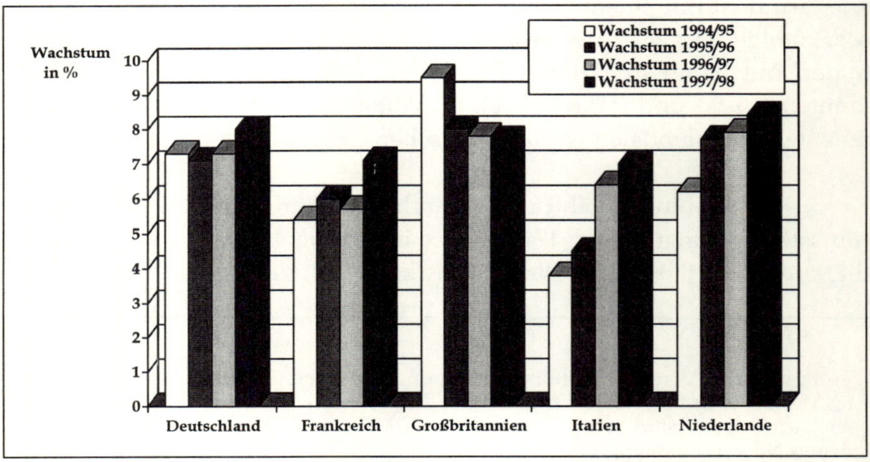

Abb. 3.02: Wachstumsraten wichtiger nationaler Softwaremärkte in Europa 1994/95 bis 1997/98

[1] Vgl. EITO-1997, S. 256 ff.

Mit den oben aufgeführten Wachstumsraten zählt der Softwaremarkt zwar immer noch zu den dynamischen Märkten, die „goldenen Zeiten" der 70er und 80er Jahre mit jährlichen Steigerungsraten von teilweise über 20 % gehören aber wohl endgültig der Vergangenheit an.[1]

3.1.1.2 Der deutsche Markt für Software und IT-Services

In den letzten Jahren ist der Marktanteil der **Hardware** am gesamten Markt für Informationstechnik (IT-Markt) zugunsten des **Software- und IT-Servicebereiches** weiter kontinuierlich zurückgegangen. Mit zusammen rund 52 % hat der deutsche Markt für Software und IT-Services den einstmals dominierenden Hardwaremarkt zwischenzeitlich übertroffen.[2] In dieser Entwicklung spiegelt sich auch die allgemeine Anwendererkenntnis wider, daß „an EDV-Systemen allein die Software und der mit ihr verbundene Anwendungsnutzen relevant [sind] und nicht die technischen Leistungsdaten des austauschbaren, zur Nutzenerbringung notwendigen Werkzeugs, der Hardware".[3]

---

[1] Wie unterschiedlich die allgemeine Entwicklung des Softwaremarktes in Deutschland zu Beginn der 90er Jahre eingeschätzt wurde, zeigen folgende Beispiele: 1991 prognostizierte die Computerwoche noch 18 %ige jährliche Zuwächse bis in das Jahr 1995 (vgl. o. V.: Optimistische Prognose für den deutschen Software-Markt, in: Computerwoche, 18. Jg, 1991, Nr. 35, S. 11). 1992 schätzte IDC ein durchschnittliches jährliches Wachstum bis 1997 von gut 14 % für den Standardsoftwarebereich (vgl. IDC (Hrsg.): European Software & Services Report 1992, S. 23), während Diebold weniger optimistisch war und aufgrund der sich abzeichnenden wirtschaftlichen Rezession eine Stagnation der gesamten IT-Branche bis Mitte der 90er Jahre voraussah: „Zwischen null und zwei Prozent wächst der DV-Teilmarkt - die Hardware unter Null, die Software um maximal fünf Prozent."(o. V.: IT-Branche steht vor drei Krisenjahren, in: Computer Zeitung 17.12.1992, S. 1). Das Redaktionsbüro Lünendonk schließlich, das seit Jahren die Umsatz- und Mitarbeiterzahlen der führenden, in Deutschland vertretenen Softwareunternehmen zusammenstellt, bezeichnete 1993 als das bislang schlechteste Jahr in der Softwaregeschichte. Vgl. o. V.: Anbieter von Software kämpfen um Märkte, in: Frankfurter Allgemeine Zeitung, 13. Juni 1994 sowie o. V.: Lünendonk-Liste 1993: Für deutsche Softwerker brechen harte Zeiten an, in: Computerwoche, 17. Juni 1994, S. 1

[2] Vgl. EITO-1997, S. 263

[3] Wimmer, F./Zerr, K./Roth, G.: a. a. O., S. 12

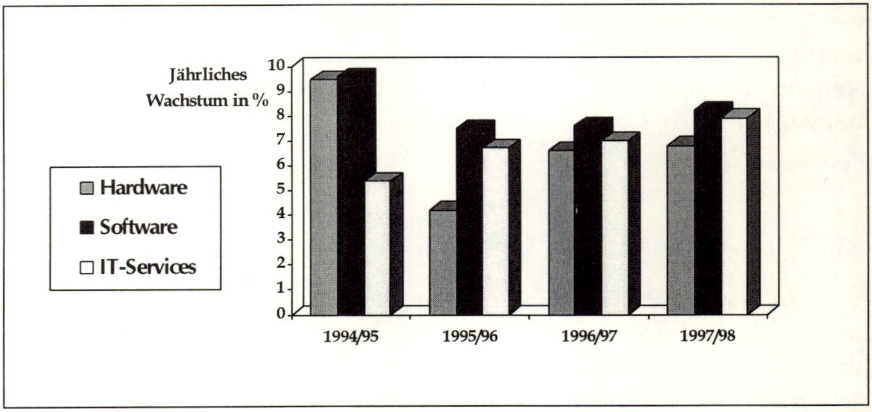

Abb. 3.03: Jährliches Wachstum der deutschen Märkte für Hardware, Software und Services 1994 bis 1998

Zwar ist die Hardware - absolut betrachtet - immer noch der größte IT-Teilmarkt; für die Computerhersteller beinhaltet er aber kaum noch Wertschöpfungspotentiale. Das für die kommenden Jahre erwartete Wachstum bei der Hardware ist ausschließlich auf die zweistelligen Zuwachsraten bei kleinen Systemen (Client-Workstations, Personal Computer) zurückzuführen.[1]

Innerhalb des Marktes für Software und IT-Services zählt der Teilmarkt für **Standardsoftware** (*Software Products*) - und hier wiederum das Segment **Anwendungssoftware** (*Application Software*) - gemeinsam mit den **Professional Services**[2] - zu den Bereichen mit den höchsten Zuwachsraten. Während für Anwendungssoftware ein 10 %iges Wachstum für 1997/ 98 prognostiziert wird, soll die **Systemsoftware** (*Systems*

[1] Vgl. EITO-1997, S. 263

[2] Zu den *Professional Services* zählen nach IDC die Auftragsprogrammierung, DV-Beratung, Mitarbeiterüberlassung, Systemintegration und Training. Wesentliche Impulse für dieses Geschäft kommen wiederum vom boomenden Standardsoftware-Einsatz, denn die Arbeiten vor, während und nach der Software-Implementierung repräsentieren Umsätze, die den Preis für das „reine" Softwareprodukt meist weit übertreffen und inzwischen Milliardenhöhe erreichen. Vgl. Lünendonk, T.: Gute Geschäfte mit IT-Consulting in Deutschland, in: Computerwoche Verlag (Hrsg.): Beratung. Informationstechnologie, Management, Personal, München 1997, S. 8

Software), zu der auch die **Anwendungstools** (*Application Tools*) gezählt werden, mit 5,9 % nicht so stark wachsen.[1] Ein moderates Wachstum mit 4,4 % wird auch den **Processing Services**[2] zugesprochen, während die **Network Services** mit nahezu 20 % die höchste jährliche Steigerung zu verzeichnen hat. Abbildung 3.04 gibt einen Überblick über das Volumen 1998 und das Wachstum 1997/98 der einzelnen Teilmärkte des deutschen Marktes für Software- und IT-Services.[3]

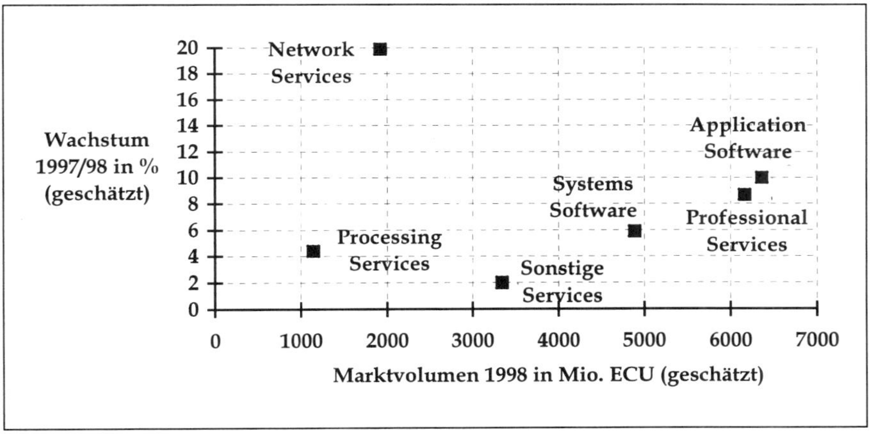

Abb. 3.04: Marktvolumen 1998 und Wachstum 1998/97 des deutschen Marktes für Software und IT-Services nach Teilmärkten

3.1.2 Informationsfeld Softwareanbieter

Die Vielzahl unterschiedlicher Teilmärkte im Softwarebereich und die Heterogenität der Anbietergruppen läßt keine repräsentative Aussage über die Wettbewerbssituation in der Softwarebranche zu.[4] Während sich in den einzelnen Teilmärkten alle denkbaren Marktformen finden,

---

[1] Vgl. EITO-1997, S. 263

[2] *Processing Services* sind vorwiegend Rechenzentrumsdienstleistungen.

[3] Vgl. EITO-1997, S. 263

[4] Vgl. Abel, J.: a. a. O., S. 20

gehört der Softwaremarkt *insgesamt* zu den Märkten mit einem eher *geringen* **Konzentrationsgrad.**[1] So decken die 25 größten Software- und DV-Beratungsunternehmen nur gut ein Fünftel des gesamten Inlandsbedarfs ab, und das Softwarehaus mit dem größten Inlandsumsatz (Microsoft) verfügt lediglich über einen Marktanteil von drei Prozent.[2]

Die *atomistisch* geprägte Struktur der deutschen Softwarebranche ist - verglichen mit Frankreich und England - zwar eine Besonderheit, aber wohl mit der „dienstleistenden Verbindung" zu den in Deutschland insbesondere im Fertigungsbereich zahlenmäßig vorherrschenden mittelständischen Unternehmen zu erklären.[3] So verfügen nur etwa die Hälfte der 3.000 bis 4.000 bundesdeutschen Softwareunternehmen über mehr als fünf Mitarbeiter.[4] Schätzungen sprechen darüber hinaus von ca. 15.000 im Softwarebereich tätigen Einzelunternehmern, die häufig als **freie Mitarbeiter** in Entwicklungs- und/oder Beratungsgruppen von Hardwareherstellern, DV-Anwendern oder großen Softwarehäusern eingebunden sind.[5]

Die großen Unternehmen im deutschen Softwaremarkt sind heute neben der SAP AG und der Software AG, die internationale Geltung haben, vornehmlich die **Niederlassungen amerikanischer Softwarehersteller.**[6] Zur Verdeutlichung dieses Sachverhalts sind in Abbildung 3.05

---

[1] Vgl. ebenda, S. 19 sowie Schmidhäusler, F.: Wachstum mit Kooperationen, in: online 9/90, S. 16

[2] Vgl. Lünendonk, T./Streicher, H.: a. a. O., S. 13 ff.

[3] Vgl. IDC (Hrsg.): Die Zukunft der deutschen Software-Branche vor der Herausforderung des Europäischen Binnenmarktes. Eine Untersuchung für den Bundesminister für Wirtschaft, Abschlußbericht, Oktober 1991, S. 8

[4] Vgl. IDC (Hrsg.): Die Zukunft der deutschen Software-Branche vor der Herausforderung des Europäischen Binnenmarktes, a. a. O., S. 8. Die Schätzungen über die Gesamtzahl der bundesdeutschen Software- und Serviceunternehmen reichen von 2.350 (GMD) bis 4.500 (Scientific Consulting 1988) und dürften infolge der zahlreichen Unternehmensgründungen in den neunen Bundesländern eher an der oberen Grenze liegen. Vgl. ebenda.

[5] Vgl. Hansen, H. R.: Wirtschaftsinformatik I, a. a. O., S. 423

[6] Vgl. Sempert, F. P.: Der Software-Markt in Deutschland - Trends und Ausblicke. Vortragsmanuskript zum Software-Forum '94 (5. Kölner Softwaretag), 26.05.1994, S. 5

von den 25 größten Software- und DV-Beratungsunternehmen in der Bundesrepublik jene Softwarehäuser gekennzeichnet, die ihren Hauptsitz im Ausland haben.[1] Die Top 25 der Branche erzielten 1996 einen Gesamtumsatz von knapp 10 Mrd. DM. Gegenüber dem Vorjahr entspricht dies einer Steigerung von 21 %, ein Zuwachs, der mehr als doppelt so hoch wie das Marktwachstum liegt. Rund 40% des Gesamtumsatzes erzielen die Top 25 im Ausland, davon entfallen allein 3,4 Mrd. auf die beiden deutschen Softwarekonzerne SAP AG und Software AG.

[1] Vgl. Redaktionsbüro Lünendonk (Hrsg.): Lünendonk-Liste 1997, Unteregg/Allgäu, Juni 1997. In der Lünendonk-Liste werden jährlich die 25 größten Unternehmen erfaßt, die mindestens zwei Drittel ihres Umsatzes mit DV-Beratung und Software-Verkäufen erzielen. Die steigende Vielfalt der Anbieterunternehmen auf dem Software- und Beratungsmarkt und das Zusammenwachsen der Informations- und Kommunikationstechnik erschweren allerdings eine Abgrenzung aller in der Lünendonk-Liste erfaßten *DV-Beratungs- und Softwareunternehmen* gegenüber der ebenfalls vom Redaktionsbüro Lünendonk erstellten Liste der *führenden Management- und Unternehmensberatungen* angeführt wird. Da keine Doppelnennungen zugelassen sind, können die jeweiligen Beratungsgesellschaften wählen, in welcher Liste sie aufgeführt werden wollen. So ziehen beispielsweise Andersen oder Schitag Ernst & Young eine Registrierung als Managementberatung vor. Zu dieser Problematik siehe auch Barth, H.: Der deutsche Beratungs- und Software-Markt einmal anders betrachtet, in: online 08/97, S. 10 - 13

Unternehmen	Umsatz 1996 (in Mio. DM)	Inlands-umsatz 1996 (in Mio. DM)	Mitarbeiter 1996
1. SAP AG, Walldorf	3.722	914	8.177
2. Microsoft GmbH, Unterschleißheim	1.000	1.000	653
3. Software AG, Darmstadt	763	181	3.250
4. Oracle Deutschland GmbH, München	500	500	1.300
5. CSC Ploenzke AG, Wiesbaden	451	394	1.932
6. CA Computer Associates, Darmstadt	300	300	450
7. Sligos Software Products GmbH, Stuttgart	276	266	848
8. Informix Software GmbH, Ismaning	270	94	380
9. VW-Gedas GmbH, Berlin	255	115	981
10. ESG GmbH, München	215	185	808
11. Alldata GmbH, München	203	203	671
12. Softlab GmbH, München	186	117	856
13. C&L Unternehmensberatung, Frankfurt	175	175	481
14. Novell GmbH, Düsseldorf	162	162	77
15. pdv Unternehmensberatung, Hamburg	150	144	652
16. Schumann Unternehmensberatung, Köln	139	130	561
17. Integrata AG, Tübingen	138	127	639
18. Mummert+Partner AG, Hamburg	130	124	583
19. PSI AG, Berlin	124	110	596
20. Plaut Gruppe, Ismaning	120	65	470
21. Nemetschek GmbH, München	115	90	283
22. SAS Institute GmbH, Heidelberg	108	68	314
23. Software Union Syseca, Siegburg	104	104	548
24. AC-Service GmbH, Stuttgart	100	54	444
25. Dr. Materna GmbH, Dortmund	100	98	410

Abb. 3.05: Die 25 größten DV- Beratungs- und Softwareunternehmen 1996 in der Bundesrepublik Deutschland

Im wesentlichen sind folgende Anbietergruppen im Softwaremarkt zu unterscheiden:[1]

- Softwarehäuser
- Systemhäuser
- Hardwarehersteller
- Unternehmensberatungen
- Programmierbüros
- PC-Händler (DV-Fachhandel, Bürofachhandel, Distributoren)
- Service-Rechenzentren
- DV-Anwender, Benutzerringe (User-Clubs)
- Trainingsunternehmen
- Freiberufliche und nebenberufliche Programmierer
- Verlage
- Verbände
- Wissenschaftliche Institutionen, Universitäten, Fachhochschulen
- Ingenieurbüros
- Wirtschaftsprüfungsgesellschaften
- Sonstige Branchenfremde

Die Aufstellung macht die **Heterogenität der Anbieterstruktur** im Softwaremarkt deutlich. Auch sind die Gründe und Zielsetzungen für das jeweilige Engagement unterschiedlich.[2] In dieser Arbeit sollen vornehmlich jene Anbietergruppen näher charakterisiert werden, die einen wesentlichen Tätigkeitsschwerpunkt in der Entwicklung, Vermarktung, Anpassung und/oder Einführung von Software haben. Die Bandbreite dieser Anbieterunternehmen reicht von regional agierenden, PC-orientierten Software- und Systemhäusern sowie von Beratungsunternehmen, die Serviceleistungen im Umfeld der Produkte großer Hard- und Softwareproduzenten anbieten, über Softwareunternehmen mit großan-

---

[1] Ähnliche Aufstellungen finden sich bei Baaken, T./Launen, M.: a. a. O., S. 53 f., Bittner, L.: Ursachen und Folgen der steigenden Bedeutung des DV-Service, a. a. O., S. 174 und Kirsch, W./Börsig, C./Englert, G.: a. a. O., S. 48 f.

[2] Vgl. Baaken, T./Launen, M.: a. a. O., S. 54 und Bittner, L.: Ursachen und Folgen der steigenden Bedeutung des DV-Service, a. a. O., S. 174 ff.

gelegter Vermarktung eigener Programmsysteme und den softwareentwickelnden Geschäftseinheiten der Hardwarehersteller bis hin zu internationalen Beratungsgesellschaften, die in der Einführung und Integration von Informationssystemen ihren strategischen Wachstumsmarkt sehen.

3.1.2.1 Softwarehäuser

Softwarehäuser sind Unternehmen, deren Domäne die Herstellung und Vermarktung von Software ist.[1] Sie sind mit einem Marktanteil von nahezu zwei Drittel des Umsatzes die größte Anbietergruppe im Softwaremarkt.[2]

Nicht zuletzt aufgrund ihrer Fähigkeit, auf die veränderte Bedarfslage im Softwarebereich flexibel zu reagieren, haben sich die bundesdeutschen Softwarehäuser zur *„dritten Kraft"*[3] neben den DV-Anwendern und den Hardwareherstellern etabliert. Waren die Softwareunternehmen in der Zeit vor dem **Unbundling**[4] ohne große volkswirtschaftliche Bedeutung[5], so änderte sich ihr Stellenwert, als auch die Hardwarehersteller dazu übergingen, ihre Softwareleistungen voll in Rechnung zu stellen und damit denen der Softwarehäuser vergleichbar zu machen.

---

[1] Vgl. Kirsch, W./Börsig, C./Englert, G.: a. a. O., S. 51

[2] Vgl. Hansen, H. R.: Wirtschaftsinformatik I, a. a. O., S. 423. Die Grenze zu den Programmierbüros ist allerdings fließend und läßt sich nur durch die Umsatzzahl ziehen. In ihren Studien zum Softwaremarkt geht die GMD bei Softwarehäusern grundsätzlich von einem Jahresumsatz von > 1Mio. DM aus. Siehe u. a. Neugebauer, U./Marock, J./Bujara, G.: a. a. O., S. 64 f.

[3] Strunz, H.: Strukturwandel in der Softwareindustrie, in: Seibt, D./Szyperski, N./ Hasenkamp, H. (Hrsg.): Angewandte Informatik, Braunschweig 1985, S. 280

[4] Zur Erläuterung des Begriffs *Unbundling* siehe auch Abschnitt 2.2.1.

[5] Pärli unterteilt die Zeit vor dem Unbundling in die „Phase der kostenlosen Programmierhilfen" und in die „Phase begrenzter, nicht gesondert berechneter Programmierhilfen". Vgl. Pärli, H. G.: Beobachtungen zur Entwicklung der Software-Branche, in: Seibt, D./Szyperski, N./Hasenkamp, H. (Hrsg.): Angewandte Informatik, Braunschweig 1985, S. 268 f.

Eine nochmalige Verbesserung der Lage für die Softwareunternehmen trat durch die zunehmende Verbilligung der Hardware ein. Zum einen verlagerte sich dadurch das *Wertschöpfungspotential* in Richtung Software, zum anderen hat der *Hardware-Preisverfall* eine Vielzahl von Neuanwendern aus dem mittelständischen Bereich mit einer Fülle von neuen Anwendungsgebieten erschlossen, die auch von den großen Hardwareherstellern nicht mehr allein bearbeitet werden konnten.[1] Die daraus resultierende und bis heute anhaltende *Kooperationsbereitschaft der Hardwarehersteller* führte letztlich zur vollständigen Akzeptanz und damit zur Einordnung der Softwarebranche als „dritte Kraft" neben den DV-Anwendern und Hardwareherstellern. Diese Entwicklung ist allerdings nahezu ausschließlich auf Softwarehäuser im Umfeld der Softwaretypen A und B beschränkt. Bundesdeutsche Softwareunternehmen, die sich mit der Entwicklung und Vermarktung des Softwaretyps C befassen, haben bis heute - von wenigen Ausnahmen abgesehen - allenfalls regionale Bedeutung erlangt.[2] In Abbildung 3.06 ist der in drei Stufen verlaufende **Entwicklungsprozeß der Softwarehäuser** dargestellt.

---

[1] Vgl. Pärli, H. G.: a. a. O., S. 276

[2] "... die deutschen Softwareunternehmen [haben] das lukrative Geschäft mit der PC-"Massen"-Software kampflos den international tätigen amerikanischen Softwareunternehmen überlassen ..." Schildhauer, T.: a. a. O., S. 15 unter Bezugnahme auf Buschmann, E.; et al: Der Softwaremarkt in der Bundesrepublik Deutschland, GMD-Studie Nr. 167, St. Augustin 1989, S. 99

	Anwender	**Hardwarehersteller**	**Softwarehaus/ Systemhaus**
1. Stufe:	**programmiert selber**	**liefert Hardware**	**kaum Bedeutung**
Hardware	○	●	○
Anwendungs-software	○	○	○
Individuelle Programmierung	●	○	○
2. Stufe:	**starke Bindung an Hardwarehersteller**	**liefert Hardware und Anwendungssoftware**	**vorwiegend Programmierung**
Hardware	○	●	○
Anwendungs-software	○	◉	◉
Individuelle Programmierung	◉	○	◉
3. Stufe:	**starke Bindung an Softwarehäuser (Systemdenken)**	**tendiert zu Kooperationen mit Softwarehäusern**	**Hardware(auswahl), Software und Beratung (Turn key)**
Hardware	○	◉	◉
Anwendungs-software	○	○	●
Individuelle Programmierung	◉	○	◉

● sehr bedeutend ◉ bedeutend ○ kaum bedeutend

Abb. 3.06: Entwicklungsstufen der Softwarehäuser

International gesehen, liegt heute die Stärke der deutschen Softwarehäuser in der hohen Funktionalität ihrer Anwendungssoftware. Besonders in jüngeren Wachstumssegmenten wie technische Datenbanken (Engineering Database - EDB), elektronischer Datenaustausch (EDI), neue PPS-Generationen mit integrierten Fertigungsleitsystemen oder spezifische Branchenlösungen bieten deutsche Softwareproduzenten innovative Lösungen.[1] Der notwendige internationale Erfolg setzt allerdings die Überwindung der Marketing- und Vertriebsschwäche sowie die Beseitigung der Unterkapitalisierung voraus. Kleine und mittlere Anbieter, so die Schlußfolgerung der Marktforscher von UBM, werden - falls Kooperationen, Beteiligungen oder Fusionen scheitern - zu **Nischenanbietern** oder scheiden aus dem Markt aus.[2]

Eine Art „Vorreiterrolle" nehmen hier ganz offensichtlich Frankreich und Großbritannien ein. Um insbesondere im Umfeld der attraktiven Wachstumsmärkte für Standardanwendungssoftware und Systemintegration ein erfolgreiches Geschäft aufbauen zu können, haben französische und englische Softwareunternehmen in der zweiten Hälfte der 80er Jahre damit begonnen, durch eine aggressive **Fusions- und Akquisitionsstrategie** die kritische Größe auf internationaler Ebene zu erreichen.[3] So kamen 1991 die 13 größten Anbieter auf dem französischen Softwaremarkt auf einen Marktanteil von nahezu 40 Prozent, während die 28 größten Unternehmen in der Bundesrepublik lediglich einen Anteil von knapp 20 Prozent erreichten (siehe hierzu Abbildung 3.07).[4]

---

[1] Vgl. UBM (Hrsg.): Ausverkauf der deutschen Software-Industrie? Vortragsunterlagen für UBM-Trendgespräch, München 1990, S. 37

[2] Vgl. ebenda, S. 35. Die Gartner Group rechnet damit, daß bis zu 80 Prozent der rund 300 im deutschen Markt tätigen Anbieter für PPS-Standardsoftware bis zum Ende dieses Jahrzehnts aufgeben werden. Vgl. Sempert, F. P.: a. a. O., S. 5

[3] Vgl. UBM (Hrsg.): Ausverkauf der deutschen Software-Industrie? a. a. O., S. 5.

[4] Vgl. IDC (Hrsg.): European Software & Services Report 1992, S. 25 ff.

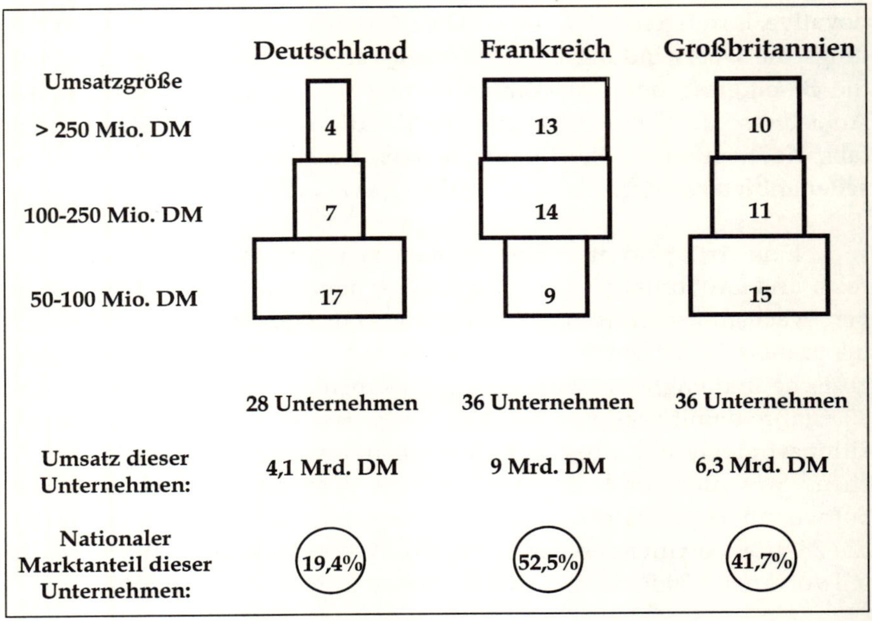

Abb. 3.07: Die größten Softwarehäuser in Deutschland, Frankreich und Großbritannien nach Umsatzgrößenklassen 1991[1]

3.1.2.2 Systemhäuser

Vor dem Hintergrund des Bedeutungswandels der Softwarehäuser (siehe Abbildung 3.06) und dem daraus resultierenden Rollenverständnis, möglichst „alles aus einer Hand" anbieten zu können, gehen immer mehr Softwarehäuser dazu über, ihr (Software-)Produktgeschäft durch das Projektgeschäft zu ergänzen.[2] Die **Systemintegration** und die **Systemberatung** zu heterogenen Hardware- und Softwarewelten sind wesentliche Säulen des zusätzlichen Dienstleistungsangebots, das „gleich-

[1] IDC (Hrsg.): European Software & Services Report 1992, S. 25 ff.

[2] Vgl. hierzu auch die ähnlichen Überlegungen bei Bittner, L.: Ursachen und Folgen der steigenden Bedeutung des DV-Service, a. a. O., S. 176 f. *Produkt* wird hier im Gegensatz zur *Dienstleistung* gesehen und entspricht damit unserer begrifflichen Auffassung von *Sachleistung*.

bedeutend mit dem Wandel zum Systemhaus"[1] ist. Insofern sind Systemhäuser, die sich durch ein Komplettangebot bestehend aus Hardware, Software und Serviceleistungen auszeichnen, eine konsequente Weiterentwicklung der Softwarehäuser. Dabei ist es unerheblich, ob das Systemhaus Hard- und Software selbst produziert, zum Zwecke der Veredelung ankauft oder als „durchlaufenden Posten" lediglich vermittelt.[2]

Die stärkere Betonung des *System- und Integrationsgedankens* und die damit verbundene Angebotsausweitung zu einem Komplett*system* haben offensichtlich dazu geführt, daß die Zahl der Unternehmen mit der Bezeichnung „Softwarehaus" kontinuierlich zurückgegangen ist, während die Anzahl der Unternehmen mit der Firmierung „Systemhaus" in gleicher Weise zugenommen hat.[3] Eine wesentliche Schubkraft für diese Entwicklung war die Erkenntnis der Hardwarehersteller, daß das Hardwaregeschäft mit kleineren, mittelständischen Anwendern nicht mehr über den *Direktvertrieb*, sondern nur noch indirekt, d. h. über Vertriebspartner, profitabel zu gestalten ist. Auf die Reduzierung des Direktvertriebes folgte konsequenterweise eine *„Autorisierungswelle"* von Softwarehäusern durch die Hersteller für den Vertrieb ihrer Hardware. Die mit der **Vertriebsautorisierung** verbundene Angebotsausweitung auf Seiten der Softwarehäuser zieht dann zwangsläufig eine Umfirmierung zum Systemhaus nach sich. Damit wird gleichzeitig auch deutlich, daß der Systemhausgedanke im Umfeld der Softwaretypen B und C wesentlich stärker ausgeprägt ist als bei der Vermarktung des Softwaretyps A.

---

[1] Bittner, L.: Ursachen und Folgen der steigenden Bedeutung des DV-Service, a. a. O., S. 177 f. Bittner zieht in diesem Zusammenhang eine Parallele zu den Architektur- und Ingenieurbüros im Baugewerbe, deren Rolle als Generalunternehmer der Tätigkeit von Systemhäusern sehr stark ähnelt.

[2] Vgl. Pärli, H. G.: a. a. O., S. 275

[3] Vgl. Bittner, L.: Ursachen und Folgen der steigenden Bedeutung des DV-Service, a. a. O., S. 177

3.1.2.3 DV-Beratungsunternehmen

Einen ähnlichen Entwicklungsverlauf wie die Softwarehäuser nimmt derzeit eine Vielzahl von Consulting-Unternehmen. Da die Einführung von Informationssystemen und hier insbesondere von unternehmensweiten Netzwerken ohne eine vorherige organisatorische Beratung sinnvoll kaum machbar ist, liegt es nahe, daß die Anbieter von Organisationsberatung verstärkt auch in das Geschäft mit der systemtechnischen Beratung einsteigen.[1] Als **institutionelle Dienstleistungsunternehmen** sehen sie hierbei die (nicht von ihnen erstellte) Software als Mittel zum Zweck. Teilweise sind sie als verlängerte Werkbank der großen Softwarehäuser tätig und erhalten ggf. auch Vermittlungsprovision für die von ihnen organisatorisch eingeführte Software. Der damit zwangsläufig verbundene Verlust der Neutralität hat deshalb für das einzelne Unternehmen keine negativen Auswirkungen, weil ein Großteil dieser Berater im nahezu monopolistisch von der SAP beherrschten Marktsegment für Anwendungssoftware tätig ist. Oftmals ist auch nicht eindeutig auszumachen, ob ein solches Beratungsunternehmen seinen Schwerpunkt in der Organisationsberatung, in der systemtechnischen Beratung oder eher in der organisatorischen Einführung und Schulung von Standardanwendungssoftware hat.[2]

Aufgrund der sehr engen Verzahnung von Systemtechnik, Software und Organisation nimmt die Nachfrage nach einem derartigen ganzheitlichen Angebot seit Jahren zu. Insbesondere die großen **Wirtschaftsprüfungs- und Steuerberatungsgesellschaften** wie Andersen, Schitag Ernst & Young, KPMG, Coopers & Lybrand und Price Waterhouse, die in ihrem angestammten Audit-Geschäft keine großen Wachtumsraten mehr verzeichnen können, drängen in diese umfassende Art des Beratungsgeschäfts.[3] Der Zugang zum Topmanagement nahezu aller

---

[1] Vgl. Bittner, L.: Ursachen und Folgen der steigenden Bedeutung des DV-Service, a. a. O., S. 179

[2] Vgl. ebenda. Die Bandbreite der DV-orientierten Beratungsunternehmen reicht von regional agierenden Kleinstunternehmen, die vorwiegend „Manpower-Leasing" betreiben, bis hin zu international operierenden Beratungsgesellschaften mit mehreren 1000 Mitarbeitern.

[3] Vgl. ebenda sowie Streicher, H./Hansen, J. R.: Die stille Macht am Markt. Wirtschaftsprüfer im IT-Geschäft, in: IT-Marketing, 7/8 1997, S. 28 - 30

Großunternehmen, die internationale Präsenz und die gute finanzielle und personelle Ausstattung befähigen diese Prüfungsgesellschaften dazu, Projekte jeder Größenordnung weltweit in Angriff zu nehmen. Eine Rangfolge der Unternehmensberatungen der großen Wirtschaftsprüfungsgesellschaften Deutschlands ist in Abbildung 3.08 dargestellt.

	Umsatz (Mio. DM)		Beschäftigte	
	1996	1995	1996	1995
Andersen Consulting	497	368	1.400	1.245
Schitag Ernst & Young Unternehmensberatung	254	154	937	614
KPMG Unternehmensberatung	193	169	690	586
C&L Unternehmensberatung	175	149	481	405
Wedit (DTT) Unternehmensberatung	80	67	250	215
Price Waterhouse Unternehmensberatung	51	40	152	113

Abb. 3.08: Die Unternehmensberatungen großer Wirtschaftsprüfungsgesellschaften in Deutschland[1]

Während sich die Systemhäuser tendentiell stärker an den Softwaretypen B und C als Vermarktungsgegenstand orientieren, dominiert bei den großen Beratungsunternehmen das Geschäft im Umfeld der Softwaretypen A und B und hier namentlich das Einführungsmanagement der SAP-Systeme R/2 und R/3.

3.1.2.4 Hardwarehersteller

Sättigungstendenzen in bestimmten Segmenten des Hardwaremarktes und wachsender Konkurrenzdruck haben zu fallenden Stückpreisen und sinkenden Stückgewinnen bei den Hardwareherstellern geführt.[2] Angesichts dieser Entwicklung in ihrem **Kerngeschäft** kann es nicht verwundern, daß sich auch die Hardwarehersteller immer stärker um Anteile im angrenzenden Markt für Software und Services bemühen.

[1] Vgl. Streicher, H./Hansen, J. R.: a. a. O., S. 28

[2] Vgl. Bittner, L.: Ursachen und Folgen der steigenden Bedeutung des DV-Service, a. a. O., S. 175

In diesem Zusammenhang geben die Hardwarehersteller jedoch immer wieder zu bedenken, daß sie selber schon immer mit beachtlichen Umsätzen im Softwaregeschäft tätig waren. So sind unter den weltweit sechs größten Softwarehäusern allein vier Hardwarehersteller vertreten:[1] Die Rangfolge wird von IBM (ca. 11 Mrd. $ Softwareumsatz in 1993) mit deutlichem Abstand vor Fujitsu (ca. 4 Mrd. Umsatz) angeführt. Erst an dritter Stelle folgt mit Microsoft das erste „reine" Softwareunternehmen, gefolgt von NEC, Computer Associates und SNI. Diese Rangfolge ist allerdings wohl vornehmlich auf die Umsätze mit der herstellereigenen Betriebssystemsoftware und weniger auf das Geschäft mit universell einsetzbarer Anwendungssoftware zurückzuführen.

Um noch stärker am lukrativen Markt für Software und Services teilhaben zu können, hat beispielsweise IBM mit der Gründung ihrer Beratungsgesellschaft Sercon sowie der Einrichtung von bundesweiten Open Systems Centern die Dienstleistungsdimensionen von Service und Consulting stärker in den Vordergrund gerückt.[2] Allerdings haben solche institutionellen Dienstleistungseinrichtungen der Hardwarehersteller speziell das Problem, daß sie beim DV-Anwender nicht unbedingt als neutral gelten. Generell erwächst den etablierten, international tätigen Beratungsunternehmen in den Hardwareherstellern aber eine ernstzunehmende Konkurrenz, insbesondere wenn es darum geht, Softwaresysteme vom Typ A oder B konzernweit alleinverantwortlich (also in Form der Generalunternehmerschaft) einzuführen.

3.1.2.5 Rechenzentren

Zwei Motive führten in den 60er und 70er Jahren dazu, daß DV-Anwender ihre Datenverarbeitung externen Rechenzentren übertrugen:[3] Zum einen das zum Betrieb eines eigenen Rechenzentrums erforderliche, aber nicht ausreichend vorhandene Know-how und zum anderen ein Anwendungsprofil, das eine wirtschaftliche Auslastung eines eigenen

[1] Vgl. Staiger, W.: a. a. O., S. 46

[2] Vgl. ebenda, S. 46

[3] Vgl. Strunz, H.: a. a. O., S. 282

Rechenzentrums nicht sicherstellen konnte. Rechenzentren, die flexibel auf eine derartige Bedarfsstruktur reagierten, wuchsen rasch in respektable Größenordnungen hinein.[1]

Heutzutage ist das Produkt- und Leistungsangebot der bundesdeutschen, frei am Markt operierenden Rechenzentren kaum mehr von dem der „reinen" Software- und Systemhäuser zu unterscheiden. Der **Konzentrationsprozeß** in dieser Branche[2] hat dazu geführt, daß verbleibende freie Rechenzentren wie Datev, Fiducia, Taylorix, AC-Service, BonnData, Alldata etc. ihre traditionelle Angebotspalette um Softwareprogramme und Softwaredienstleistungen vornehmlich im PC-Bereich erweitert haben.[3]

Ähnlich wie die Systemhäuser liebäugeln die Rechenzentren mit dem Beratungsgeschäft rund um die Einführung von horizontalen und vertikalen Netzwerken, um damit entlang einer der Hauptentwicklungslinien des DV-Marktes zu wachsen. Insofern konzentriert sich das Softwareangebot dieser Gruppe vorwiegend auf die Softwaretypen B und C.

In Abbildung 3.09 sind die wichtigsten **Anbietergruppen** im Softwaremarkt den einzelnen Softwaretypen nach Schwerpunkten zugeordnet. Hierbei wird ersichtlich, daß es keine Anbietergruppe gibt, die ihren Vermarktungsschwerpunkt im Umfeld aller drei Softwaretypen hat. Außerdem macht die Zuordnung deutlich, daß es offenbar eine recht gute „Gleichverteilung" in den einzelnen Marktsegmenten gibt.

---

[1] Vgl. Strunz, H.: a. a. O., S. 282

[2] Mit dem Siegeszug des PC ist der „Datenverarbeitung außer Haus" ein Wettbewerb erwachsen, der mit dazu geführt hat, daß sich die Anzahl der freien Rechenzentren in den letzten 15 Jahren von einigen hundert auf heute weniger als hundert reduziert hat. Vgl. Bittner, L.: Ursachen und Folgen der steigenden Bedeutung des DV-Service, a. a. O., S. 178 unter Bezugnahme auf o. V.: Konzentration bei freien Rechenzentren. Starke Diversifizierung der Arbeitsfelder. Nur noch 100 Unternehmen, in: Blick durch die Wirtschaft, 02.01.1991, S. 8

[3] Vgl. Bittner, L.: Ursachen und Folgen der steigenden Bedeutung des DV-Service, a. a. O., S. 178

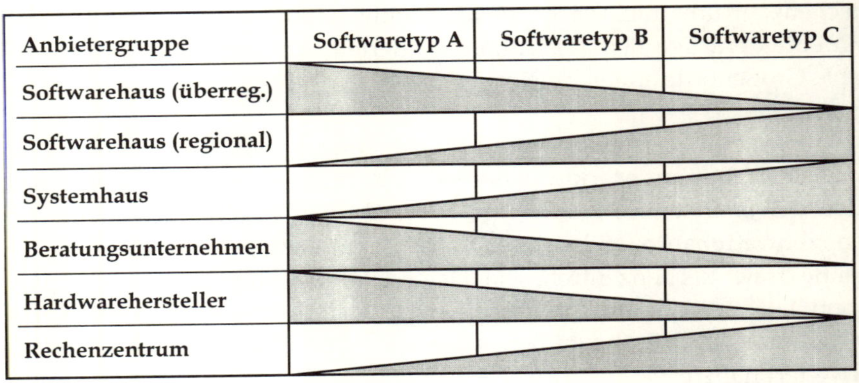

Abb. 3.09: Zuordnung von Anbietergruppen im Softwaremarkt zu Softwaretypen nach Schwerpunkten

3.1.3 Informationsfeld Anwenderunternehmen

Wohl stärker noch als die Hersteller konventioneller Investitionsgüter müssen sich Softwarehäuser über die Gegebenheiten in den jeweiligen Anwenderunternehmen informieren. Schließlich beeinflußt der Einsatz innovativer Softwarelösungen, zumal wenn er funktionsübergreifenden und/oder unternehmensintegrierenden Charakter hat, die gesamte betriebliche **Aufbau- und Ablauforganisation**.[1] Von besonderer Bedeutung für den Softwareanbieter sind die durch den technologischen Wandel in der Informationsverarbeitung verursachten **Verschiebungen im Nachfrageverhalten** der Anwenderunternehmen:

Während die herkömmliche Datenverarbeitung beim Anwender durch Zentralrechner in einer weitgehend autonomen DV-Abteilung und wenige direkte DV-Benutzer gekennzeichnet war, richtet sich das moderne Informationsmanagement auf die kooperative Zusammenarbeit einer Vielzahl von Rechnern in einem **Netzwerk** aus. Im Vorder-

[1] Vgl. Kliche, M./Pörner, R.: Qualifizierung und Personalschulung als Instrumente des Technologie-Marketing. Ansatzpunkte auf dem Wege zu einer Integrationspolitik, in: Baaken,T./Simon, D. (Hrsg.): Abnehmerqualifizierung als Instrument des Technologie-Marketing. Personalentwicklung beim Kunden - eine Herausforderung für Anbieter innovativer Technologien, Berlin 1987, S. 237 ff.

grund steht nicht mehr die optimale Auslastung eines zentralen Rechenzentrums, sondern die Verfügbarkeit und Nutzung der richtigen Informationen an den richtigen Arbeitsplätzen zur richtigen Zeit.[1]

Im Vergleich zur traditionellen Datenverarbeitung hat sich die Zahl der Endbenutzer vervielfacht. Die damit verbundene teilweise Substitution der Großrechnerlösungen durch Anwendungen mit mittleren und kleineren Rechnern **(Downsizing)** hat zur **Öffnung** der DV-Systeme durch **Standardisierung** der Hardware- und Softwareumgebungen und damit zur schrittweisen Abkehr von **proprietären**, d. h. herstellerspezifischen Hardwarearchitekturen geführt.[2] In dem verstärkten Einsatz von Standardsoftware auf Standardhardware sehen die Anwender also die beste Möglichkeit, Investitionen in heute angeschaffte Software wirtschaftlich zu gestalten.[3]

Neben den technologiebedingten Nachfrageverschiebungen gibt es eine Reihe von strukturellen, teilweise auch branchenbezogenen **Veränderungen im Nachfrageverhalten** der Anwenderunternehmen. Die fortschreitende *Internationalisierung der Märkte*, in denen bereits kleine Anwenderunternehmen den grenzüberschreitenden Produktionsverbund suchen, sei hier als Beispiel für strukturelle Veränderungen in der Fertigungsindustrie angeführt:[4]

Die räumliche und/oder organisatorische *Trennung von Entwicklung, Produktion und Montage*, die zunehmende Bedeutung von *Auswärtsvergabe* mit verbundenem *Lieferanten- und Qualitätsmanagement*, kürzere Produktzyklen und Lieferzeiten, *Kostendruck und Kundenorientierung* sind Anforderungen an die Fertigungsindustrie, auf die moderne

---

[1] Vgl. IDC (Hrsg.): Die Zukunft der deutschen Software-Branche vor der Herausforderung des Europäischen Binnenmarktes, a. a. O., S. 5

[2] Der Großrechner („Mainframe") hat zwar noch nicht ausgedient, aber seine Position wird sich verändern. Siehe hierzu insbesondere Wendel, D.: Systemarchitektur: Corporate Server und die Zukunft des Mainframes, in: Diebold Management Report Nr. 6 - 95, S. 12 - 16

[3] Vgl. IDC (Hrsg.): Die Zukunft der deutschen Software-Branche vor der Herausforderung des Europäischen Binnenmarktes, a. a. O., S. 5 ff.

[4] Vgl. Eigner, M./Lippold, D.: a. a. O., S. 8

Anwendungssoftwareprodukte eine Antwort geben müssen. Ebenso massiv sind die Auswirkungen auf die betriebliche Aufbau- und Ablauforganisation der Anwenderunternehmen. *Lean Production, flache Hierarchien, dezentrale Planungsautonomie* und das Zusammenwachsen der technischen und der kommerziellen Datenverarbeitung sind Herausforderungen, die Fertigungsunternehmen unter Zuhilfenahme geeigneter IT-Techniken annehmen müssen, um international wettbewerbsfähig zu bleiben.

An diesem Beispiel wird deutlich, daß „die durch Software zu lösenden Anwendungsprobleme [...] tendentiell umfassender und vielschichtiger“[1] werden. Die hohen Anforderungen an Funktionalität und die Absicht vieler Unternehmen, ursprünglich isolierte Anwendungsbereiche zu integrieren und zu vernetzen, führen allerdings zu einer **Anwendungskomplexität** und **Systemtiefe**, die auch beherrscht werden muß. Steigende Komplexität führt somit auch zu einer steigenden Nachfrage nach komplexitätsreduzierenden Dienstleistungen wie Konzept- und Organisationsberatung, Anwendungs- und Systemschulungen, Hotline-Service etc.[2]

Eine weitere Möglichkeit zur **Reduktion von Komplexität** ist der Einsatz von *grafischen Benutzeroberflächen* (wie z. B. Windows), die eine leichtere Bedienbarkeit der Software sicherstellen.[3] Die Qualität der Benutzeroberfläche spielt daher eine nicht zu unterschätzende Rolle beim Auswahlprozeß von Standardsoftware.

Begleitet werden die gestiegenen Ansprüche und Anforderungen an moderne Softwaresysteme durch ein größeres **DV-Kostenbewußtsein.**[4] Steigender Kostendruck auf der Absatzseite und der Unmut über den mangelnden Nutzungsgrad bestehender Softwarelösungen führen dazu, daß der Nutzen von DV-Investitionen stärker als bis-

---

[1] Wimmer,F./Zerr, K./Roth, G.: a. a. O., S. 21

[2] Vgl. ebenda.

[3] Vgl. ebenda.

[4] Vgl. ebenda.

her hinterfragt und soweit wie möglich quantitativ erfaßt wird.[1] So wird beispielsweise auch die Frage gestellt, „ob der Nutzen breitester Funktionalität und Integration verschiedenster Funktionen nicht durch die unweigerlich entstehenden Komplexitätskosten wieder zunichte gemacht wird ...“[2] In diesem Zusammenhang sind - insbesondere bei größeren Anwenderunternehmen - auch die Tendenzen zur Auslagerung der DV *(„**Outsourcing**“)* zu verstehen. Die Möglichkeit zur Umwandlung von fixe in variable Kosten und die Teilnahme am technischen Fortschritt ohne größere eigene Investitionen sind wesentliche Attraktivitätskriterien des Outsourcing.[3]

3.1.4 Informationsfeld Softwaretechnologie

Als genereller Motor - nicht nur für die Dynamik im Softwaremarkt - gilt die bereits auf breiter Ebene genutzte Technologie der **Mikroelektronik**. Ihr wirtschaftlicher Einsatz hat in raschen Innovationszyklen zu einer Vielzahl neuer Produkte und Verfahren geführt, ohne daß ein Ende dieser Entwicklung abzusehen wäre.[4] Die konsequente Anwendung der Mikroelektronik ermöglichte beispielsweise auch die anhaltende Entwicklung des *Downsizing*, d.h. des Einsatzes immer kleinerer Rechner für die gleichen Aufgaben in vielen Anwendungsbereichen.

Daneben spielt der Trend zur **Offenheit** von DV-Systemen eine immer größere Rolle. Gemeint sind Systeme, deren Komponenten

---

[1] Vgl. Dobschütz, L./von Prautsch, W.: Hohe DV-Kosten: Immer ein schlechtes Zeichen?, in: Harvard manager, 1/92, S. 118-125

[2] Kütz, M.: Organisatorische Veränderungen im Unternehmen durch den Einsatz von Standard-Software, Vortrag anläßlich des Computerwoche-Forum SAP, 01. und 02. 10.1992 in München, S. 52. Die zu einer breiten Marktabdeckung erforderliche Produktflexibilität wird also häufig mit einem hohen Komplexitätsgrad des Produktes, der aus der Integration verschiedenster Funktionen entsteht, erkauft. Auch wird die gesamte im Produkt enthaltene Funktionalität selten genutzt und oft auch gar nicht benötigt. Unzufriedenheit und Verunsicherung bei den Anwendern sind die Folgen. Vgl. dazu auch Eigner, M./Lippold, D.: a. a. O., S. 8

[3] Vgl. Wimmer,F./Zerr, K./Roth, G.: a. a. O., S. 21

[4] Vgl. Strothmann, K.-H./Kliche, M.: a. a. O., S. 54 f.

(Hardware, Betriebssysteme, Datenbanken und Anwendungssoftware) anhand von anerkannten Standards miteinander verbunden werden können und somit austauschbar sind. Diese Entwicklung wird die DV-Branche insgesamt, aber insbesondere auch alle an der Softwareentwicklung beteiligten Marktpartner nachhaltig beeinflussen. Hierbei spielen die Betriebssysteme **UNIX** und Windows NT eine wesentliche Rolle.[1]

Ebenso wachsenden Einfluß auf die Softwarebranche und deren Wettbewerbsfähigkeit haben **CASE-Technologien**[2]. Die größten Einsatzmöglichkeiten für diese intelligenten Werkzeuge (*Tools*), die letztendlich die Automatisierung des gesamten Systementwicklungszyklus zum Ziel haben, bietet derzeit der Banken- und Finanzdienstleistungsbereich.[3]

Als weitere technologische Einflußfaktoren, deren Anwendung den Softwarehäusern Wettbewerbsvorteile erschließen und den Zutritt zu neuen Märkten eröffnen können, sind *Electronic Data Interchange (EDI), Client-Server-Architekturen, objektorientierte Programmierung* und *Multimedia* zu nennen.

Vor diesem Hintergrund wird deutlich, welche Bedeutung die Verfügbarkeit neuester Informationen über die technologischen Trends in diesem Bereich hat. Die Umsetzung und Anwendung neuer Hard- und Softwaretechnologien sind letztlich die Wurzeln einer Vielzahl dynamischer Veränderungen im marktlichen Umfeld der Softwarehäuser.[4] Andererseits sollte die fortlaufende technische Perfektionierung nicht dazu

---

[1] Vgl. IDC (Hrsg.): Die Zukunft der deutschen Software-Branche vor der Herausforderung des Europäischen Binnenmarktes, a. a. O., S. 65 ff.

[2] CASE = Computer Aided Software Engineering

[3] Vgl. Vgl. IDC (Hrsg.): Die Zukunft der deutschen Software-Branche vor der Herausforderung des Europäischen Binnenmarktes, a. a. O., S. 69 f.

[4] Vgl. Sommerlatte, T.: Die Veränderungsdynamik, die uns umgibt. Ist das Unternehmen ausreichend darauf eingestellt?, in: Arthur D. Little Int. (Hrsg.): Management der Geschäfte von morgen, Wiesbaden 1986, S. 11 ff. zit. nach Strothmann, K.-H./ Kliche, M.: a. a. O., S. 54

führen, anstatt nutzenorientierter Kommunikationsinhalte technische Leistungsdaten in den Vordergrund zu stellen.[1]

Die in der Literatur und auch hier vorgenommene Trennung zwischen (dem Informationsfeld) Technologie einerseits und (dem Informationsfeld) Anwender/Markt andererseits ist eigentlich künstlich konstruiert.[2] Da sich die Klassifizierung von technologieorientierten Gütern an den vom Anwender subjektiv empfundenen Komplexitäts- und Neuigkeitsgrad orientiert, sollte auch eine Verlagerung von informationstechnischen Bezeichnungen auf anwenderbezogene Begriffe und Anforderungsdimensionen erfolgen.[3] Software-Marktforschung muß sich demnach mit *anwenderbezogenen Beurteilungsdimensionen* beschäftigen und - abhängig von den jeweiligen Softwareanwendungen - die spezifischen Anwenderanforderungen, -erfahrungen und -qualifikationen sowie die organisationalen Gegebenheiten erheben.[4]

Aussagen über die Auswirkungen technologischer Trends auf Gewohnheiten und Einstellungen in der Softwarenutzung sowie auf das Integrationsverhalten des Anwenders werden in der Hauptsache *qualitativer* Natur sein, so daß spezielle Methoden und zusätzlicher Aufwand, beispielsweise in Form von **Expertengesprächen** oder **Anwenderbefragungen** erforderlich werden.[5] Weitere Informationsquellen der technologieorientierten Marktforschung sind Fachdiskussionen auf Messen und internationalen Kongressen, Datenbank- und Patentrecherchen, Kontakte mit Hochschulen und Großforschungseinrichtungen.[6]

---

[1] Hier wird für die Softwarebranche die Gefahr gesehen, ähnliche Fehler wie Teile der Hardwareindustrie zu begehen, die zu viele Anstrengungen unternommen hat, die Technik zu optimieren, statt neue Anwendungsbereiche bzw. Marktsegmente zu erschließen. Vgl. Wimmer,F./Zerr, K./Roth, G.: a. a. O., S. 23 und Rappaport, A. S./Halevi, S.: Chip- und Softwaredesign. Das Eldorado der Computerbauer, in: Harvard Manager, 2/92, S. 113 ff.

[2] Vgl. Wimmer,F./Zerr, K./Roth, G.: a. a. O., S. 113

[3] Vgl. ebenda, S. 113 f.

[4] Vgl. ebenda, S. 114 f.

[5] Vgl. ebenda, S. 115

[6] Vgl. Strothmann, K.-H./Kliche, M.: a. a. O., S. 55 f. Eine ausführliche Darstellung von Informationsquellen für die Neuproduktplanung im Softwarebereich findet sich bei Bittner, L.: Innovatives Software-Marketing, a. a. O., S. 42 ff.

3.2 Unternehmensplanung und Marketing-Konzeption in Softwareunternehmen

3.2.1 Strukturwandel und marktorientierte Unternehmensplanung

War die Entstehungsphase der Softwarebranche durch niedrige Markteintrittsschranken und überdies dadurch gekennzeichnet, daß sich die Unternehmensentwicklung der Softwarehäuser quasi automatisch im Rahmen der ihnen jeweils erteilten Aufträge zur Softwareentwicklung vollzog[1], so haben sich in den letzten Jahren Marktsituation und Wettbewerbsbedingungen vor dem Hintergrund des globalen technologischen Wandels zum Teil grundlegend verändert. Die Anbieter von Software sehen sich heute folgender *Wirkungskette* gegenübergestellt:[2]

- Die zunehmende Akzeptanz der Anwenderunternehmen für Standardsoftware als wirtschaftlichere Alternative gegenüber kosten- und zeitaufwendigen Individualentwicklungen führt zu einem überproportional wachsenden Angebot an Standardprogrammen und damit vom Verkäufer- zum **Käufermarkt**.

- Der daraus resultierende Wettbewerb stellt erhöhte Anforderungen insbesondere an Qualität, Stabilität, Portabilität und Integrationsfähigkeit der angebotenen Programme sowie an das Software-Marketing zur **Differenzierung der Anwendernachfrage**.

- Die besondere Technologiedynamik und der zunehmende Wettbewerbsdruck führen dazu, daß sich Softwareentwicklungs- und Vermarktungszyklen verkürzen. Die *kürzeren* **Produktlebenszyklen** zwingen die Softwarehäuser dazu, in kleineren Zeitabständen höhere Stückzahlen abzusetzen und immer schneller neue Produkte bzw. Produktnachfolger auf den Markt zu bringen.

---

[1] Vgl. Strunz, H.: a. a. O., S. 283

[2] Vgl. Lippold, D.: Jedes dritte Softwarehaus in einer gefährlichen Sackgasse, a. a. O., S. 8

- Zusammen mit der Verfügbarkeit von **Standards** (beispielsweise hinsichtlich Programmierumgebungen, Betriebssystemen, Benutzeroberflächen und Datenbanken) und leistungsfähigen Softwareentwicklungswerkzeugen (z. B. CASE-Tools) verlangen diese Anforderungen ein Investitionsvolumen, das die Finanzkraft vieler Softwarehäuser übersteigt.
- Um die hohen Entwicklungs- und Vermarktungskosten über entsprechende Absatzmengen abdecken zu können, hat sich in der Softwarebranche ein globaler **Kooperations- und Konzentrationsprozeß** eingestellt. Hardware-, Elektronik-, Technologie- und Dienstleistungsunternehmen dehnen sich durch Firmenübernahmen speziell im Softwarebereich immer stärker aus und beeinflussen das Angebotspotential.

Die Bedrohungen, die von den veränderten Marktbedingungen und vom Wettbewerbsdruck ausgehen, werden jedoch durch das - wenn auch zwischenzeitlich abgeschwächte - Wachstum im Softwaremarkt relativiert.

Der Strukturwandel in der Softwarebranche ist also nicht auf eine Schrumpfung der Nachfrage, sondern auf eine *Veränderung der Nachfrage* bei gleichzeitigem *Wachstum des Gesamtmarktes* zurückzuführen.[1] Eine solche Situation bietet grundsätzlich denjenigen Unternehmen mehr Chancen, die sich vergleichsweise früh und planmäßig mit ihrer Markt- und Unternehmenspolitik an den neuen Marktbedingungen orientieren und die ihrem unternehmerischen Handeln eine *schlüssige* **Marketing-Konzeption** zugrundelegen.[2]

3.2.2 Marketing-Konzeption und Unternehmenslebenszyklus

Vor dem Hintergrund des Strukturwandels wird deutlich, daß nicht nur der Lebenszyklus vieler Softwareprodukte, sondern auch der Unternehmenslebenszyklus generell sehr eng mit der Marketing-

---

[1] Vgl. Strunz, H.: a. a. O., S. 287

[2] Vgl. Becker, J.: a. a. O., S. 1

Konzeption eines Unternehmens verbunden ist.[1] Ohnehin ist im Softwaregeschäft eine hohe Identität zwischen Produkt- bzw. Produktgruppenlebenszyklus und Unternehmenslebenszyklus zu beobachten. Grundsätzlich lassen sich *fünf* Phasen in der individuellen Entwicklung von Softwareunternehmen unterscheiden:[2]

- Gründungsphase,
- Wachstumsphase,
- Konsolidierungsphase,
- Schrumpfungsphase und
- Liquidationsphase.

Die **Gründungs-** bzw. **Entstehungsphase** eines Unternehmens ist dadurch gekennzeichnet, daß vielfach keine schriftlich fixierte Unternehmens- und Marketing-Konzeption vorliegt. Vielmehr liegen Geschäftsidee und Unternehmenskonzeption vornehmlich im Kopf des Gründers und Machers (Unternehmer).[3] Besonders deutlich wird dieser Zusammenhang in Verbindung mit den Gründungsunternehmen der 70er Jahre. Durch den großen Nachfrageüberhang wurde diesen Softwareunternehmen in der Entstehungsphase quasi die Entwicklung einer eigenen Unternehmensstrategie abgenommen, so daß augenscheinlich auch gar nicht die Notwendigkeit gesehen wurde, konzeptionelle bzw. längerfristige Überlegungen zur weiteren Unternehmensentwicklung anzustellen.[4]

Expansion, zunehmender Wettbewerb und erste strategische Überlegungen führen in der **Wachstumsphase** regelmäßig zu der Er-

---

[1] Vgl. Becker, J.: a. a. O., S. 626

[2] Dieses Phasenkonzept ist nicht identisch mit den unter Abschnitt 3.1.2 beschriebenen drei Entwicklungsstufen von Softwareunternehmen. Während die Beobachtung der Entwicklungsstufen von Softwareunternehmen aus einer übergeordneten Sicht (Makro-Ebene) erfolgt, liegt den fünf Phasen der Unternehmensentwicklung eine individuelle Sicht (Mikro-Ebene) zugrunde. Zu den Phasen der individuellen Unternehmensentwicklung siehe auch Becker, J.: a. a. O., S. 626 ff., der von Kindheits-, Jugend-, Erwachsenen-, Alters- und Todesphase spricht.

[3] Vgl. ebenda, S. 626

[4] Vgl. Strunz, H.: a. a. O., S. 283

kenntnis, daß die Organisations-, Führungs- und Kontrollformen der Gründungszeit nicht mehr ausreichen. Gefragt ist eine schriftlich fixierte Marketing-Konzeption, die Ziele und Handlungsrahmen verbindlich festlegt.[1] In dieser Phase entstehen in der Softwarebranche zwar rudimentäre Ansätze einer Unternehmensplanung, trotzdem überwiegen bei den allermeisten unternehmerischen Entscheidungen immer noch der *Ereignisbezug* und das (taktisch ausgerichtete) *Chancenmanagement*.

In der anschließenden **Konsolidierungsphase** verlangsamt sich das Wachstum (z. B. durch erlahmendes Innovationspotential, Führungsfehler, Marktauslese, Wettbewerb).[2] Erst der existentielle Zwang in dieser Phase,

- rechtzeitig eine *Nachfolgegeneration* der bisherigen Produkte und Leistungen zu planen und zu entwickeln,
- *Standards* und *Normen* bei der technologischen Umsetzung der Anwenderanforderungen im Rahmen der Produktentwicklung zu berücksichtigen,
- die chronische *Unterkapitalisierung* zu beseitigen und
- die *Marketing- und Vertriebsschwäche* zu überwinden,

veranlaßt insbesondere viele Inhaber-(Pionier-)Unternehmer dazu, im Rahmen einer Marketing-Konzeption über strategische Realisierungsformen nachzudenken. Solche strategischen Realisierungsformen reichen von *Lizenznahmen* und *Lizenzvergaben* über *Kooperationen* (z. B. auch in Form von *Franchising, strategischen Allianzen* oder *Joint Ventures*) bis hin zum *Verkauf* oder *Fusion (Mergers & Acquisitions)* des Unternehmens.[3]

In der Konsolidierungsphase entscheidet sich also, ob es dem Softwareunternehmen gelingt, durch eine *Evolution der Marketing-Konzeption* oder ggf. auch durch einen *Konzeptionswechsel („Turnaround")* einen neuen Zyklus einzuleiten.[4] Andernfalls leiten Umsatz-, Marktan-

---

[1] Vgl. Becker, J.: a. a. O., S. 626

[2] Vgl. ebenda.

[3] Vgl. ebenda, S. 630 ff.

[4] Vgl. ebenda, S. 627

teils- und Gewinnrückgänge den Übergang zur **Schrumpfungsphase** ein. Hier bedarf es bereits gezielter *Revitalisierungsprogramme* oder *radikaler* Einschnitte, um die fortschreitende Erosion aufzuhalten und die endgültige **Liquidationsphase** zu vermeiden.[1] Sowohl die Schrumpfungs- als auch die Liquidationsphase lassen sich bis heute in der Softwarebranche nur sehr schwer ausfindig machen, da es den meisten Softwarehäusern gelingt, in der Konsolidierungsphase eine *Konzept-Evolution* entweder aus eigener Kraft oder mit fremder Hilfe (überwiegend durch Beteiligung oder Unternehmensverkauf) umzusetzen.

3.2.3 Softwarerelevante Aspekte des Technologiemarketing

Da ein nicht unbeachtlicher Teil des Wettbewerbs im Softwarebereich heute *„technology-based competition"* ist, können einige Besonderheiten für die konzeptionelle Bearbeitung des Software-Marketing aus den bisherigen Erkenntnissen des Technologiemarketing abgeleitet werden.[2]

Aus der **Technologiedynamik** folgt der Zwang, technologisch-orientierte Entwicklungen und Ideen in neue und verbesserte Produkte *laufend* umzusetzen und zu vermarkten. Durch das Zusammenwachsen unterschiedlicher Technologiebereiche nimmt darüber hinaus die **Komplexität** von High-Tech-Produkten zu.[3] Speziell für die Technologiebereiche der Informations- und Kommunikationstechnologie (ICT) wird auf folgenden Zusammenhang hingewiesen: „Four strictly related and interacting basic technologies underlie the evolution of ICT:

---

[1] Vgl. Becker, J.: a. a. O, S. 628

[2] Roth/Wimmer merken allerdings an, daß bislang noch kein umfassendes theoretisches Gebäude für das Technologiemarketing existiert. Vgl. Roth, G./Wimmer, F.: a. a. O., S. 112. Zu einer praxisorientierten Darstellung der verschiedenen Facetten des Technologiemarketing siehe insbesondere Töpfer, A./Sommerlatte, T (Hrsg.): Technologie-Marketing. Die Integration von Technologie und Marketing als strategischer Erfolgsfaktor, Landberg/Lech 1991

[3] Vgl. Roth, G./Wimmer, F.: a. a. O., S. 112

- *microelectronic component technology;*
- *hardware computer technology;*
- *software technology;*
- *telecommunications technology.*

All of them cooperate and interoperate by means of appropriate *architectures*. Some architectures are specific for a particular technology; others are comprehensive. The evolution of technical architectures plays a key role in ICT, and both influences and is influenced by the four evolving technologies."[1] An diesem *„full digital approach"* läßt sich unschwer die komplexe technologische Struktur von Softwaresystemen ausmachen.

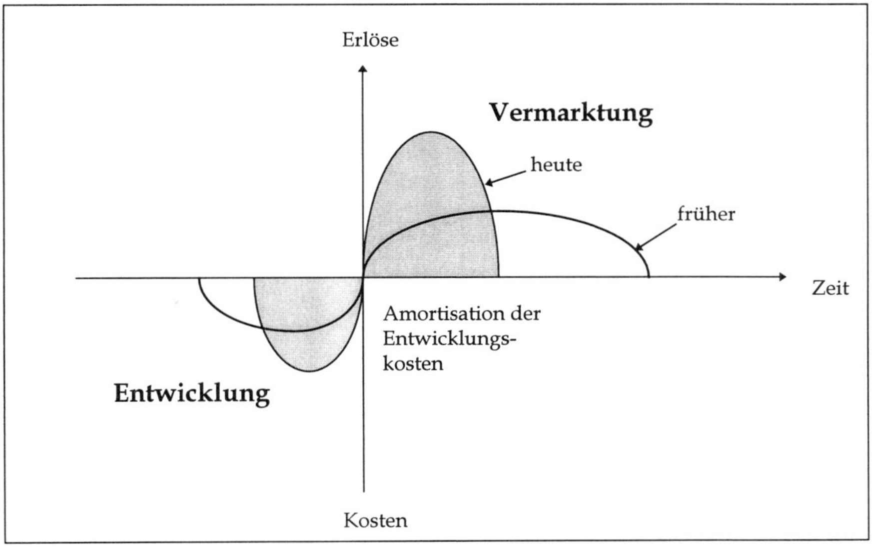

Abb. 3.10: Verkürzung der Entwicklungs- und Vermarktungszyklen von Softwareprodukten

[1] EITO-1993, S. 50

Damit sind zwei prinzipielle Besonderheiten des Marketing für High-Tech-Produkte genannt: *Dynamik* und *Komplexität*.[1] Beide Aspekte führen im Software-Marketing zu einer *Erhöhung der Entwicklungskosten* einerseits und zur *Kontraktion der Vermarktungsphase* andererseits.[2] Während früher üppige Softwareentwicklungsphasen und eine allmähliche Marktdurchdringung für das Softwaregeschäft kennzeichnend waren, werden diese zunehmend von kürzeren Innovationszeiten, steilen Anlaufkurven und kürzeren Lebenszyklen bei konstanter *Einführungsverzögerung* abgelöst. Diese „Stauchung" ist in Abbildung 3.10 grafisch verdeutlicht.[3] Die Beobachtung von Roth/Wimmer, daß der Entwicklungsaufwand bei Standardsoftware kontinuierlich ansteigt, während Versions- bzw. Releasewechsel in immer kürzeren Zeitabständen durchgeführt werden, unterstreicht diesen Trend.[4]

Generell kommt dem Faktor *Zeit* im Technologiemarketing also eine besondere Bedeutung zu.[5] Neben der hier angesprochenen Entwicklungsdauer und der Geschwindigkeit der Marktdurchdringung spielt auch der Zeitpunkt des Markteintritts eine erhebliche Rolle im Softwaregeschäft.[6]

3.2.4 Die Marketing-Konzeption als Kernstück der marktorientierten Unternehmensplanung

Jedes Softwareunternehmen steht vor der Herausforderung, in dem sich schnell wandelnden Softwaremarkt eine erfolgversprechende

---

[1] Vgl. Roth, G./Wimmer, F.: a. a. O., S. 112

[2] Vgl. Roth, G./Wimmer, F.: a. a. O., S. 112. Zur damit angesprochenen *„Zeitfalle"* siehe auch Abschnitt 4.4.3.8 dieser Arbeit.

[3] Darstellung in Anlehnung an Töpfer, A.: Marketing für Start-up-Geschäfte mit Technologieprodukten, in: Töpfer, A./Sommerlatte, T. (Hrsg.): Technologie-Marketing. Die Integration von Technologie und Marketing als strategischer Erfolgsfaktor, Landsberg/Lech 1991, S. 168

[4] Vgl. ebenda.

[5] Vgl. Wolfrum, B.: Technologie-Marketing, in: Tietz, B./Köhler, R./Zentes, J. (Hrsg.): a. a. O., Sp. 2450

[6] Zum richtigen Timing der Produktankündigung siehe auch Abschnitt 4.3.3.3 dieser Arbeit.

Marktposition einzunehmen. Insbesondere wenn Bedrohungen aus dem Umfeld rechtzeitig erkannt werden müssen und neue Chancen gesucht werden sollen, ist ein geplantes und aktiv betriebenes Marketing einer reaktiven Anpassung an Marktveränderungen überlegen. Unter dem Aspekt der **aktiven Marktbeeinflussung** wird deutlich, daß die Marketing-Konzeption über die Definition des wichtigen Außenkurses des Unternehmens zwangsläufig den *generellen* Unternehmenskurs bestimmt.[1] Insofern verstehen wir in Anlehnung an Becker die Marketing-Konzeption als einen grundlegenden, marktorientierten *„Leitplan des gesamten Unternehmens"*, der sich an bestimmten Richtgrößen (Zielen) orientiert und einen umfassenden Handlungsrahmen (Strategien und Vorgehensmodell) für die notwendigen Durchführungsmaßnahmen (Mix) vorgibt.[2] Der **(Marketing-) Mix** beschreibt dabei den kombinierten Einsatz der Marketinginstrumente.

Die Marketing-Konzeption ist das Ergebnis einer systematischen Umwelt- und Unternehmensanalyse, die Chancen und Risiken des relevanten Marktes einerseits und Stärken und Schwächen des Unternehmens andererseits identifiziert und bewertet.[3] Die Verdichtung und Verzahnung dieser Daten und Informationen führt zum **„konzeptionellen Kristallisationspunkt"**, der den Ausgangspunkt für Zielbildung, Strategiewahl und Vorgehensmodell sowie für die Mixfixierung darstellt (siehe Abbildung 3.11).[4]

Da der Softwaremarkt kein statisches Gebilde ist, sondern *dynamische* Strukturen aufweist, gibt es auch nicht *ein* marktorientiertes Unternehmenskonzept (⇒ Marketing-Konzept) und damit auch nicht *ein* Erfolgsrezept für Softwarehäuser, „sondern verschiedene Optionen, auf die Nachfrage zu reagieren". Dennoch zeigt sich in der Softwarebranche, daß bei den unterschiedlichen Unternehmenskonzepten „ ... die Konsi-

---

[1] Vgl. Becker, J.: a. a. O., S. 3 f. Becker weist darauf hin, daß der Markt die eigentliche „Front" des Unternehmens darstellt, auf die letztlich alle Unternehmensaktivitäten gerichtet sein müssen.

[2] Vgl. ebenda, S. 2 und 4

[3] In der angelsächsischen Literatur wird für diese Form der Analyse auch der Begriff „SWOT" (strengths, weaknesses, opportunities, threats) verwendet.

[4] Vgl. Becker, J.: a. a. O., S. 75

stenz zwischen Sachziel (Leistungsprogramm und Marktfeld), Leistungspotentialen und Strategien zumeist erfolgsentscheidend ist."[1]

Mit der Abbildung 3.11 ist zugleich auch die Grundlage für einen generellen **Bezugsrahmen einer marktorientierten Unternehmensplanung** gelegt. Die Abfolge des Planungsprozesses, dessen Schritte auf diese Konsistenz hinwirken, orientiert sich an folgenden Phasen:[2]

- **Situationsanalyse** (Wo steht das Unternehmen?)
- **Zielsetzung** (Wo will das Unternehmen hin?)
- **Strategie** (Wie kommt das Unternehmen dahin?)
- **Mix** (Welche Maßnahmen müssen dazu ergriffen werden?)

---

[1] Vgl. Neugebauer, U.: Das Software-Unternehmen. Empirische Untersuchung des Unternehmensverhaltens und der Faktoren des Unternehmenserfolgs, München, Wien 1986, S. 240 und 249

[2] Vgl. dazu auch Bidlingmaier, J.: Marketing, Bd. 1, Reinbek bei Hamburg 1973, S. 16 ff.

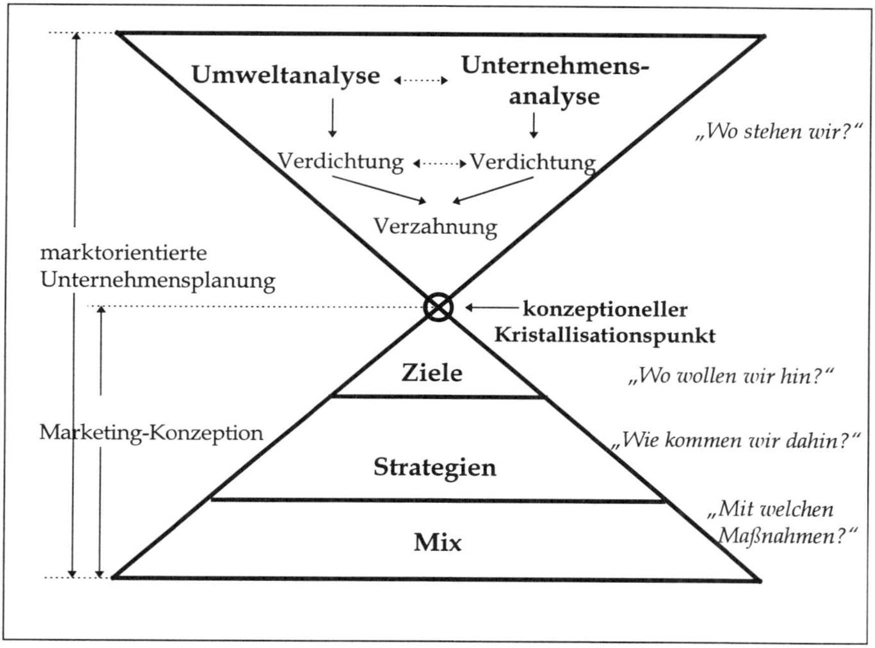

Abb. 3.11: Beziehungen zwischen Umwelt- und Unternehmensanalyse und Marketing- und Unternehmenskonzeption[1]

3.2.4.1 Situationsanalyse

Der Situationsanalyse kommt im Rahmen des Planungsprozesses eine entscheidende Bedeutung zu. Ihre Aufgabe ist es, eine fundierte Ausgangsbasis für die in den einzelnen Phasen zu treffenden Entscheidungen zu schaffen. Sie liefert eine systematische Einschätzung und Beurteilung aller auf das Unternehmen wirkenden externen und internen Einflußfaktoren. Dementsprechend gliedert sich die Situationsanalyse in die Umweltanalyse (external analysis) und in die Unternehmensanalyse (self-analysis).[2]

---

[1] Darstellung in Anlehnung an Becker, J.: a. a. O., S. 75

[2] Vgl. Aaker, D. A.: Strategic Market Management, New York u. a. 1984, S. 47 ff. und S. 113 ff.

Bei der **Umweltanalyse** steht die Identifikation der *Chancen* und *Risiken* (Bedrohungen) im Vordergrund. Zu den Umweltfaktoren zählen die den Softwaremarkt generell betreffenden politischen, gesellschaftlichen, wirtschaftlichen und technologischen Entwicklungstrends ebenso wie die spezifischen Angebots-, Nachfrage- und Wettbewerbsgegebenheiten in den Teilmärkten, in denen das Unternehmen agiert bzw. agieren will. Das Ergebnis der Analyse der Umweltfaktoren[1] besteht in einer Zusammenfassung (Verdichtung) der Voraussetzungen für einen erfolgreichen Wettbewerb in den vom Unternehmen ausgewählten Marktsektoren und verdeutlicht *Chancen* und *Risiken* für die nachfolgende Zielkonkretisierung.

Während die Umweltanalyse angibt, was das Unternehmen *generell* tun könnte, soll die **Unternehmensanalyse** feststellen, was das Softwarehaus aufgrund seiner spezifischen Stärken und Schwächen mit Blick auf die Wettbewerbssituation in den interessierenden Marktsektoren tun kann.[2] Die Unternehmensanalyse untersucht demnach die Stellung des Unternehmens innerhalb der Branche, ermittelt die kritischen Ressourcen und bewertet seine Potentiale im Vergleich zu den stärksten Wettbewerbern **(Stärken-/Schwächenanalyse)**. Ziel der internen Analyse ist es, die *Schlüsselfaktoren* des Unternehmens zu erkennen, um Stärken konsequent nutzen und Schwächen gezielt begrenzen bzw. abbauen zu können.[3] Sowohl für die Umwelt- als auch für die Unternehmensanalyse bilden die in der Marktforschung zuvor untersuchten *Informationsfelder* (siehe Abschnitt 3.1 dieser Arbeit) eine wichtige Grundlage.

---

[1] Becker bemängelt in diesem Zusammenhang die bisher vorgelegten, unbefriedigenden Analyseraster und schlägt die Unterscheidung von zwei grundlegenden Ebenen von Umweltfaktoren („Schlüsselfaktoren") vor: Die Makro-Umwelt zur Bestimmung marketing-unspezifischer Bedingungslagen (Ressourcen, Technologie, Konjunkturverlauf, ...) und die Mikro-Umwelt zur Definition marketing-spezifischer Bedingungslagen (Zielgruppen, Wettbewerbsstruktur, Anwenderbedürfnisse, ...). Vgl. Becker, J.: a. a. O., S. 75 f.

[2] Vgl. Hinterhuber, H. H.: Strategische Unternehmensführung, Berlin-New York 1977, S. 45

[3] Vgl. Becker, J.: a. a. O., S. 78

Für den nachfolgenden Zielbildungsprozeß ist nun die Zusammenführung (Verzahnung) der unternehmensexternen und -internen Daten von Bedeutung.[1] Sie führt unmittelbar zur Beantwortung der grundlegenden Frage: *„Wo steht das Unternehmen heute?"* bzw. *„Wie ist das Unternehmen hierher gekommen?"*[2] Damit ist zugleich auch der *konzeptionelle Kristallisationspunkt* erreicht, der nach Becker erst eine potential-orientierte Zielbildung - ausgehend von den Oberzielen - erlaubt *(„Wo will das Unternehmen hin?")*.[3]

3.2.4.2 Zielsetzung

An den umwelt- und unternehmensanalytisch aufbereiteten Kristallisationspunkt schließt sich der Zielbildungsprozeß des Unternehmens an. Die strategischen Unternehmensziele, die auf Langfristigkeit und Operationalität ausgerichtet sein müssen, beinhalten die Basisentscheidungen über das Wozu unternehmerischen Handelns.[4] Hinsichtlich ihres Inhaltes lassen sie sich in *Sachziele, Formalziele* und *Sozialziele* unterscheiden. Gemeinsam bilden sie die Verhaltensgrundsätze und den qualitativen und quantitativen Handlungsrahmen für die funktionalen Strategien des Unternehmens.[5]

Die **Sachziele** legen die Entscheidung darüber fest, mit welchen Produkt- und Leistungskategorien das Unternehmen in welchen Nachfragesektoren langfristig sein Geschäft betreiben will, d. h. welche Marktsegmente bzw. Zielgruppen mit welchem Angebot angesprochen werden sollen.[6] Sachzielentscheidungen sind Grundsatzentscheidungen,

---

[1] Vgl. Becker, J.: a. a. O., S. 79

[2] Vgl. Hinterhuber, H. H.: a. a. O., S. 45

[3] Vgl. Becker, J.: a. a. O., S. 80

[4] Vgl. Bidlingmaier, J.: a. a. O., S. 25

[5] Mit der Unterteilung der obersten Unternehmensziele (⇒ generelle Zielplanung) in Sach-, Formal- und Sozialziele schließen wir uns der Systematik von Tüschen an, der einen umfassenden Zielkatalog und Bezugsrahmen für die (strategische) Unternehmensplanung von Softwarehäusern vorgelegt und diesen anhand von empirischen Fallstudien präzisiert und ergänzt hat. Vgl. Tüschen, N.: a. a. O., S. 24 ff.

[6] Kotler spricht in diesem Zusammenhang von *generischen Zielen*. Vgl. Kotler, P.: Marketing-Management. Analyse, Planung und Kontrolle, Stuttgart 1977, S. 366

die als generelle Richtungsindikatoren den Handlungsrahmen für alle weiteren Planungen vorgeben. Wichtigste Bestimmungsfaktoren für die Auswahl der Geschäftsgebiete sind „ ... die Größe des Unternehmens, seine Gewinn- und Wachstumsziele sowie seine speziellen Erfahrungen und Fähigkeiten."[1]

In der Aufbauphase der Softwareindustrie ergaben sich die Geschäftsgebiete eines Unternehmens selten als Ergebnis einer strategischen Unternehmensplanung. Vielmehr wuchsen sie historisch aus der Abwicklung von Aufträgen, die von Anwendern und Hardwareherstellern erteilt wurden.[2] Erst durch den Strukturwandel in der Softwarebranche und hier insbesondere durch den Übergang vom Verkäufer- zum Käufermarkt ist die Auswahl und Definition von Geschäftsarten zum Planungsobjekt für Softwarehäuser geworden. Heute verlangt eine bewußt marktorientierte Unternehmensführung, daß das Management möglichst exakt den Markt definiert, auf dem das Unternehmen künftig tätig sein will.[3] "*Softwarepartner für das Baugewerbe*", "*Spezialist für UNIX-Lösungen im PPS-Bereich*", „*Systemintegrator und Spezialist für heterogene Netze*" oder "*Planung und Realisierung innovativer Großprojekte*" können als Beispiele für die Sachzielplanung von Softwareunternehmen gelten.

Formalziele bestimmen die Dimensionen der angestrebten Ziele.[4] Dabei werden drei grundlegende Dimensionen der Ziel-Konkretisierung unterschieden:[5]

- **Zielinhalt** (Was soll erreicht werden?),
- **Zielausmaß** (Wieviel davon soll erreicht werden?) und
- **Zielperiode** (Wann soll es erreicht werden?).

---

[1] Vgl. Bidlingmaier, J.: a. a. O., S. 136

[2] Vgl. Strunz, H.: a. a. O., S. 280 f.

[3] Vgl. Bidlingmaier, J.: a. a. O., S. 136

[4] Vgl. ebenda, S. 25

[5] Vgl. Becker, J.: a. a. O., S. 20 unter Bezugnahme auf Hamel, W.: Zieländerungen im Entscheidungsprozeß, Tübingen 1974, S. 35 und Kupsch, P.: Unternehmungsziele, Stuttgart - New York 1979, S. 15 f.

Der *Zielinhalt* bezieht sich auf die Objekte der Zielplanung (z.B. Gewinn-, Wachstums-, Umsatz-, Marktanteils-, Image- oder Liquiditätsziele). Neben der Gewinnerzielung sind häufig Wachstumsziele eigenständiges Objekt der Zielplanung von Softwareunternehmen, insbesondere wenn in schnell wachsenden oder sehr wettbewerbsintensiven Marktsegmenten ein Verzicht auf Wachstum eine Verschlechterung der Wettbewerbsposition bedeutet.[1] Das *Zielausmaß*, d. h. der Zielerreichungsgrad wird in der Softwareindustrie regelmäßig in Abhängigkeit von den verfügbaren Ressourcen festgelegt. Bei der dienstleistungsintensiven Branche bildet die Verfügbarkeit des Personals überwiegend die Vorgabe für das angestrebte Zielausmaß. Eine Zielformulierung ist erst dann eindeutig, wenn neben dem Inhalt und dem Zielerreichungsgrad auch die *Zeitgröße*, in der das Ziel erreicht werden soll, konkret definiert wird, da sonst kein adäquater Soll-Ist-Vergleich möglich ist.[2]

Sozialziele als dritte Zielkategorie werden in Form von Leitlinien oder Unternehmensgrundsätzen dokumentiert. Sie sind in zweifacher Hinsicht für Softwarehäuser von Bedeutung:[3] Zum einen sollte jedes Softwarehaus sein personengebundenes Know-how-Potential erhalten, pflegen und weiterentwickeln, da das Unternehmensergebnis in besonderem Maße vom Niveau der Mitarbeiterqualifikation und den personellen Ressourcen abhängt.[4] Zum anderen ist die explizite Behandlung von Sozial- oder Humanzielen „... Ausdruck eines neuen, interpretativen Ansatzes des Strategischen Managements", das auf die Schaffung einer einheitlichen Unternehmenskultur abzielt.[5]

---

[1] Vgl. Tüschen, N.: a. a. O., S. 32. So hat IBM beispielsweise jahrelang die unternehmensweite Zielsetzung verfolgt, genauso schnell wie der Gesamtmarkt (der Informationstechnik) zu wachsen.

[2] Vgl. Becker, J.: a. a. O., S. 23

[3] Vgl. Tüschen, N.: a. a. O., S. 37

[4] Zur Bedeutung des Informatik-Wissens für die Unternehmensentwicklung von Software- und Beratungshäusern siehe ausführlich Lippold, D.: Informatik-Aus- und -Weiterbildung bei der ADV/ORGA F. A. Meyer AG, in: Handbuch der modernen Datenverarbeitung (HMD), Heft 143 (Aus- und Weiterbildung), September 1988, S. 121 - 128

[5] Vgl. Tüschen, N.: a. a. O., S. 37

Die Zielbildung im Unternehmen ist ein mehrstufiger Prozeß, der über verschiedene hierarchische Ebenen verläuft.[1] Angesichts der Fülle der daraus resultierenden Zielbeziehungen einerseits und der Vielzahl von Zielarten und -inhalten andererseits sind in den einzelnen Unternehmen sehr unterschiedliche Zielkombinationen (*Zielsysteme*) anzutreffen. Es ist gar zu vermuten, daß es genauso viele Zielsysteme wie Unternehmen gibt.[2]

3.2.4.3 Strategie und Mix

Auf der Grundlage des unternehmerischen Zielsystems werden in der dritten Stufe des Planungsprozesses die **Strategien** festgelegt. Sie haben die Aufgabe, unternehmerische Entscheidungen und den entsprechenden Mitteleinsatz zu kanalisieren bzw. auf das Zielsystem auszurichten.[3] Strategien sind darauf gerichtet, bestimmte Marktpositionen zu erreichen, und haben die Aufgabe, Erfolgspotentiale aufzubauen und zu erhalten.[4] Strategien müssen generell für alle Funktionsbereiche eines Unternehmens festgelegt werden. Es handelt sich dabei im allgemeinen um die Strategien für

- Marketing/Vertrieb,
- Entwicklung/Produktion,
- Finanzierung und
- Personal/Organisation.

Während die grundlegenden Unternehmensstrategien in erster Linie *Marketing-Strategien* sind, handelt es sich bei den Strategien der übrigen Funktionsbereiche vorwiegend um *Folge- oder Begleitstrategien*.[5]

---

[1] Becker unterscheidet - hierarchisch betrachtet - Unternehmensziele, Bereichsziele, Aktionsfeldziele und Instrumentalziele. Vgl. Becker, J.: a. a. O., S. 27 ff.

[2] Vgl. ebenda, S. 24 f. Die von Tüschen durchgeführten empirischen Explorationen bei 16 Softwarehäusern zu deren Zielplanung bestätigen diese Vermutung in vollem Umfang. Vgl. Tüschen, N.: a. a. O.

[3] Vgl. Becker, J.: a. a. O., S. 112 f.

[4] Vgl. ebenda, S. 115

[5] Vgl. ebenda, S. 116

Nach Becker lassen sich vier grundsätzliche Arten (Optionen) von **Marketing-Strategien** unterscheiden und zwar

- **Marktfeldstrategien**,
- **Marktstimulierungsstrategien**,
- **Marktparzellierungsstrategien** und
- **Marktarealstrategien**.[1]

Ohne daß es explizit zum Ausdruck gebracht wird, bezieht Becker diese Strategien allerdings in erster Linie auf Konsumgütermärkte. Insbesondere die Exemplifizierung weist deutlich auf die „Konsumgüterlastigkeit" dieser strategischen Handlungsoptionen hin.

In der vierten Stufe des Planungsprozesses wird das festgelegte Strategienbündel durch entsprechende **Maßnahmen** umgesetzt. Im Funktionsbereich Marketing/Vertrieb handelt es sich um produkt-, preis-, distributions- und kommunikationspolitische Maßnahmen wie z.B. die konkrete Ausgestaltung von Produktdemonstrationen und -präsentationen, von Workshops, Messen, Kongressen und Ausstellungen, von Anzeigenkampagnen und Direct-Mailings vor allem im Zusammenhang mit der Einführung von neuen Produkten, Produktergänzungen, funktionalen und/oder technologischen Produktverbesserungen.

Strategien bilden den Rahmen für das unternehmerische Handeln und sind damit ein zentrales Bindeglied *(„Scharnierfunktion")* zwischen den Zielen und den laufenden operativen Maßnahmen.[2] Ziele bestimmen die Frage des *„Wohin"*, Strategien konkretisieren die Frage des *„Wie"*, und der Mix legt den Instrumentaleinsatz *(„Womit")* und damit den eigentlichen Handlungsprozeß fest.[3]

---

[1] Vgl. Becker, J.: a. a. O., S. 121 ff.

[2] Vgl. ebenda, S. 116

[3] Vgl. ebenda und Kotler, P.: a. a. O., S. 367

3.2.5 Einordnung der Marketing-Gleichung in die marktorientierte Unternehmensplanung

Die besonders deutlich von Becker herausgearbeitete Trennung von Zielen *(„Philosophie")*, Strategien *(„Struktur")* und Mix *(„Prozeß")* läßt sich in der Praxis allerdings nicht durchhalten. Zu eng sind die Verflechtungen insbesondere zwischen Strategie- und Prozeßebene. So ist es weder möglich, Strategien und Maßnahmen sauber voneinander zu trennen, da ein und dieselbe Marketing-Entscheidung sowohl strategisch als auch maßnahmenorientiert ausgerichtet sein kann,[1] noch läßt sich eine eindeutige Zuordnung der Instrumentalbereiche (Mix) zur strategisch-strukturellen Ebene bzw. zur taktisch-operativen Ebene vornehmen.[2] Selbst Becker räumt unter Bezugnahme auf Kotler ein, daß „ ... der Marketingmix [...] auch als die taktische Komponente der Strategie aufgefaßt werden [kann] ..."[3].

Mit der Marketing-Gleichung wird hier ein praxiserprobter Ansatz vorgestellt, der auf die (mehr theoretische) Trennung von Strategie und Mix verzichtet, gleichwohl aber ein **Vorgehensmodell** *und* einen **Handlungsrahmen** für die zielorientierte Maßnahmenplanung und den entsprechenden Mitteleinsatz darstellt.

Als marktorientierter Handlungsrahmen gibt die Marketing-Gleichung mit ihren einzelnen Elementen die Struktur für den **Vermarktungsprozeß** vor. Gleichzeitig sind in der Marketing-Gleichung bereits Maßnahmen und Vorschläge für die konkrete Ausgestaltung der Marketingstrategie enthalten. In den einzelnen Strukturelementen der Marketing-Gleichung (Segmentierung, Positionierung, Signalisierung, Distribution, Akquisition und Betreuung) sind also sowohl strategisch-strukturelle als auch taktisch-operative Komponenten enthalten. Dieses

---

[1] Vgl. Backhaus, K.: Investitionsgütermarketing, a. a. O.; S. 206

[2] Siehe hierzu insbesondere die Darstellungen der Anteilsstruktur strategischer und taktischer Komponenten von Marketinginstrumenten bei Becker, J.: a. a. O., S. 475 f.

[3] Becker, J.: a. a. O., S. 119, S. 459 und S. 572

Strategie- bzw. Strukturgefälle ist in Abbildung 3.12 formalisiert dargestellt.[1]

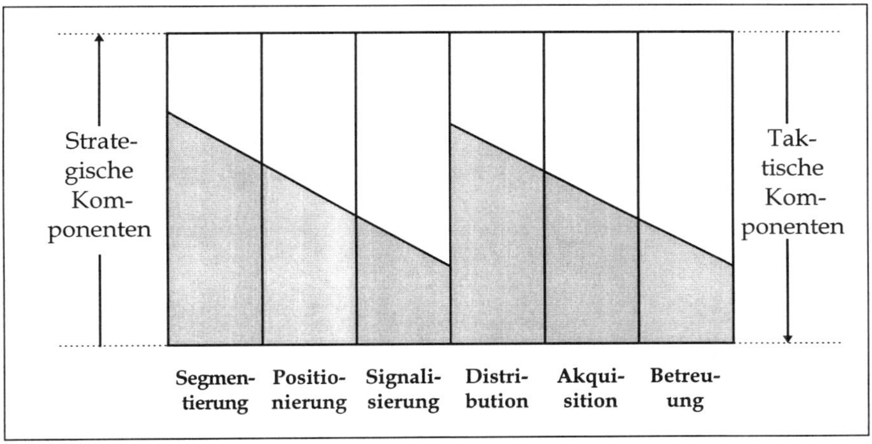

Abb. 3.12: Anteile strategischer und taktischer Komponenten bei den Elementen der Marketing-Gleichung

Es wird deutlich, daß der strategische (⇒ strukturbestimmende) Anteil bei der Segmentierung und bei der Distribution überwiegt, während Signalisierung und Betreuung mehr von taktisch-laufenden Maßnahmen geprägt sind. Bei der Positionierung und der Akquisition läßt sich in etwa eine ausgewogene Aufteilung von strategischen und taktischen Anteilen ausmachen.

Die Anwendung der Marketing-Gleichung führt im ersten Schritt zur Segmentierungs-, Positionierungs-, Signalisierungs-, Distributions-, Akquisitions- und Betreuungsstrategie. Im zweiten Schritt der Umsetzung und Optimierung legt sie die laufenden Maßnahmen innerhalb der jeweils gewählten Strategie fest. Die Marketing-Gleichung ist damit an zentraler Stelle in den Prozeß der strategischen Unternehmensplanung eingebunden. Als Instrument zur Ausgestaltung aller marktorientierten Strategien gibt sie zugleich den Handlungsrahmen für die Aktionen auf

[1] Vgl. in diesem Zusammenhang auch die formalisierte Darstellung des Strategie- bzw. Strukturgefälles der Marketinginstrumente bei Becker, J.: a. a. O., S. 476

der Durchführungsebene im Funktionsbereich Marketing/Vertrieb vor. Insofern ist die Marketing-Gleichung auf der einen Seite *Ersatz* und auf der anderen Seite - aufgrund ihrer vorgehensbezogenen Struktur - eine sinnvolle *Ergänzung* zu der im vorhergehenden Abschnitt vorgestellten Schichtenstruktur für Marketing-Konzeptionen (siehe Abbildung 3.13).

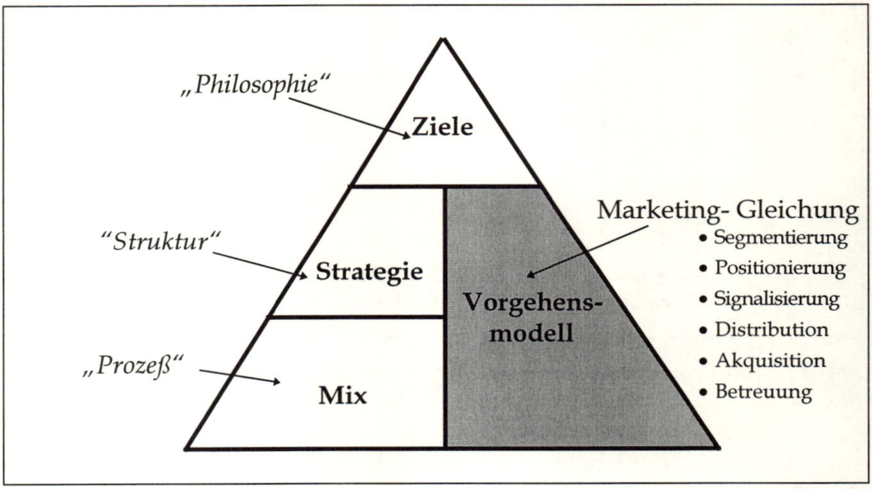

Abb. 3.13: Einordnung der Marketing-Gleichung in das Schichtenmodell der Marketing-Konzeption

Abbildung 3.14 enthält eine synoptische Zuordnung der einzelnen Elemente des Entwicklungs- und Vermarktungsprozesses von Software zu den beiden Konzeptionsebenen der Marketingstrategien und des Marketingmix. Auch hier wird die teilweise substitutive und teilweise komplementäre Stellung der Elemente der Marketing-Gleichung innerhalb bzw. zu den Konzeptionsebenen der Marketingstrategien und des Marketingmix nochmals deutlich.

	Konzeptionsebene der Marketingstrategien (nach Becker)	**Konzeptionsebene des Marketingmix** (nach Becker)
Entwicklungsprozeß	Marktfeldstrategien (insb. Produktentwicklungs-strategie)	Angebotsmix (insbesondere Produktmix)
Vermarktungsprozeß		
• Segmentierung	Marktparzellierungsstrategien	
• Positionierung	Marktstimulierungsstrategien	Angebotsmix
• Signalisierung	⟶	Kommunikationsmix
• Distribution	Marktarealstrategien	Distributionsmix
• Akquisition	⟶	Distributions-/ Kommunikationsmix
• Betreuung	⟶	Angebotsmix

Abb. 3.14: Zuordnung der Elemente der Marketing-Gleichung zu den Konzeptionsebenen der Marketingstrategien und des Marketingmix

Unter Einbeziehung dieser Überlegungen ergibt sich nunmehr ein **Bezugsrahmen für die marktorientierte Unternehmensplanung von Softwarehäusern**. Zum einen orientiert sich dieser Bezugsrahmen an der Abfolge des Planungsprozesses, zum anderen sind die Elemente der Marketing-Gleichung an zentraler Stelle in den Planungsprozeß eingebunden (siehe Abbildung 3.15).[1]

[1] Zur Darstellung des Bezugsrahmens vgl. auch Tüschen, N.: a. a. O., S. 222

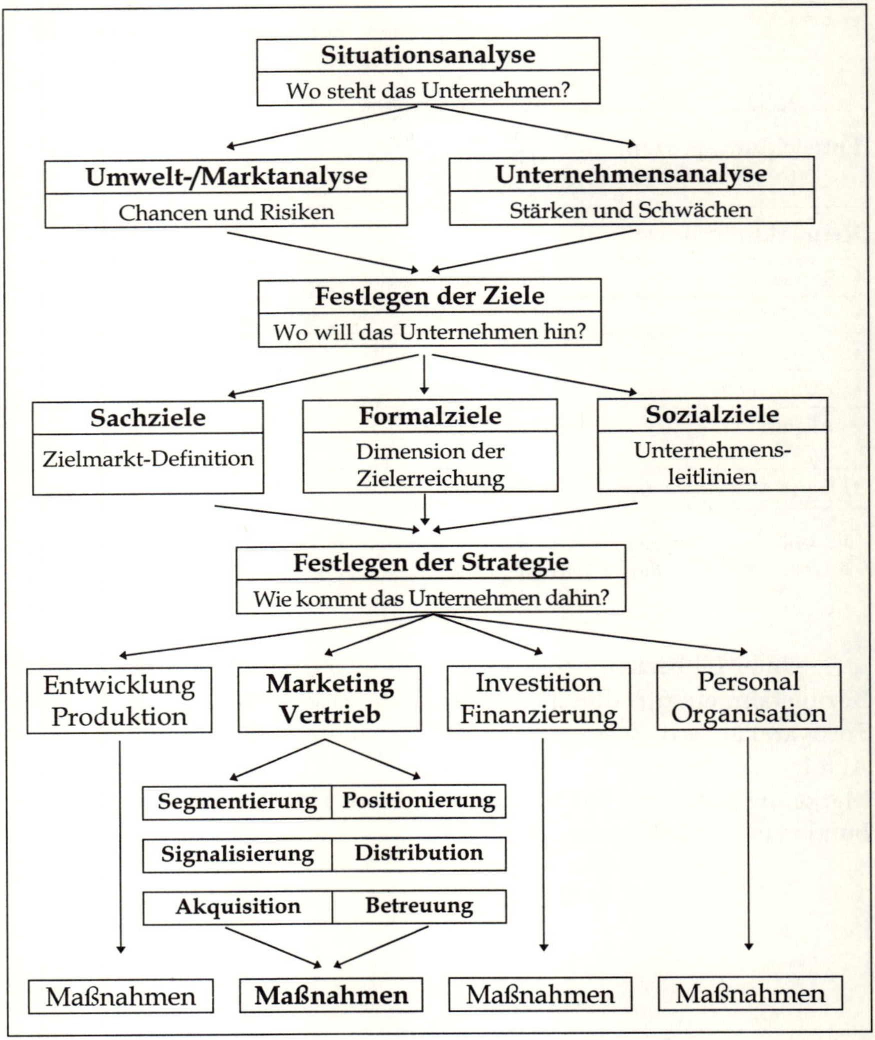

Abb. 3.15: Bezugsrahmen für die strategische Unternehmensplanung von Softwareunternehmen

4. Struktur und Vorgehen im Software-Marketing

4.1 Segmentierung

4.1.1 Wesen und Ziel der Segmentierung

Der Softwaremarkt ist kein monolithischer Block. Er umfaßt mehr Anwendungsfelder, mehr Anwendergruppen, mehr Anwendungsfunktionen und mehr technologische Gestaltungsmöglichkeiten als *ein* Unternehmen allein überhaupt abdecken kann.[1] Selbst IBM - anerkanntermaßen nicht nur der größte Hardwarehersteller, sondern auch weltweit das umsatzstärkste Softwarehaus - hat, bezogen auf den europäischen Markt für Software und Services, nicht einmal einen Marktanteil von 10 Prozent.[2]

Der Softwaremarkt ist also keine homogene Einheit. Er besteht vielmehr aus einer Vielzahl z. T. deutlich getrennter **Marktsegmente**.[3] Ein Unternehmen braucht demnach gar nicht so groß zu sein, um im Softwaremarkt profitabel agieren zu können. Es muß lediglich in seinen eigenen Marktsegmenten über genügend Potentiale und Ressourcen verfügen.

Aus diesen Überlegungen wird deutlich, welche Bedeutung die Segmentierung des Zielmarktes für ein Softwareunternehmen hat. Im Rahmen des Vermarktungsprozesses ist die Segmentierung, d. h. die Abgrenzung des marktlichen Aktionsfeldes, das *erste* wichtige **Planungsobjekt** für Softwareunternehmen.[4] Von besonderer Bedeutung ist

---

[1] Vgl. Tüschen, N.: a. a. O., S. 38

[2] Vgl. IDC (Hrsg.): European Software & Services Report 1992, S. 9

[3] Davidow merkt an, daß es Ziel eines Anbieters sein muß, nicht einen kleinen Prozentsatz eines großen Marktes zu erobern, sondern möglichst die Marktführerschaft in einem definierten Marktsegment zu erreichen. Vgl. Davidow, W. H.: High Tech Marketing, Frankfurt/Main 1987, S. 40

[4] Das definitorische Hauptaugenmerk liegt bislang nicht so sehr auf dem Begriff des *Marktsegments* sondern mehr auf dem (prozessualen) Begriff der *Marktsegmentierung* als „Aufteilung des Gesamtmarktes in homogene Käufergruppen bzw. -seg-

dabei das Verständnis für eine *kundenorientierte Durchführung* der Segmentierung, denn der Vermarktungsprozeß sollte grundsätzlich aus Sicht der Kunden beginnen. Daher steht die **Kundenanalyse**, die sich mit den Zielen, Problemen und Nutzenvorstellungen der potentiellen Anwender befaßt, im Vordergrund der Segmentierung.[1] Um Software anwendergerecht zu entwickeln, muß ein relativ klares Bild vom Anforderungsprofil der jeweiligen Anwendergruppe vorliegen. Es muß Klarheit darüber bestehen, was das Gemeinsame und was das Spezifische dieser Anwendergruppe im Vergleich zu anderen ist.[2] Die hiermit angesprochene Rasterung der Kundengruppen erhöht die Transparenz des Marktes, ermöglicht das Erkennen von Marketing-Chancen und bietet die Möglichkeit, Produkt- und Leistungsmerkmale feiner zu differenzieren.[3]

Unter einem Marktsegment soll eine **Zielgruppe** mit einer weitgehend *homogenen* Problemlandschaft und *Nutzenvorstellung* verstanden werden.[4] Aufgabe der Segmentierung ist es, alle relevanten Zielgruppen für und deren Nutzenvorstellung über das Softwareprodukt zu bestimmen. Insofern zielt eine richtig verstandene Segmentierung letztendlich auf eine **Optimierung des Kundennutzens**. Schließlich erwartet der Kunde mehr als das Angebot leistungsfähiger Software; er erwartet sichtbaren, greifbaren Nutzen[5] für sein Unternehmen. Kein Kunde kauft Software um der Software willen. Was der Kunde wünscht, ist die Befriedigung eines Bedürfnisses, die Lösung eines Problems. So muß sich der Softwareanbieter darüber im Klaren sein, daß seine Produkte in er-

mente". (Meffert, H.: Marketing. Grundlagen der Absatzpolitik, Wiesbaden 1986, S. 243)

[1] Vgl. Große-Oetringhaus, W.: a. a. O., S. 5

[2] Vgl. Bittner, L.: Innovatives Software-Marketing, a. a. O., S. 53

[3] Vgl. Kotler, P.: a. a. O., S. 165

[4] Vgl. Tüschen, N.: a. a. O., S. 44. Abnehmergruppen sind dann als *homogen* zu bezeichnen, wenn sie gleichgerichteter als der Gesamtmarkt auf die Marketingaktivitäten eines Anbieters reagieren. Vgl. Engelhardt, W. H./Günter, B.: Investitionsgüter-Marketing. Anlagen, Einzelaggregate,Teile, Roh- und Einsatzstoffe, Energieträger, Stuttgart, Berlin, Köln, Mainz 1981, S. 87 und Backhaus, K.: a. a. O., S. 76

[5] Zu begrifflichen Zusammenhängen und Nutzenkonzepten im Marketing siehe insb. Balderjahn, I.: Bedürfnis, Bedarf, Nutzen, in: Tietz, B./Köhler, R./Zentes, J. (Hrsg.): Handwörterbuch des Marketing, a. a. O., Sp. 179 - 190

ster Linie **Problemlösungen** darstellen.[1] Er vertreibt letzten Endes keine Programme, sondern organisatorische bzw. betriebswirtschaftliche Konzeptionen, die dem Anwender zur Lösung von konkreten Problemen der betrieblichen Abläufe dienen.[2]

Durch die Marktsegmentierung soll die heterogene Struktur der Abnehmer aufgelöst werden, d. h. der Markt eines Unternehmens ist in homogene Käufergruppen zu zerlegen, um ihn entsprechend bearbeiten zu können.[3] Bei der Segmentierung handelt es sich um einen kreativen Akt, der letztlich Zielgruppen mit möglichst homogenem Bedarf und einheitlichem Beschaffungsverhalten identifizieren soll.[4]

Für den Investitionsgüterbereich gibt es eine Reihe von **Segmentierungsansätzen**, die sich nach Backhaus wie folgt gruppieren lassen:[5]

- (eindimensionale) Partialansätze,
- mehrstufige Ansätze,
- mehrdimensionale Ansätze und
- Kaufphasensegmentierungsansätze.

---

[1] Vgl. Lippold, D.: Softwaretechnologien zukunftssicher gestalten, in: Handelsblatt, 17.11.1988, S. B4

[2] Vgl. Kirsch, W./Börsig, C./Englert, G.: a. a. O., S. 19

[3] Vgl. Strothmann, K.-H./Kliche, M.: a. a. O., S. 67. An jedes Segment ist somit die Forderung zu stellen, daß es in sich betrachtet möglichst gleichartig (homogen) und im Vergleich zu anderen Segmenten möglichst ungleichartig (heterogen) ist. Vgl. Becker, J.: a. a. O., S. 225. Zu den Forderungen, die an eine segmentspezifische Marktbearbeitung zu stellen sind, siehe auch Freter, H.: Marktsegmentierung, Stuttgart 1983, S. 43, Meffert, H.: a. a. O, S. 244 f. und Scheuch, F.: Marketing, 3. Aufl., München 1989, S. 276 ff.

[4] Vgl. Tüschen, N.: a. a. O., S. 44

[5] Vgl. Backhaus,K.: Investitionsgütermarketing, a. a. O., S. 131 ff.

Diese Systematik der bisher vorgelegten Segmentierungsmethoden soll hier jedoch nicht weiter verfolgt werden, da sich auf dieser Grundlage weder eine semantische noch eine inhaltliche Trennung überzeugend nachvollziehen läßt.[1]

Zur Identifizierung von Marktsegmenten im Softwarebereich wird stattdessen ein Ansatz gewählt, der das *mehrstufige* mit dem *mehrdimensionalen* Modell unter dem Aspekt der *Praktikabilität* und *Umsetzbarkeit* kombiniert und auf *zwei* wesentliche Merkmale reduziert. Es handelt sich hierbei zum einen um den segmentierungs-*strategischen* Gesichtspunkt der Abgrenzung von Anwendergruppen anhand von Anwender*charakteristika* und zum anderen um den segmentierungs-*taktischen* Gesichtspunkt des tatsächlichen Anwender*verhaltens* bei der Kaufentscheidung.[2] Damit sind zugleich auch die beiden **Segmentierungsstufen** genannt:[3]

- **Makrosegmentierung** zur Abgrenzung von Kundengruppen mit homogener Problemlandschaft und Nutzenvorstellung (⇒ segmentierungs-*strategischer* Aspekt) und
- **Mikrosegmentierung** zur Auswahl und Ansteuerung der an der Kaufentscheidung beteiligten Personen *innerhalb* der ausgewählten Kundengruppe (⇒ segmentierungs-*taktischer* Aspekt).

4.1.2 Makrosegmentierung

Die (strategisch ausgelegte) Makrosegmentierung konzentriert sich problembezogen auf eine effiziente Aufteilung des Gesamtmarktes in möglichst homogene Teilmärkte. Dabei wird eine Beschreibung und Abgrenzung der Kundengruppen mit Hilfe unternehmensbezogener

---

[1] Zur Kritik an den bislang vorgelegten Segmentierungsmethoden siehe auch Strothmann, K.-H./ Kliche, M.: a. a. O., S. 73, Gröne, A.: Marktsegmentierung bei Investitionsgütern, Wiesbaden 1977, S. 189 f., Backhaus, K.: Investitionsgütermarketing, a. a. O., S. 142 f.

[2] Vgl. Becker, J.: a. a. O., S. 242 unter Bezugnahme auf Böhler, H.: Methoden und Modelle der Marktsegmentierung, Stuttgart 1977, S. 63

[3] Das Grundmodell der zweistufigen Marktsegmentierung geht zurück auf Wind, Y./ Cardozo, R.: Industrial Market Segmentation, in: IMM, 3 (1974), S. 153 - 166

„demografischer" Merkmale vorgenommen. Diese Merkmale, die zur Auswahl und Charakterisierung potentieller *Anwendergruppen* dienen, werden im folgenden als **Segmentierungsmerkmale**[1] bezeichnet. Die Segmentierungsmerkmale definieren und beschreiben den „strategischen Aktivitätenraum" des Unternehmens.[2]

Unter organisatorischen Gesichtspunkten und unter dem Aspekt einer gezielteren Marktbearbeitung ist die Makrosegmentierung zugleich Grundlage der *Geschäftsfeldplanung*.[3] **Geschäftsfelder** sind eine Kombination aus Produkt und Markt (Zielgruppe).[4] Sie erfüllen eigene Marktaufgaben, indem sie jeweils originäre Anwenderprobleme lösen. Sie weisen gegenüber anderen Geschäftsfeldern eine hinreichende Eigenständigkeit aus und leisten einen eigenen Erfolgspotentialbeitrag.[5] Eine - zumindest vertriebliche - Organisation nach Geschäftsfeldern verkürzt die Wege zum Kunden, weil sie dessen Bedürfnisse - und nicht die eigenen Produkte bzw. deren Funktionalitäten - in den Mittelpunkt stellt.

Die Bildung von Geschäftsfeldern als Ergebnis der Makrosegmentierung wirft zugleich die Frage nach der *Anzahl* der zu bearbeitenden Geschäftsfelder und damit den *Grad der Abdeckung* des Softwaremarktes auf. Generell gilt, daß mit steigender Größe des Softwareunternehmens auch die Anzahl der geplanten Geschäftsfelder zunimmt. Die Bandbreite reicht hier von der konzentrierten Bearbeitung eines Marktsegments (Nische) bis hin zur Abdeckung eines möglichst großen Teils des Softwaremarktes auf der Grundlage einer Reihe von eigenständigen Geschäftsfeldern.

---

[1] Synonym werden in der Fachliteratur auch die Begriffe *Segmentierungsdimensionen* (Abell, Tüschen) und *Segmentierungskriterien* (Becker, Backhaus) verwendet.

[2] Vgl. Becker, J.: a. a. O., S. 244

[3] Vgl. Tüschen, N.: a. a. O., S. 43

[4] Vgl. Müller, W.: Geschäftsfeldplanung, in: Tietz, B./Köhler, R./Zentes, J. (Hrsg.): Handwörterbuch des Marketing, a. a. O., Sp. 761

[5] Vgl. Szyperski, N./Winand, U.: Duale Organisation. Ein Konzept zur organisatorischen Integration der strategischen Geschäftsfeldplanung, in: ZfbF-Kontaktstudium 31 (1979), S. 197

Einen strategischen Ansatz zur segmentspezifischen **Geschäftsfeldbestimmung** im Investitionsgüterbereich hat Abell vorgelegt. Danach bestimmen drei grundlegende Beschreibungsdimensionen die segment-strategische Abgrenzung bzw. Rasterung des jeweiligen Marktes:[1]

(1) **Anwender** (customer group)
(2) **Funktionsumfang** (customer function)
(3) **Technologie** (alternative technologies).

Als spezieller Analyseansatz zur Marktsegmentierung im Softwarebereich sind diese drei generellen Dimensionen allerdings noch zu grob.[2] Sie müssen unter segment-strategischen Gesichtspunkten weiter differenziert und konkretisiert werden.[3] Daher steht im folgenden eine Analyse der

- **Segmentierungsmerkmale** zur (qualitativen) Beschreibung des strategischen Aktionsraumes von Softwarehäusern

sowie eine Betrachtung der Möglichkeiten einer

- **Segmentbewertung** zur (quantitativen) Bestimmung der Attraktivität dieser Marktsegmente

im Vordergrund. Die daraus abzuleitenden Empfehlungen zur Segmentierung des Marktes für Softwarehäuser konzentrieren sich nahezu vollständig auf die *Makroebene*, weil nur diese eine segment-strategische Charakterisierung potentieller Anwendergruppen und somit klare Marktauswahlentscheidungen sowie eine segmentgerichtete Marketing-Ansteuerung ermöglicht.[4]

---

[1] Vgl. Abell, D. F.: Defining the Business. The Starting Point of Strategic Planning, Englewood Cliffs, N. J. 1980, S. 22 ff.

[2] Selbst Abell räumt ein, daß es sich bei den drei Dimensionen lediglich um einen allgemeinen Bezugsrahmen („primitive Dimensionen") handelt. Vgl. Abell, D. F.: a. a. O., S. 17

[3] Vgl. Tüschen, N.: a. a. O., S. 43

[4] Wenn Wind/Cardozo darauf hinweisen, daß der Übergang zur Stufe der Mikrosegmentierung in den Fällen vorgenommen werden sollte, wenn zwischen den akzeptierten Marktsegmenten keine unterschiedlichen Reaktionen auf die Marketing-Aktivitäten zu verzeichnen sind, dann können wir diese Ansicht nicht teilen. Wir sind vielmehr der Auffassung, daß die Mikrosegmentierung mit der Konzentration auf Merkmale der an der Einkaufsentscheidung beteiligten Personen von vornher-

4.1.3 Segmentierungsmerkmale

Die konsequente Weiterführung und Konkretisierung der drei generellen Beschreibungsdimensionen von Abell für eine segmentstrategische Aufteilung und Abgrenzung des Softwaremarktes führt zu einer Segmentierung nach folgenden Kriterien:[1]

- **Vertikale Märkte** (Branchen),
- **Horizontale Märkte** (Funktionen),
- **Räumliche Märkte** (Regionen),
- **Betriebsgröße** (Umsatz, Anzahl der Beschäftigten, Bilanzsumme etc.),
- **Technologie** (Hardware, Betriebssystem, Datenbanksystem etc.).

4.1.3.1 Vertikale Segmentierung

Aus Sicht vieler Softwareunternehmen ist die vertikale Segmentierung, d. h. die Aufteilung des Marktes nach **Branchen** maßgebend.[2] Die Branchenorientierung empfiehlt sich vornehmlich für Anbieter der Softwaretypen B und C als Segmentierungsgrundlage. So führen viele Branchenkenner den außerordentlichen Marketingerfolg der Nixdorf Computer AG in den 70 und 80er Jahren insbesondere auf die vertikale Gliederung ihres Problemlösungsangebotes zurück.

Neben der generellen Branchenzugehörigkeit wie Industrie, Handel, Banken, Versicherungen, Transport, Verkehr, sonstige Dienstleistungen und Öffentlicher Bereich ist vor allem die Differenzierung *innerhalb* dieser Wirtschaftsbereiche besonders aussagekräftig. Im industriellen Bereich beispielsweise kann weiter unterschieden werden nach *Wirt-*

ein einen ganz anderen, nämlich *taktischen* Aspekt der Segmentierung berührt. Insofern liefert die Mikrosegmentierung auch keinerlei Erkenntniszuwächse bei der *(strategischen)* Marktauswahlentscheidung. M. a. W. die Mikrosegmentierung ist eine sinnvolle *Ergänzung* der Makrosegmentierung, jedoch nicht unbedingt eine *Vertiefung*.

[1] Vgl. Tüschen, N.: a. a. O., S. 44 ff.

[2] Vgl. ebenda, S. 44

schaftsabteilungen wie chemische Industrie, Maschinen- und Anlagenbau, Elektroindustrie, Nahrungs- und Genußmittelindustrie etc. oder nach *Fertigungsarten* wie Auftrags- und Einzelfertiger, Serienfertiger, Massenfertiger und Prozeßfertiger.

Häufig bietet erst eine solche weitergehende Differenzierung (z. B. anhand eines **Segmentierungsbaumes** wie in Abbildung 4.01 dargestellt) Anhaltspunkte dafür, welche primären Zielgruppen ausgewählt, oder welche Anwendergruppen als weniger relevant ausgeschlossen werden sollen.[1]

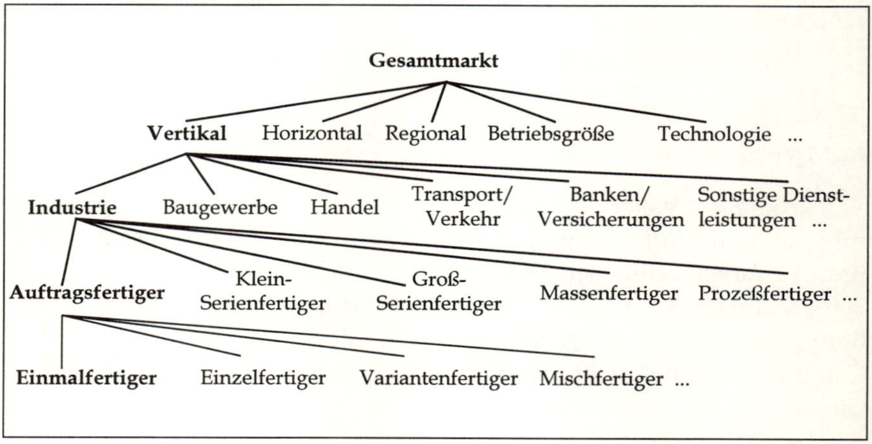

Abb. 4.01: Beispiel für einen Segmentierungsbaum

Eine besonders aussagekräftige Segmentierung im Bereich der Fertigungsindustrie hat die Unternehmensberatung UBM (heute: Mercer Management Consulting) für ihre Kunden entwickelt.[2] Danach werden die beiden Merkmale *Stabilität des Produktionsprozesses* und *Komplexität des zu fertigenden Produktes* zueinander in Beziehung gesetzt. Die **Stabilität des Produktionsprozesses** korreliert sehr stark mit der Anzahl der

[1] Vgl. Lippold, D.: Marketing als kritischer Erfolgsfaktor der Softwareindustrie, a. a. O., S. 226

[2] Vgl. UBM (Hrsg.): PPS-Paket für die Zulieferindustrie, UBM-interne Workshop-Unterlage, Bremen 1989

produzierten Erzeugnisse und wird mit den Ausprägungen *niedrig, mittel* und *hoch* auf der Abszisse abgetragen. Auf der Ordinate werden die verschiedenen **Komplexitätsstufen des Produktes** dargestellt. Je komplexer das zu fertigende Produkt ist, desto höher sind auch die Anforderungen an die **Stücklistenorganisation**. Auf diese Weise lassen sich dann Industriesegmente wie Einmal-, Einzel-, Varianten-, Massen-, Wiederhol- oder Prozeßfertiger voneinander abgrenzen. Abbildung 4.02 zeigt das Ergebnis dieser Abgrenzung in Form einer Matrix.[1]

[1] Anhand dieser Zuordnungen kann beispielsweise auch die konzeptionelle Herkunft verschiedener PPS-Softwaresysteme abgeleitet werden. So sind die ursprünglichen Zielsegmente führender PPS-Systeme wie Piuss-O, Race-PPS, PSsystem und Triton in der linken oberen Hälfte zu finden, während das PPS-Modul von R/3 bzw. R/2 aus den Anforderungen der Zielsegmente in der rechten unteren Hälfte entsprang. Gleichwohl bewegen sich heute die Leistungsumfänge der genannten Systeme aufeinander zu.

Produktkomplexität

	niedrig	mittel	hoch	
Komplexe Produkte	**Einmalfertigung** • Schiffbau • Hütten- und Walzeinrichtungen • Sondermaschinenbau • Groß-Werkzeugmaschinenbau	**Variantenfertigung nach Auftrag** • Luft- u. Raumfahrt • Lokomotivbau • Werkzeug-, Textil- und Verpackungsmaschinen	**Automobilmontage** • Montagewerke der Automobilhersteller	**Fertigungsindustrie**
Baugruppen, Produkte mittlerer Komplexität	**Einzelfertigung (Auftrag)** • Kessel- und Behälterbau • Sonstiger Maschinenbau • Elektrosondermaschinenbau	**Variantenfertigung nach Programm** • Landmaschinen • Bau- und Baustoffmaschinen • Feinmechanik • Getriebe	**Massenfertigung (Montage)** • KFZ-Zulieferer • Elektrohaushaltsgeräte • Konsumelektronik • Büro-/Informationstechnik	**Fertigungsindustrie**
Teile, einfache Produkte		**Wiederholfertigung** • Betonfertigteile • Schleifmittel, Werkzeuge • Gießereien, Schmieden • Holz-/Schreibwaren • Druckereien	**Linienfertigung** • Lampen, Leuchten • Metallblechwaren • Kunststoff, Gummiwaren • Bekleidung, Textil • Keramik, Optik	**Fertigungsindustrie**
Prozeßgüter		**Diskontinuierlicher Prozeß** • Nahrungsmittel • Getränke • Feinchemie • Pharmaindustrie • Zeitungsdruck	**Kontinuierlicher Prozeß** • Raffinerien • Metallerzeugung • Glas, Zement • Papiererzeugung • Grundstoffchemie	**Prozeßindustrie**

Stabilität des Produktionsprozesses

Abb. 4.02: Segmentierung der Fertigungsindustrie nach UBM

Eine sehr differenzierte Segmentierungsmöglichkeit im Bereich der Fertigungsindustrie bietet auch das *Morphologische Merkmalsschema zur Beschreibung der technischen Auftragsabwicklung* des Forschungsinstituts für Rationalisierung (FIR) der Technischen Hochschule Aachen.[1] Danach werden neben der *Fertigungsart* weitere Segmentierungsmerkmale wie

[1] Vgl. Forschungsinstitut für Rationalisierung (FIR) an der Rheinisch-Westfälischen Technischen Hochschule Aachen (Hrsg.): Das morphologische Merkmalsschema, Sonderdruck 1/90

Fertigungstiefe, Erzeugnisstruktur, Auftragsauslösungsart, Dispositionsart, Montageart u. ä. m. herangezogen. Anhand der Kombination entsprechender Merkmalsausprägungen lassen sich dann bestimmte Fertigungstypen (wie in Abbildung 4.03 als Beispiel den Typ *Halbzeugfertiger*[1]) bilden.

Merkmal	**Merkmalsausprägungen**			
1. Erzeugnisspektrum	1.1 Erzeugnisse nach Kundenspezifikation	1.2 Typisierte Erzeugnisse mit Varianten	1.3 Standarderzeugnisse mit Varianten	1.4 Standarderzeugnisse ohne Varianten
2. Erzeugnisstruktur	2.1 Mehrteilige Erzeugnisse mit komplexer Struktur	2.2 Mehrteilige Erzeugnisse mit einfacher Struktur	2.3 Einteilige Erzeugnisse	
3. Vertriebsabwicklung	3.1 Individuelle Angebotsentwicklung	3.2 Angebotserstellung nach Katalog	3.3 Angebotserstellung nach Preisliste	3.4 Lieferabruf
4. Art der Produktionsplanung	4.1 Grobplanung, Netzplantechnik	4.2 Auftragsbezogene Planung	4.3 Absatzbezogene Vorfertigungsplanung	4.4 Programmplanung
5. Auftragsauslösungsart	5.1 Produktion auf Bestellung mit Einzelaufträgen	5.2 Produktion auf Bestellung mit Rahmenaufträgen	5.3 Produktion auf Lager	
6. Dispositionsart	6.1 Kundenauftragsorientiert	6.2 Überwiegend kundenauftragsorientiert	6.3 Überwiegend programmorientiert	6.4 Programmorientiert
7. Beschaffungsart	7.1 Weitestgehend Fremdbezug	7.2 Fremdbezug in großem Umfang	7.3 Fremdbezug unbedeutend	
8. Fertigungsart	8.1 Einzelfertigung	8.2 Einzel- und Kleinserienfertigung	8.3 Serienfertigung	8.4 Massenfertigung
9. Fertigungsablaufart	9.1 Baustellenfertigung	9.2 Werkstattfertigung	9.3 Gruppenlinienfertigung	9.4 Fließfertigung
10. Fertigungsstruktur	10.1 Fertigung mit geringer Tiefe	10.2 Fertigung mit mittlerer Tiefe	10.3 Fertigung mit großer Tiefe	

Abb. 4.03: Typenbildende Merkmale und Merkmalsausprägungen am Beispiel des Halbzeugfertigers nach FIR

[1] Der Typ des Halbzeugfertigers ist in Abb. 4.03 grau unterlegt.

4.1.3.2 Horizontale Segmentierung

Bei der horizontalen Segmentierung legt das Softwarehaus fest, welche anwendungsbezogenen Probleme es bei den potentiellen Zielgruppen lösen will. Hierzu zählen Informationsverarbeitungsaufgaben in **Funktionsbereichen** wie

- Materialwirtschaft/Logistik,
- Produktionsplanung und -steuerung,
- Personalwirtschaft,
- Finanzwirtschaft,
- Kostenrechnung/Controlling und
- Marketing/Vertrieb.

Die horizontale bzw. funktionsorientierte Gliederung ist - sofern ein sachlogischer Zusammenhang zum Leistungsprofil der Software besteht - unabhängig vom jeweiligen Softwaretyp. Die ersten Anwendungssoftwarepakete, die zu Beginn der 70er Jahre entwickelt und einem größeren Anwenderkreis angeboten wurden, waren nahezu ausschließlich funktionsorientiert.

Darüber hinaus sind auch **funktionsübergreifende Anwendungen** wie Textverarbeitung, Tabellenkalkulation, Projektmanagement, Qualitätssicherung u. a. m. dieser Segmentierungsdimension zuzurechnen. Ein Großteil der angebotenen Softwarelösungen, die auf diese Anwendungsgebiete zugeschnitten sind, läßt sich branchenunabhängig einsetzen, so daß ein relativ hoher Grad der Marktabdeckung sichergestellt ist. Solche Anwendungssysteme sind vornehmlich dem Softwaretyp C zuzurechnen.

4.1.3.3 Regionale Segmentierung

Bei der räumlichen Marktaufteilung geht es darum, ob die Geschäftsfelder regional begrenzt, überregional und/oder in verschiedenen Auslandsmärkten aktiv bearbeitet werden sollen. Zumeist verläuft die Entwicklung des Absatzgebietes von Softwarehäusern recht unkontrolliert.[1] Sie beginnt mit einem lokalen Absatzgebiet, dem eine regionale, überregionale und teilweise auch internationale Markterschließung folgt. Häufig stagniert diese Entwicklung, wenn das Softwarehaus auf konkurrierende Wettbewerbszonen anderer Unternehmen stößt und keine Ressourcen zur Überwindung solcher Zonengrenzen bereitstehen oder geplant sind.[2]

Während im Geschäft mit den Softwaretypen A und B eine regionale Begrenzung (z.B. auf einzelne Bundesländer) durchaus üblich und auch profitabel ist, verlangt die erfolgreiche Vermarktung des Softwaretyps C eine breite, möglichst **internationale Vermarktungsbasis**, um entsprechende Stückzahlen absetzen zu können. Allerdings sind die deutschen Anbieter des Typs C bis auf wenige Ausnahmen auf dem EU-Markt kaum präsent. Hier zeigt die deutsche Softwareindustrie eine wesentliche strukturelle Schwäche. Der Mangel an *kritischer Masse* (im Sinne einer Mindestgröße für Internationalität), die unzureichende Nutzung der externen Kapitalmärkte zur Finanzierung von externem Wachstum und Probleme bei der Überwindung von Sprachbarrieren können als Hauptursachen hierfür angesehen werden.[3]

4.1.3.4 Segmentierung nach der Betriebsgröße

Eine weitere Segmentierung kann nach der Größe der Anwenderunternehmen vorgenommen werden. Hierfür bietet sich eine Klassifizierung nach der *Beschäftigtenzahl,* nach der *Umsatzgröße* oder - vornehmlich bei Banken und Versicherungen - nach der *Bilanzsumme* an. Ein interessanter Indikator zur Bestimmung der Größenordnung zieladäquater Anwenderunternehmen ist auch die Anzahl der Benutzer *(User)* bzw. die Anzahl der Terminalarbeitsplätze für den entsprechenden Anwendungsbereich.

---

[1] Vgl. Schildhauer, T.: a. a. O., S. 68

[2] Vgl. ebenda.

[3] Vgl. IDC (Hrsg.): Die Zukunft der deutschen Software-Branche vor der Herausforderung des Europäischen Binnenmarktes, a. a. O., S. 43

In diesem Zusammenhang stellt sich die Frage, ob es ein **Eignungsgefälle** für den Einsatz von Anwendungssoftware von großen zu kleineren Unternehmen gibt.[1] Sind die Anforderungen eines mittelständischen Betriebes an ein Softwarepaket geringer als die eines Großbetriebes? Aus *funktionaler* Sicht dürfte der einzige Unterschied darin liegen, daß bei kleineren Unternehmen i.d.R. mehrere **Funktionsbereiche** von *einem* Computerarbeitsplatz abgedeckt werden (z.B. Einkauf *und* Disposition). Demzufolge ist die Anzahl der Dialogstationen (Workstations, Personalcomputer, Alpha-Terminals) für ein bestimmtes Aufgabengebiet bei einem Mainframe-Anwender größer als bei einem mittelständischen Unternehmen. Hinsichtlich der **Adaptabilität**, also der Anpassung der Software an die vorhandene Organisation, dürften dagegen die Anforderungen schon weiter auseinandergehen. So ist ein kleinerer Betrieb eher in der Lage, seine Organisation an eine vorgegebene Standardlösung anzupassen als ein Großbetrieb. Auch dürften größere Unternehmen, die häufig über eine verzweigte Organisation mit räumlich getrennten Niederlassungen verfügen, eine höhere Anforderung an den **Dezentralisierungsgrad** der Standardsoftware haben als Kleinbetriebe. Hinsichtlich der **Integration** mit bereits vorhandenen Anwendungen dürfte der Mainframe-Anwender ebenfalls über ein differenzierteres Anforderungsprofil verfügen. Während ein kleiner Betrieb grundsätzlich eher geneigt ist, eine integrierte Gesamtlösung über alle Funktionsbereiche einzusetzen, muß der Großbetrieb seine bereits vorhandenen, zumeist eigenentwickelten Anwendungen in stärkerem Maße berücksichtigen und in die neue Applikation integrieren können.

Während der Softwaretyp A (wegen des regelmäßig hohen Dienstleistungsanteils) schwerpunktmäßig nur in größeren Unternehmenseinheiten zum Einsatz kommen dürfte, kommen Betriebe aller Größenordnungen als Anwender des Softwaretyps C in Frage. Das Schwergewicht des Einsatzes des Softwaretyps B dürfte bei Anwenderunternehmen mittlerer Größe und bei dezentral organisierten Großbetrieben liegen (siehe hierzu Abbildung 4.04).

---

[1] Siehe hierzu auch Lippold, D.: Großes Gefälle nicht in Sicht. Unterschied für Standard-Anwendungssoftware von großen zu kleineren Firmen? in: Computer Zeitung, 22.02.1989, S.14

	Typ A	Typ B	Typ C
Große Unternehmen	◆	◆	◆
Mittlere Unternehmen		◆	◆
Kleine Unternehmen			◆

Abb. 4.04: Einsatzschwerpunkte von Softwaretypen nach Betriebsgrößen

4.1.3.5 Segmentierung nach technologischen Komponenten

Für viele Softwareunternehmen ist auch die Technologie eine - wenn auch künftig vielleicht etwas weniger wichtige - Segmentierungsmöglichkeit. Differenzierungen können hier vornehmlich nach der **systemtechnischen Infrastruktur** der Anwenderunternehmen vorgenommen werden. Besonders relevant sind die **Technologiekomponenten** *Hardware, Betriebssystem, Datenbanksystem, Datenkommunikationssystem, Softwareproduktionsumgebung* und *Programmiersprache*. Mit der Festlegung auf eine bestimmte Hardwareplattform oder auf ein spezielles Betriebssystem legt sich der Softwareentwickler für Jahre auf eine ganz bestimmte Kundengruppe fest, nämlich auf die Anwender, die auch genau diese Hardware und dieses Betriebssystem einsetzen. Wenn beispielsweise ein Anwendungssoftwareprodukt nur auf einer ganz bestimmten Datenbank (z. B. Oracle) lauffähig ist, dann müssen alle Datenbankanwender, die nicht Oracle einsetzen, bei der Segmentierung als irrelevant ausgeschlossen werden. An diesem Beispiel wird besonders deutlich, welche segment-strategische Bedeutung die Festlegung auf eine bestimmte technologische Komponente hat. So waren jahrelang jene Softwarehäuser im Vorteil, die in der Softwareentwicklung von vornherein auf die richtige, d. h. auf die durchsetzungsfähigste Infrastruktur gesetzt hatten.

Die Segmentierung nach der systemtechnischen Infrastruktur kann künftig u. U. deshalb ein wenig an Bedeutung verlieren, weil es für den

Softwareproduzenten unerläßlich wird, bei der Softwareentwicklung mehr und mehr auf **Standards**, **Industriestandards** oder **Quasi-Standards** zu setzen. So sind im Betriebssystembereich der Rückgang der (hardware-)herstellerspezifischen Systeme und die verstärkte Verbreitung von UNIX und Windows NT unübersehbar.[1]

Eine weitere Segmentierungsmöglichkeit auf Makroebene, die dem Technologiemerkmal zugeordnet werden kann, ist die Aufteilung des Zielmarktes nach **Innovationstypen**.[2] Danach ist zu unterscheiden zwischen folgenden drei Segmenten:

- HIPs: Unternehmen mit hohem Innovationspotential
- MIPs: Unternehmen mit mittlerem Innovationspotential
- NIPs: Unternehmen mit niedrigem Innovationspotential.

Als Kriterien zur Bestimmung des jeweiligen Innovationspotentials kann der innerbetriebliche Technologieeinsatz herangezogen werden, wie z. B. Unternehmen mit einem hohen Einsatzstand von Kommunikations- und Fertigungseinrichtungen.[3]

---

[1] Vgl. IDC (Hrsg.): Die Zukunft der deutschen Software-Branche vor der Herausforderung des Europäischen Binnenmarktes, a. a. O., S. 5 ff.

[2] Zur ausführlichen Beschreibung dieser Unternehmenstypologie siehe Strothmann, K.-H./Kliche, M.: a. a. O., S. 74 ff. unter Bezugnahme auf den empirischen Nachweis bei Strothmann, K.-H./Baaken, T./Kliche, M./Pörner, R./Stiefel-Rechenmacher, R.: Merkmale innovativer Unternehmen der Investitionsgüter-Industrie, Würzburg 1987 und dieselben: Integrationspolitik und Technologie-Beobachtung im Innovationsmarketing, Würzburg 1988

[3] Vgl. Strothmann, K.-H./Kliche, M.: a. a. O., S. 75

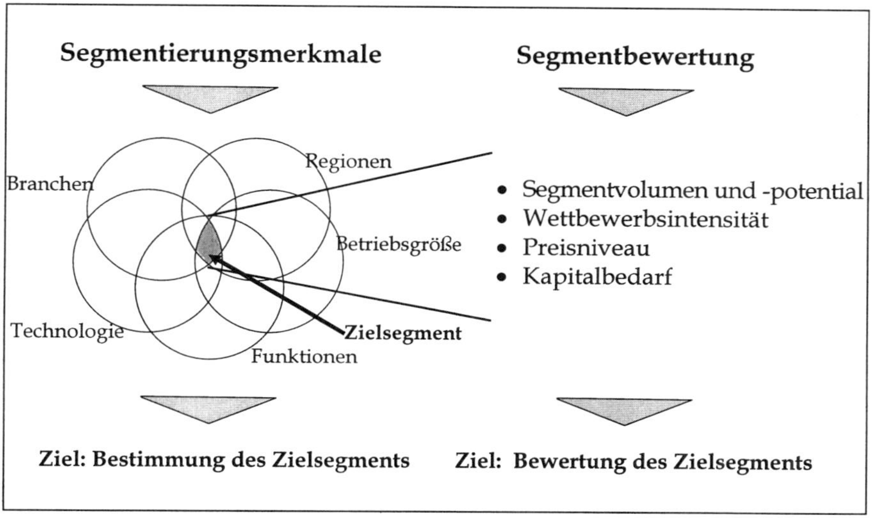

Abb. 4.05: Mehrdimensionale Segmentierung

Wichtig bei der Durchführung der Segmentierung ist, daß sich die Softwareunternehmen nicht nur in ein oder zwei Merkmalen (Dimensionen) festlegen. Erst eine **mehrdimensionale Marktausrichtung** (wie in Abbildung 4.05 dargestellt), die beispielsweise eine Konzentration auf wenige Branchen und Anwendungsfunktionen, bestimmte Betriebsgrößen und Hardware-Größenklassen in einem räumlich definierten Marktgebiet vorsieht, kann der Gefahr einer möglichen Verzettelung der knappen Entwicklungs- und Marketingkapazitäten begegnen.[1] Umgekehrt kann die mehrdimensionale Segmentierung aber auch dazu führen, daß das Potential eines aus der Schnittmenge mehrerer Merkmale gewonnenen Marktsegments für eine intensive Bearbeitung nicht ausreicht.

Ein Beispiel für eine mehrdimensionale Marktausrichtung, die letztlich zur Bildung von Anwender-Betriebstypen führt, liefern Stein-

---

[1] Vgl. Lippold, D.: Marketing als kritischer Erfolgsfaktor der Softwareindustrie, a. a. O., S. 227.

beißer/Dräger[1] für den Bereich der Textilindustrie. Danach werden folgende Merkmalsbereiche zur Segmentierung herangezogen:[2]

- *Bereich I:* Erzeugnisart, Betriebsgröße
- *Bereich II:* Beschaffungsart, Dispositionsart, Anzahl der Produktionsstufen, Standardisierungsgrad der Erzeugnisse, Art der Auftragsauslösung, Ausmaß der Massenbewältigung, Fertigungsorganisation, Art des Nachfrageeinflusses, Art der Absatzorganisation
- *Bereich III:* Vorhandene Hardware, Art der Softwarebeschaffung, EDV-gestützte Funktionsbereiche.

4.1.4 Segmentbewertung

Wenn die Bedürfnisse, Ziele, Probleme und Erwartungen der anzusprechenden Zielgruppe transparent sind, dann ergeben sich daraus unmittelbar die qualitativen Anforderungen an die anzubietenden Produkte. Um jedoch den Mitteleinsatz für die Vermarktung planen zu können, werden Angaben über den quantitativen Bedarf jeder Zielgruppe bzw. jedes Marktsegments benötigt. Damit stellt sich die Frage nach der Attraktivität der zu bearbeitenden Marktsegmente. Zur Bewertung und Absicherung der **Marktattraktivitäten** von Softwaresegmenten sollten folgende Kriterien herangezogen werden:[3]

- Segmentvolumen und -potential,
- Wettbewerbsintensität,
- Preisniveau und
- Kapitalbedarf.

[1] Vgl. Steinbeißer, K./Dräger, U.: Ein betriebstypologisches Verfahren zur Segmentierung des Anwendungssoftware-Marktes, in: Informatik. Forschung und Entwicklung, 5/90, S. 63 - 71

[2] Vgl. ebenda, S. 66

[3] Vgl. Tüschen, N.: a. a. O., S.48 ff.

4.1.4.1 Segmentvolumen und -potential

Die quantitative Nachfrageanalyse auf Grundlage der ausgewählten Marktsegmente wird zunächst auf folgende vier Beurteilungsgrößen gerichtet sein:[1]

(1) **Marktsegmentvolumen,**

(2) **Marktsegmentpotential,**

(3) **segmentspezifisches Absatzvolumen,**

(4) **segmentspezifisches Absatzpotential.**

In Anlehnung an Backhaus lassen sich diese Zielgrößen durch zwei Kriterien voneinander unterscheiden, wobei die Marktgröße die jeweilige Obergrenze für die unternehmensbezogenen Zielgrößen ist (siehe Abbildung 4.06).[2] Segmentvolumen und Segmentpotential stellen das Mengengerüst der Nachfrage auf Basis der Anzahl der aktuellen und potentiellen Anwender dar.

	Effektiv	*Potentiell*
Unternehmens-bezogene Sicht	**Segmentspezifisches Absatzvolumen** Gesamtheit der von einem Unternehmen realisierten Absatzmengen/Umsätze im Zielsegment	**Segmentspezifisches Absatzpotential** Maximal mögliche Absatzmengen/ Umsätze, die ein Unternehmen glaubt, erreichen zu können
Marktbezogene Sicht	**Marktsegmentvolumen** Realisierte effektive Absatzmenge/Umsatz in einem Marktsegment	**Marktsegmentpotential** Gesamtheit möglicher Absatzmengen/Umsätze in einem Marktsegment (Aufnahmefähigkeit)

Abb. 4.06: Segmentbezogene Zielgrößen einer quantitativen Nachfragebeurteilung

[1] Vgl. auch Backhaus, K.: a. a. O., S. 95 f.

[2] Vgl. ebenda, S. 96 f.

Dieses Mengengerüst erlaubt eine erste Einschätzung, ob es sich überhaupt um ein *tragfähiges Marktsegment* handelt.[1] Im ersten Schritt wird also die Anzahl der Betriebe ermittelt, die der Zielbranche angehören, eine bestimmte Betriebsgröße aufweisen und in einer definierten Region ansässig sind.[2] Zusätzlich kann die Anzahl installierter informationstechnischer Systeme, definiert nach Hardware-Größenklasse bzw. -konfiguration und Betriebssystem, zur Eingrenzung des insgesamt erreichbaren Marktpotentials herangezogen werden. Da die Hardware-Installationsbasis keine statische Größe darstellt, sollte neben der aktuellen, auch die innerhalb eines bestimmten Zeitraumes prognostizierte **Installationszahl** berücksichtigt werden.[3] Soweit die so ermittelte Zielgruppe bereits entsprechende Software einsetzt, läßt sich auf der Basis der **Altersstruktur** dieser Softwaresysteme auch ein **Ersatzbedarf** prognostizieren, der das Absatzpotential insgesamt erweitern kann.[4]

Segmentvolumen und Segmentpotential werden in wachstumsintensiven Marktsegmenten stärker auseinanderfallen als in gesättigten Segmenten.[5] Bereits sehr stark gesättigt sind sehr viele Zielsegmente des Softwaretyps A, soweit es sich hierbei um Standardsoftware handelt. Die relativ pessimistischen Zukunftsaussichten bei der Vermarktung des Softwaretyps A sind vorwiegend darauf zurückzuführen, daß der Einsatz von Großrechnertechnologie (als „Trägersystem" des Softwaretyps A) seit Jahren rückläufig ist.

In Abbildung 4.07 ist eine **Marktsegmentpotentialanalyse** für ein PPS-System am Beispiel eines ausgewählten Segments der Fertigungsindustrie (Einzel-, Auftrags- und Variantenfertiger mit mehr als 100 Be-

---

[1] Vgl. Tüschen, N.: a. a. O., S. 48

[2] Vgl. ebenda.

[3] Vgl. ebenda, S. 48 f.

[4] Zu solchen Betrachtungen siehe ADV/ORGA-Research (Hrsg.): Softwaretrends '84. Ergebnisse einer Marktbeobachtung und Anwenderbefragung im Herbst 1983, ADV/ORGA-Research-Studie 1, Wilhelmshaven 1984 und ADV/ORGA-Research (Hrsg.): Softwaretrends '86. Ausstattung deutscher Großunternehmen mit kommerzieller Anwendungssoftware in Verbindung mit dem PC-Einsatz, ADV/ ORGAResearch-Studie 5, Wilhelmshaven 1986

[5] Vgl. Tüschen, N.: a. a. O., S. 48 f.

schäftigten) dargestellt.[1] Das Marktsegment umfaßt für diese Zielgruppe insgesamt 3.594 Betriebe. Da sich das zu vermarktende PPS-System vornehmlich an Betriebe mit mehr als 200 Beschäftigte wendet, besteht das *Kernzielsegment* aus knapp 2.000 Betrieben (und damit aus ca. 2.000 PPS-Systemen). In diesem Kernzielsegment wird ein jährlicher Neu- und Ersatzbedarf von 20 % prognostiziert, so daß das *Marktsegmentpotential* in diesem Beispiel rund 400 PPS-Systeme pro Jahr beträgt. Glaubt das Anbieterunternehmen, davon einen Anteil von 15 % erreichen zu können, so beläuft sich das *segmentspezifische Absatzpotential* des Unternehmens auf 60 Systeme im Jahr. Werden in dem betreffenden Jahr von allen Anbietern zusammen insgesamt 360 PPS-Systeme im Kernzielsegment verkauft (⇒ *Marktsegmentvolumen*), von denen wiederum 10 % auf unser PPS-System entfällt, so beträgt das *segmentspezifische Absatzvolumen* des Unternehmens 36 Systeme.

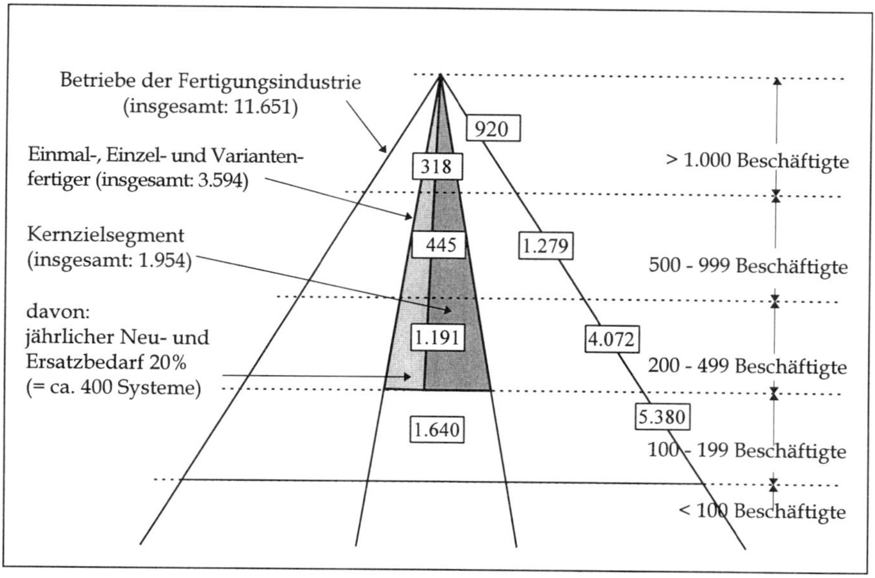

Abb. 4.07: Marktsegmentpotentiale in der Fertigungsindustrie in der Bundesrepublik (alte Bundesländer) auf der Grundlage der Betriebsgrößenpyramide

[1] Zu den Potentialdaten vgl. im einzelnen UBM (Hrsg.): PPS-Paket für die Zulieferindustrie, a. a. O.

4.1.4.2 Wettbewerbsintensität

Mit der aktuellen Größe eines Marktsegments wächst auch die Anzahl der Wettbewerber, so daß das insgesamt erreichbare Segmentpotential durch die Wettbewerbsintensität relativiert werden muß.[1] Segmente, die von international agierenden Softwarehäusern und Hardwareherstellern mit Standardsoftware bearbeitet werden, dürften als sehr wettbewerbsintensiv einzustufen sein.[2] Ein transparentes Angebot und hohe Anforderungen an Stabilität, Qualität und Funktionalität kennzeichnen solche wettbewerbsintensiven Märkte, die charakteristisch für den Softwaretyp C sind. Anders sieht es hingegen in Marktnischen aus, die hinsichtlich des Segmentpotentials weniger attraktiv sind: Hier werden sich größere Anbieter kaum engagieren.[3] Auch in Segmenten mit sehr individuell geprägten Kundenproblemen, auf deren Lösung sich vornehmlich der Softwaretyp A konzentriert, ist die Wettbewerbsintensität aufgrund der intransparenten und weniger gut vergleichbaren Leistungsangebote eher niedrig einzuschätzen.[4]

In einer zweiten Variante ist daher das insgesamt erreichbare Segmentpotential um die Anzahl der durch den Wettbewerb *vorbesetzten* Kunden zu verringern. Das verbleibende Restpotential ergibt dann das Absatzpotential des betreffenden Segments.

Unter dem Aspekt der Bewertung neuer Marktsegmente ist die Berücksichtigung von **Segmentbarrieren** als Gesamtheit aller hemmenden Einflußfaktoren für den Eintritt in das Marktsegment von besonderer Bedeutung.[5] Dabei ist zu berücksichtigen, daß die Bewertung von Eintrittsbarrieren entgegengesetzt ist, je nachdem ob man bereits in einem Segment etabliert ist (hier werden hohe Barrieren positiv bewertet) oder erst in ein Segment eintreten will (hohe Barrieren werden negativ be-

---

[1] Vgl. Tüschen, N.: a. a. O., S. 49

[2] Vgl. ebenda, S. 50

[3] Vgl. ebenda.

[4] Vgl. ebenda, S. 49 f.

[5] Vgl. ebenda, S. 51

wertet).[1] Während dem Softwaremarkt generell besonders niedrige Eintrittsbarrieren zugesprochen werden, können bei differenzierter Betrachtungsweise auf Marktsegmentebene durchaus sehr ausgeprägte Marktsegmentbarrieren wirksam werden.[2] Beispiele für sehr hohe Segmentbarrieren sind die Marktsegmente für Datenbanksysteme und für Standardanwendungssoftware im Großrechnerbereich oder die horizontalen Marktsegmente (Finanzbuchhaltung, Textverarbeitung, Tabellenkalkulation) für den Softwaretyp C.

Darüber hinaus gilt die generelle Empfehlung, daß ein Softwareunternehmen nicht zu viele Marktsegmente für sich definieren sollte, da dazu die Investitionskraft in der Regel nicht ausreicht. Die Erfahrung zeigt, daß die **Markteintrittsschranke** bzw. **Marktsegmentbarriere** etwa so hoch ist, wie die bisherigen Investitionen des Markt(segment)führers.[3] Andererseits werden die Eintrittsbarrieren durch den Technologiewandel permanent verändert, und das bietet wiederum besondere Chancen für neue, technologisch attraktive Produkte.[4]

4.1.4.3 Preisniveau

Im dritten Schritt ist das Preisniveau des Segments auszuloten. Die Preisstellung in Verbindung mit dem (mengenmäßigen) Absatzpotential liefert eine erste Abschätzung für die Umsatzplanung. Hierbei ist zu beachten, daß ein **Mengen-/Preisverhältnis** in Abhängigkeit vom Zielmarkt (differenziert nach der Betriebsgröße) existiert. Abbildung 4.08, in der die Betriebsgrößenpyramide als Basisdreieck dargestellt ist, soll diesen Zusammenhang verdeutlichen. Je kleiner die Anwenderunterneh-

---

1 Vgl. Simon, H./Homburg, C.: Marktbarrieren, in: Tietz, B./Köhler, R./Zentes, J. (Hrsg.): a. a. O., Sp. 1747

2 Vgl. Tüschen, N: a. a. O., S. 51 f.

3 Marktbarrieren, die durch hohe Investitionsvolumina aufgebaut sind, werden auch als *Economies-of-Scale-Barrieren* bezeichnet. Vgl. u. a. Simon, H./Homburg, C.: a. a. O., Sp. 1745 unter Hinweis auf das klassische Werk von Bain, J. S.: Barriers to New Competition, Cambridge/Mass. 1956

4 Zu entsprechenden Markeintrittsstrategien siehe Kühn, R.: Markteintritts- und Marktaustrittsstrategien, in: Tietz, B./Köhler, R./Zentes, J. (Hrsg.): a. a. O., Sp. 1761 ff.

men sind, desto kleiner wird i. d. R. auch der Preis sein, der für eine Softwareeinheit erzielt werden kann. Dies ist bei beliebig reproduzierbaren Softwareprodukten (also bei *Produkteinheiten*) weniger problematisch, denn geringe Preise lassen sich durch entsprechende Mengen kompensieren.

Anders dagegen bei den *Serviceeinheiten*, die in Form von Einführungs-, Installations- und Beratungsleistungen regelmäßig mit dem Produkteinsatz verbunden sind. Serviceeinheiten sind weder beliebig reproduzierbar noch beliebig teilbar. Sie basieren auf einer Kalkulation (Stunden- oder Tageshonorare), die sich zum überwiegenden Teil aus den Personal- und Arbeitsplatzkosten eines Beraters zusammensetzen. Diese Überlegung begründet auch die Erfahrung, daß in kleineren Betrieben (mit ebenso kleinen DV-Budgets) auf eine Produkteinheit nur Bruchteile einer Serviceeinheit entfallen, dagegen in Großbetrieben der Serviceanteil (meistens in Form von Modifikationen) häufig deutlich über dem entsprechen Produktanteil liegt. Ebenso ist aus dieser Überlegung abzuleiten, daß in Klein- und Mittelbetrieben nahezu ausschließlich Standardsoftware (also vorwiegend Softwaretyp B und C) zum Einsatz kommt. Software mit hohen Individualanteilen (also Softwaretyp A) ist für diese Marktsegmente unwirtschaftlich.

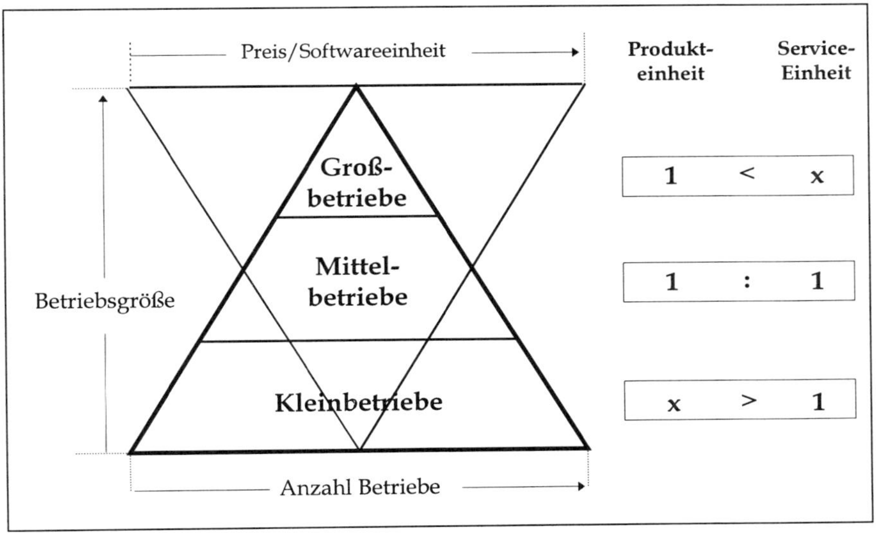

Abb. 4.08: Mengen-/Preisverhältnis in Abhängigkeit vom Zielmarkt

4.1.4.4 Kapitalbedarf

Ein weiteres Kriterium für die Attraktivität eines Segments ist der mit seiner Bearbeitung verbundene Finanzmittelbedarf. Viele Zielsegmente der Softwaretypen B und C zeichnen sich auf der einen Seite durch ein relativ geringes Preisniveau (z. B. bei Software für mittelständische Anwenderunternehmen) und auf der anderen Seite durch einen hohen Kapitalbedarf für die Entwicklung und Marktbearbeitung aus.[1]

Nur bei Erreichen entsprechend hoher Stückzahlen können diese Segmente profitabel bearbeitet werden. Wenn die notwendigen Stückzahlen nicht realisiert werden, sind die Verluste mangels Kapitalrückfluß um so gravierender. Die potentiell hohe Profitabilität dieser Segmente muß also mit einem entsprechend höheren Risiko erkauft werden.[2] Im vierten Schritt ist demnach eine **Kapitalflußrechnung** durchzu-

---

[1] Vgl. Tüschen, N.: a. a. O., S. 49

[2] Vgl. ebenda, S. 49 f.

führen, bei der die (realistisch) erreichbaren Stückzahlen - bewertet mit dem Preisniveau - dem Kapitalbedarf periodengerecht gegenüber gestellt werden. Da die Praxis immer wieder zeigt, daß der Kapitalbedarf für die Entwicklung und Vermarktung von Softwareprodukten regelmäßig unterschätzt wird, ist hier von vornherein mit einem entsprechenden Risikozuschlag zu kalkulieren.

4.1.5 Mikrosegmentierung

Der Segmentierung auf Mikroebene (Unternehmensebene) liegt eine andere logische Dimension zugrunde als der Makrosegmentierung. Während in der Makrosegmentierung die strategisch bedeutsame Auswahl des zu bearbeitenden Marktausschnitts (Zielgruppe) getroffen wird, legt die Mikrosegmentierung fest, welche **Zielpersonen** innerhalb der zuvor definierten **Zielgruppe** angesprochen werden sollen.[1]

Als Kriterien zur Abgrenzung der Mikrosegmente können Merkmale der an der Kaufentscheidung beteiligten Personen, wie Stellung in der Hierarchie, Zugehörigkeit zu bestimmten Funktionsbereichen oder persönliche Charakteristika, herangezogen werden. Für das Software-Marketing sollen folgende **Zielpersonenkonzepte** vorgestellt werden:

- Hierarchisch-funktionales Zielpersonenkonzept,
- Buying Center,
- Kommunikationsorientiertes Zielpersonenkonzept.

4.1.5.1 Hierarchisch-funktionales Zielpersonenkonzept

Als eine sehr pragmatische Abgrenzung der Personen, die bei der Softwareauswahl und -entscheidung beteiligt sind, hat sich das *hierarchisch-funktionale Zielpersonenkonzept* erwiesen. Es geht davon aus, daß in

---

[1] Es soll im Rahmen dieser Arbeit daher auch zwischen Ziel*gruppe* (⇒ Makroebene) und Ziel*person* (⇒ Mikroebene) unterschieden werden.

den Softwarebeschaffungsprozeß des Anwenderunternehmens drei Funktionsbereiche involviert sein können:[1]

(1) Geschäftsleitung,
(2) Organisation und Datenverarbeitung (ORG/DV- bzw. IS-Abteilung) und
(3) Fachabteilung.

Die Funktionsträger dieser drei Gruppen können wiederum drei Hierarchiestufen zugeordnet werden: Geschäftsleitung der obersten, ORG/DV-Leiter und Leiter der Fachabteilung der mittleren und DV-Mitarbeiter und Sachbearbeiter der untersten Managementebene.[2] Abbildung 4.09 zeigt die Zuordnung der am Softwarebeschaffungsprozeß beteiligten Funktionsbereiche zu den verschiedenen Managementebenen.

Zusätzlich lassen sich die am Entscheidungsprozeß beteiligten Rollenträger in *Machtpromotoren* und *Fachpromotoren* einerseits und in *Macht*-und *Fachopponenten* andererseits unterscheiden.[3] **Promotoren** fördern und unterstützen den Beschaffungsprozeß; **Opponenten** behindern oder verzögern ihn.[4] Der **Machtpromotor** nutzt die aus seiner hierarchischen Position abgeleiteten Möglichkeiten zur Durchsetzung der Beschaffungsentscheidung aus und verzichtet dabei weitgehend auf genaue Kenntnis technischer oder fachlicher Details der Software.[5] Hingegen beruht die Energie, die ein **Fachpromotor** zur Durchsetzung einer Kaufentscheidung einsetzt, auf seinem objektbezogenen Fachwissen und ist unabhängig von hierarchischen Positionen.[6]

---

[1] Vgl. Hansen, H. R./Amsüss, W. L./Frömmer, N. S.: a. a. O., S. 52

[2] Vgl. ebenda, S. 53

[3] Vgl. Witte, E.: Kraft und Gegenkraft im Entscheidungsprozeß, in: ZfB, 46 (1976), S. 324 f.

[4] Vgl. hierzu auch die Typen der *„Treiber"* und *„Bremser"* bei Sandig, C.: Betriebswirtschaftspolitik, 2. Aufl., Stuttgart 1966, S. 86 ff.

[5] Vgl. Strothmann, K.-H./Kliche, M.: a. a. O., S. 80 f.

[6] Vgl. ebenda, S. 81

	Obere	Mittlere	Untere
	Managementebene		
Geschäftsleitung	Mitglieder der Geschäftsleitung/-führung		
Organisation und Datenverarbeitung (IS-Abteilung)		ORG/DV-Leiter (IS-Leiter)	ORG/DV-Mitarbeiter (IS-Mitarbeiter)
Fachbereich (Fachabteilung)	↑	Leiter Fachabteilung ↑	Mitarbeiter Fachabteilung (Sachbearbeiter) ↑
Promotorengruppe	Machtpromotoren	Macht- und/oder Fachpromotoren	Fachpromotoren

Abb. 4.09: Zuordnung der am Softwarebeschaffungsprozeß beteiligten Funktionsbereiche zu den verschiedenen Managementebenen

Bei den Mitgliedern der **Geschäftsleitung** handelt es sich in erster Linie um Entscheidungsträger. Als Machtpromotoren verfügen sie über das hierarchische Potential, eine Beschaffungsentscheidung für Software durchzusetzen. In kleineren Anwenderunternehmen ist dies der Unternehmer selbst bzw. die Geschäftsführung, in größeren Unternehmen das Management der ersten und zweiten Führungsebene.

Bei Anwenderunternehmen mit einer eigenen IS-Abteilung kann das **IS-Management** ein wichtiger Fach- aber auch Machtpromotor sein, den der Anbieter in jedem Fall in seinen Akquisitionsprozeß einzubeziehen hat. Diese Zielpersonen sind ständig darum bemüht, alle technisch-wirtschaftlichen Details aufzunehmen, die sie in die Lage versetzen, mit dieser spezifischen Energie auf Entscheidungs- und Innovationsprozesse einzuwirken.[1]

Gemeinsam mit dem IS-Management sind auch die Zielpersonen der **Fachabteilungen** der Gruppe der Fachpromotoren zuzuordnen. Sie

[1] Vgl. Strothmann, K.-H./Kliche, M.: a. a. O., S. 81

bereiten nicht nur den Entscheidungsprozeß vor, sondern sie sind letztendlich auch die Personengruppe, die die auszuwählende Problemlösung nutzen soll. Insbesondere im Zuge des *Downsizing*[1] gewinnen diese Zielpersonen zunehmend an Bedeutung für die Vertriebs- und Kommunikationspolitik der Softwareanbieter.

Hansen/Amsüss/Frömmer kommen in ihrer empirischen Analyse des Softwarebeschaffungsprozesses zu dem Ergebnis, daß drei Personenkreise *den gesamten* Entscheidungsprozeß dominieren: „Die **Geschäftsleitung**, der **EDV-Leiter** und, etwas abgeschwächt, der **Leiter der jeweils betroffenen Fachabteilung** wirken in praktisch allen Phasen der Entscheidungsfindung mit."[2]

4.1.5.2 Buying Center

Bei funktionsübergreifenden, unternehmensintegrierenden Softwaresystemen (dies ist i. d. R der Softwaretyp A) wirken Mitglieder aller drei oben genannten Zielpersonengruppen mit, unabhängig davon, ob sie Entscheider oder Entscheidungsbeteiligte sind. Ein solches Gremium, auf das von außerhalb der Organisation noch der externe Berater einwirken kann, wird als *Buying Center* bezeichnet. Es weist den Beteiligten verschiedene Rollen im Hinblick auf die Auswahlentscheidung zu:[3]

- Informationsselektierer (Gate keeper),
- Beeinflusser (Influencer),
- Entscheider (Decider),
- Einkäufer (Buyer) und
- Benutzer (User).

---

[1] Beim *Downsizing* werden Informationssysteme vom Großrechner auf kostengünstigere Abteilungs- oder Arbeitsplatzrechner ausgelagert. Vgl. Hansen, H. R.: Wirtschaftsinformatik I, a. a. O., S. 340

[2] Hansen, H. R./Amsüss, W. L./Frömmer, N. S.: a. a. O., S. 56. Für die Softwarebeschaffung werden hierbei folgende fünf Phasen des Entscheidungsprozesses unterschieden: (1) Anregung, (2) Anforderungen festlegen, (3) Suche nach Alternativen, (4) Bewertung der Alternativen, (5) endgültige Entscheidung. Vgl. ebenda, S. 53

[3] Vgl. Webster, F.E./Wind, Y.: Organizational Buying Behavior, Englewood Cliffs, N.J. 1972, S. 72 ff.

Informationsselektierer beschaffen Informationen über die auszuwählende Software, bringen diese Informationen in das Buying Center ein und steuern den Informationsfluß innerhalb des Buying Center. Diese Personengruppe ist zumeist den Mitarbeitern des IS- oder des Fachbereichsmanagements zuzuordnen.

Beeinflusser sind formal zwar nicht am Softwarebeschaffungsprozeß beteiligt, aber z. B. durch die Definition bzw. Festlegung bestimmter fachlicher und/oder technischer (Mindest-)Anforderungen an die einzusetzende Software kann ihre (informelle) Einflußnahme für den Auswahlprozeß mitentscheidend sein.[1] Beeinflusser sind z. B. im Qualitätsmanagement oder im Normenausschuß zu finden. Charakteristisch für den Softwarebeschaffungsprozeß ist auch die Einschaltung von neutralen Beratern.

Entscheider sind jene Organisationsmitglieder, die aufgrund ihrer Machtposition letztlich die Entscheidung für die Auftragsvergabe bestimmen.[2] Bei Auswahlprozessen des Softwaretyps A wird diese Funktion regelmäßig von einem Mitglied der Geschäftsleitung wahrgenommen.

Einkäufer haben die formale Kompetenz, Lieferanten auszuwählen und Kaufabschlüsse zu tätigen.[3] Bei großen Organisationen gehören sie der Einkaufsabteilung des Anwenderunternehmens an.

Benutzer schließlich sind jene Personen der Fachabteilung, die die zu beschaffende Software einsetzen und nutzen werden. Da ein Einsatz gegen den Widerstand der User nur sehr schwer durchsetzbar ist, haben diese Organisationsmitglieder häufig eine Schlüsselstellung im Rahmen des Softwareauswahlprozesses.

Da Buying Center informell entstehen können und häufig nicht institutionell in der Anwenderorganisation verankert sind, ist Umfang und Struktur dieser Einkaufsgremien nur sehr schwer zu erfassen.[4] Hier wird

---

[1] Vgl. Backhaus, K.: a. a. O., S. 36

[2] Vgl. ebenda.

[3] Vgl. ebenda.

[4] Vgl. ebenda, S. 33 ff.

die These vertreten, daß im Softwaremarkt der Umfang des Buying Center in erster Linie von der Betriebsgröße des Anwenderunternehmens, vom Wert der zu beschaffenden Software, vom Einfluß der Problemlösung auf Aufbau- und Ablauforganisation sowie vom Informationsbedarf (z. B. hinsichtlich Funktionalität und Technologie) über das Investitionsobjekt abhängt.[1] Damit ist zu vermuten, daß an Entscheidungen über den Softwaretyp A regelmäßig mehr Personen beteiligt sind als an Entscheidungen über die Softwaretypen B und mehr noch C.

4.1.5.3 Kommunikationsorientiertes Zielpersonenkonzept

Neben den oben skizzierten Zielpersonenkonzepten als Segmentierungsansätze im Mikrobereich, die für den Abschnitt 4.5 *Akquisition* von grundlegender Bedeutung sind, soll hier noch auf das *kommunikationsorientierte Zielpersonenkonzept* als dritte Abgrenzungsmöglichkeit von Zielpersonen im Software-Marketing hingewiesen werden. Es handelt sich dabei um eine Klassifizierung der Zielpersonen innerhalb einer Anwendergruppe nach ihrem Verhältnis und Kenntnisstand gegenüber dem kommunizierenden Softwarehaus. Danach ist zu unterscheiden zwischen *Indifferenten, Sensibilisierten, Interessierten* und *Engagierten*, bezogen auf deren Einstellung zum kommunizierenden Unternehmen. Da dieser Ansatz der Mikrosegmentierung auf die Optimierung der Kundenwahrnehmung abzielt, wird er im Abschnitt 4.3 *Signalisierung* behandelt und dort als Grundlage des Signalisierungsmodells vorgestellt.

---

[1] Nach einer „repräsentativen Befragung der EDV-Anwender bei Unternehmen mit weniger als 500 Arbeitnehmern" sind durchschnittlich 10 - 12 Personen in den Entscheidungsprozeß für die Auswahl von Standardanwendungssoftware involviert. Vgl. Hansen, H. R./Amsüss, W. L./Frömmer, N. S.: a. a. O., S. 10 und 58 f. In einer Spiegel-Untersuchung von 1982 wird festgestellt, daß im Durchschnitt aller Betriebe mit weniger als 100 Beschäftigten drei bis vier Personen an der Entscheidung über alle Phasen des Prozesses beteiligt sind. Das Entscheidungsgremium erhöht sich bei Betrieben mit 100 bis 499 auf durchschnittlich sechs bis sieben und bei Betrieben mit 500 bis 999 Beschäftigten auf durchschnittlich 11 Personen. In Großbetrieben (über 1000 Beschäftigte) sind schließlich durchschnittlich 34 Personen am Entscheidungsprozeß über den Einsatz von Investitionsgüter beteiligt. Vgl. Spiegel-Verlag (Hrsg.): Der Entscheidungsprozeß bei Investitionsgütern. Beschaffung, Entscheidungskompetenzen, Informationsverhalten, Hamburg 1982, S. 11

In Abbildung 4.10 ist das Konzept der mehrstufigen Segmentierung in Form der zielgruppenbezogenen Makrosegmentierung einerseits und der darauf aufbauenden zielpersonenorientierten Mikrosegmentierung andererseits grafisch dargestellt.

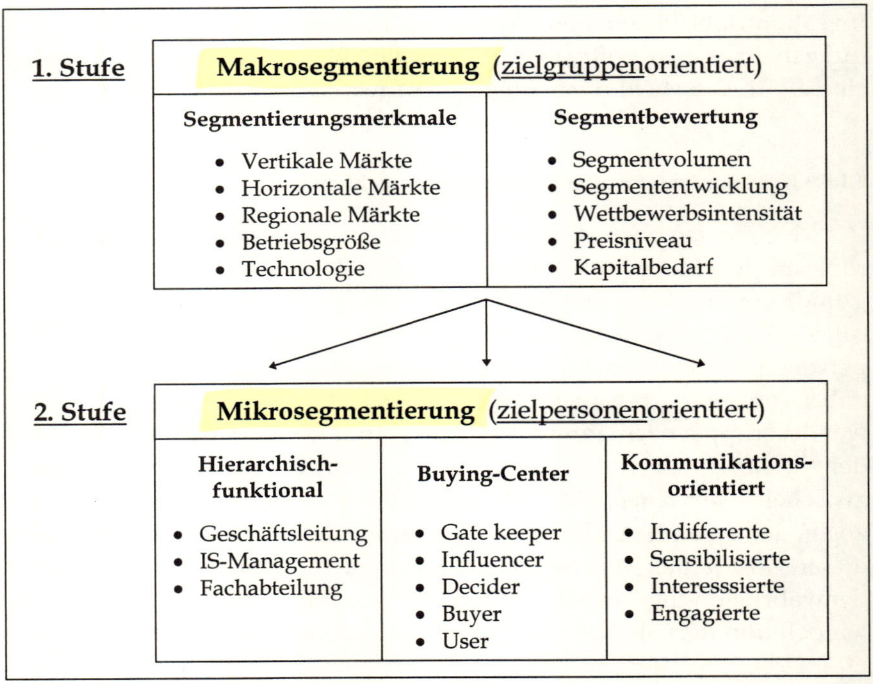

Abb. 4.10: Zweistufige Marktsegmentierung

4.1.6 Strategien einer segmentbezogenen Marktbearbeitung

Auf der Grundlage der hier diskutierten Segmentierungsansätze auf Makroebene sollen die verschiedenen strategischen Optionen, die Softwareunternehmen im Hinblick auf den Grad der Marktabdeckung besitzen, vorgestellt werden. Die Bandbreite der Marktabdeckung reicht dabei von der Beschränkung auf eine Marktnische bis hin zu einem prinzipiell branchenübergreifenden Engagement.[1] Grundsätzlich lassen sich nach Kotler drei Basisstrategien einer *segmentbezogenen* Marktbearbeitung unterscheiden:[2]

- Undifferenziertes Marketing,
- Konzentriertes Marketing,
- Differenziertes Marketing.

Da beim **undifferenzierten Marketing** der Gesamtmarkt mit *einem* Produkt und *einem* Marketing-Programm angesprochen wird, ist eine Segmentierung im Grunde gar nicht notwendig.[3] Diese Form der Marktbearbeitung, die als strategische Variante wohl nur für den Konsumgüterbereich mit entsprechender Massenproduktion in Frage kommt, soll hier nicht weiter verfolgt werden.

4.1.6.1 Konzentrationsstrategie

Beim **konzentrierten Marketing** richtet sich das Unternehmen mit seinem Angebot an dasjenige Marktsegment (⇒ Nische), dessen Bearbeitung den höchsten Zielerreichungsbeitrag verspricht.[4] Diese Form der Marktbearbeitung, die auch als **Nischenstrategie** oder als **Konzentrationsstrategie** bezeichnet wird, ist sicherlich die am häufigsten gewählte Basisstrategie im Softwaremarkt. Es liegt auf der Hand, daß kleinere und mittlere Softwareunternehmen mit knapper Ressourcen-Ausstattung eine bewußt enge Begrenzung ihrer Geschäftsfeldplanung anstreben sollten, um ihre Spezialisierungsvorteile in einem Geschäftsfeld bzw. in ei-

---

[1] Vgl. Tüschen, N.: a. a. O., S. 39

[2] Vgl. Kotler, P.: a. a. O., S. 180 ff. sowie Freter, H.: Marktsegmentierung, in: Tietz, B./Köhler, R./Zentes, J. (Hrsg.): a. a. O., Sp. 1810 unter Bezugnahme auf Bauer, E.: Marktsegmentierung als Marketing-Strategie, Berlin 1976. Becker unterscheidet nach dem Grad der Marktabdeckung die Marktsegmentierungsstrategie mit *totaler* Marktabdeckung oder mit *partialer* Marktabdeckung - eine Unterscheidung, die der Verfasser für Investitionsgüter aber nicht für zweckmäßig hält. Vgl. Becker, J.: a. a. O., S. 248 ff.

[3] Vgl. Freter, H.: Marktsegmentierung, in: Tietz, B./Köhler, R./Zentes, J. (Hrsg.): a. a. O., Sp. 1810

[4] Vgl. ebenda.

nem Marktsegment voll auszuschöpfen. Beispiele für ein derartiges Vorgehen sind Softwarehäuser wie Eigner+Partner (spezialisiert auf technische Datenbanken), Lammert (spezialisiert auf personalwirtschaftliche Softwarelösungen), Uniplex (spezialisiert auf BDE-Lösungen), PS Systemtechnik (spezialisiert auf den PPS-Bereich) oder IFS Informationstechnik (spezialisiert auf Energie- und Versorgungsunternehmen), die in ihren Marktsegmenten beachtliche Marktanteile erzielt haben.

Konzentrationsstrategien können sich auf bestimmte Branchen, spezielle Anwendungsbereiche (Funktionen), regional begrenzte Absatzmärkte, bestimmte Betriebsgrößen und/oder in der Technologiedimension auf bestimmte Hardware-Zielsysteme beziehen.[1]

Die Mehrzahl der Nischenanbieter im Standardsoftwaregeschäft konzentriert sich auf das Angebot *vertikal*, d.h. branchenspezifisch ausgerichteter Anwendungssoftware. Zumeist aus der individuellen Auftragsprogrammierung entstanden, handelt es sich hierbei um Produkte, die die Anforderungen einer Branche möglichst in der gesamten funktionalen Tiefe abdecken. Zielsetzung hierbei ist, die notwendigen Installationen durch eine möglichst vollständige Durchdringung einer Branche zu erzielen.

Häufig mangelt es den vertikal ausgelegten Softwareprodukten allerdings an der nötigen Flexibilität, um auf sich ändernde Marktbedingungen der Zielgruppe reagieren zu können. Entwickelt sich beispielsweise ein Anlagenbauer, der dem Zielsegment der auftragsbezogenen Einzelfertiger zuzurechnen ist, im Laufe der Zeit zu einem Mischfertiger mit auftragsneutraler Vorfertigung, so sind seine neuen Anforderungen an die softwaretechnische Unterstützung nur mit aufwendigen Zusatzprogrammierungen zur Standardlösung zu erfüllen. Ein zu starres und zu eng ausgelegtes Daten- und Funktionsmodell sowie das Fehlen entsprechender Customizing-Werkzeuge[2] machen diese Kategorie der Softwareprodukte oftmals zu schwerfällig, um veränderte Geschäftspro-

---

[1] Vgl. Tüschen, N.: a. a. O., S. 39

[2] Mit Hilfe von Customizing-Werkzeugen kann eine Standardlösung an kundenindividuelle Anforderungen angepaßt werden.

zesse wirtschaftlich abzubilden. Häufig sind dann Produkt- und Unternehmenszyklus dieser Nischenanbieter identisch.[1]

Der Zwang, die sehr hohen Entwicklungs- und Marktbearbeitungskosten auf eine größere Stückzahl und damit auf einen möglichst breiten Anwenderkreis verteilen zu müssen, hat konsequenterweise zu einer zweiten Kategorie von Anwendungssoftware geführt: *horizontal*, d.h. branchenunabhängig ausgelegte Software. Dem Vorteil einer breiteren (weil branchenübergreifenden) Marktabdeckung steht allerdings der Nachteil einer stärkeren Eingrenzung des funktionalen Leistungsumfanges der Software gegenüber (z. B. Einschränkung auf Software für die Finanzbuchhaltung oder die Adreßverwaltung), so daß sich dadurch zwangsläufig auch wieder die *Konzentration* auf eine (horizontale) Nische ergibt.

Häufig begehen größere Softwarehäuser den Fehler, die Verteilung ihrer Produkte in einem möglichst großen Teil des Softwaremarktes *ohne* entsprechende Segmentierung vorzunehmen, weil mit einem flexibel einsetzbaren Softwareprodukt mehrere Zielgruppen und Hardwareklassen abgedeckt werden sollen.[2] Diese Vorgehensweise ist nur dann von Erfolg gekrönt, wenn es dem Softwareanbieter gelingt, mit seinem Produkt eine Art **Standard** zu setzen. Eine solche **Standardisierung** ist im Softwaremarkt allerdings nur sehr begrenzt möglich. Wenn überhaupt, so kann es immer nur *einem* Anbieter gelingen, eine Standardisierung erfolgreich durchzustehen, weil im High-Tech-Bereich Standardisierungen regelmäßig auf eine **Kostenführerschaft**[3] abzielen.[4]

Ein anschauliches Beispiel für diese strategischen Überlegungen ist die Wettbewerbssituation zwischen ADV/ORGA (heute: Sema Group bzw. CGI) und SAP im bundesdeutschen Markt für kommerzielle Anwendungssoftware in

---

[1] Vgl. Eigner, M./Lippold, D.: a. a. O., S. 8

[2] Vgl. Tüschen, N.: a. a. O., S. 39

[3] Zur Strategie der Kostenführerschaft siehe vor allem Porter, M. E.: Competive Strategy. Techniques for Analyzing Industries and Competitors, New York 1980, S. 34 ff.

[4] Vgl. Tüschen, N.: a. a. O., S. 39

den 80er Jahren. Während es SAP frühzeitig gelang, durch volle Konzentration auf das Anwendungssoftwaregeschäft das Marktsegment der DV-Großanwender sukzessive zu durchdringen und hier einen Quasi-Standard mit ihren Produkten zu erreichen, verharrte ADV/ORGA mit einem relativ breiten und heterogenen Angebot (Systemsoftware, Anwendungssoftware und Beratungsleistungen) ohne segmentspezifische Nutzenkriterien. Als sich dann die Wettbewerbssituation zwischen beiden Unternehmen im Anwendungssoftwarebereich verschärfte, versuchte ADV/ORGA ihrerseits eine Standardisierung (u. a. durch eine weitgehend datenbank-unabhängige Softwaretechnologie) auf der gesamten Anwendungsbreite dagegen zu setzen. Aufgrund der eindeutigen Kostenführerschaft der SAP schlug die Standardisierungsstrategie der ADV/ORGA fehl; das Installationsverhältnis zwischen ADV/ORGA- und SAP-Produkten veränderte sich in relativ kurzer Zeit von 1 : 3 auf 1 : 7. Als Herausforderer mit begrenzten Investitionsmöglichkeiten hätte ADV/ORGA eine bessere Chance gehabt, wenn es dem Standardisierungswettbewerb durch eine Segmentierung des Gesamtmarktes für Anwendungssoftware in Form von zwei oder drei Geschäftsfeldern ausgewichen wäre. Mit einer konzentrierten Bearbeitung eigenständiger Geschäftsfelder wie z. B. Personalwirtschaft, Finanz- und Rechnungswesen (und evtl. Logistik) hätte ADV/ORGA Kompetenzschwerpunkte setzen und sich damit von SAP abheben können. Denn schließlich verfügte ADV/ORGA in diesen Geschäftsfeldern nicht nur über eine Software-, sondern auch über eine entsprechende Service- und Beratungskompetenz.

4.1.6.2 Differenzierungsstrategie

Für Softwareunternehmen, die mit einem relativ breiten Angebotsprogramm jeweils segmentspezifischer Softwareprodukte und Leistungen einen größeren Teil des Softwaremarktes abdecken, bietet sich ein **differenziertes Marketing** an.[1] Ein hoher Differenzierungsgrad des Angebots drückt sich im Standardsoftwaregeschäft durch ein relativ großes Produktportfolio aus, im produktbegleitenden Projektgeschäft bzw. im Geschäft mit Individualsoftware ergibt sich der Differenzie-

[1] Vgl. Tüschen, N: a. a. O., S. 39

rungsgrad aus der Anzahl kompetent abgedeckter Arbeitsgebiete.[1] Mit einer Differenzierungsstrategie können bewußt einige attraktive und recht unterschiedliche Segmente aus dem Gesamtmarkt ausgewählt und gezielt bearbeitet werden. Durch die Bearbeitung mehrerer Marktsegmente können sich im Vergleich zur Konzentrationsstrategie Umsatzsteigerungen und eine größere Risikostreuung ergeben.[2] Diese Strategie unterscheidet sich somit - auch wenn sie sich ausschließlich auf Individualleistungen stützen sollte - deutlich von einem unspezifischen Universalangebot, das keine Kompetenzschwerpunkte setzt.[3]

Die Gefahr dieser „Bauchladenstrategie“ besteht insbesondere auch für französische und britische Softwarekonzerne, die sich mit internationalen Kooperationen ein Standbein im bundesdeutschen Softwaremarkt sichern wollen. So verfügen Unternehmen wie CAP Gemini (heute: CAP Debis), SEMA Group oder SLIGOS über eine Angebotsbreite, die von kommerziellen und technischen Anwendungssystemen über das klassische DV-Projektgeschäft und der Systemintegration bis hin zur Markt- und Meinungsforschung und zu finanzwirtschaftlichen Dienstleistungen reicht. Daher ist es nicht erstaunlich, daß die überdurchschnittlichen Wachstumsraten dieser Kooperationen bislang zu Lasten der Gewinnspannen gingen.

Mit einer Segmentierungsstrategie, die sich bewußt auf die Bedienung einiger attraktiver, jedoch eigenständiger Geschäftsfelder konzentriert, können große Software- und Beratungsunternehmen wesentlich leichter ihre segmentspezifische Kompetenz nachweisen und damit eine beherrschende Marktposition (in diesen Segmenten!) erzielen. Gelingt es nämlich nicht, eine überlegene Marktsegmentposition in einem überschaubaren Zeitraum zu erreichen, so ist - angesichts des hohen Finanzmittelbedarfs - grundsätzlich ein geordneter Rückzug einer weiteren Investitionsspritze vorzuziehen.

---

[1] Vgl. Vgl. Tüschen, N: a. a. O., S. 39

[2] Vgl. Freter, H.: Marktsegmentierung, in: Tietz, B./Köhler, R./Zentes, J. (Hrsg.): a. a. O., Sp. 1811

[3] Vgl. Tüschen, N.: a. a. O., S. 39. Ein unspezifisches Universalangebot ist allerdings nicht der Strategie eines undifferenzierten Marketings zuzuordnen, da sich dieses auf Massenprodukte bezieht.

4.2 Positionierung

4.2.1 Wesen und Ziel der Positionierung

Neben der Festlegung der künftig relevanten Marktsegmente ist die Positionierung innerhalb der Segmente bzw. Geschäftsfelder das zweite wichtige Planungsobjekt der Softwarehäuser.[1] Geht es bei der Segmentierung darum, attraktive Marktsegmente für die Geschäftsfeldplanung auszuwählen, so zielt die Positionierung darauf ab, eine klare **Differenzierung** innerhalb der definierten Geschäftsfelder gegenüber dem Produkt- und Leistungsangebot des Wettbewerbs vorzunehmen. Die Einbeziehung des Wettbewerbs und seiner Stärken und Schwächen ist also ein ganz entscheidendes Merkmal der Positionierung.

Jedes Softwarehaus tritt in seinen Marktsegmenten in aller Regel gegen einen oder mehrere Wettbewerber an. In dieser Situation reicht es nicht aus, *ausschließlich* nutzenorientiert zu argumentieren. Neben den reinen **Kunden*nutzen*** muß vielmehr der **Kunden*vorteil*** treten. Das ist der Vorteil, den der Kunde beim Erwerb des Produktes gegenüber dem Wettbewerbsprodukt hat.

Wer überlegenen Nutzen (⇒ Kundenvorteil) bieten will, muß die Bedürfnisse, Probleme, Ziele und Nutzenvorstellungen des Anwenders sowie die Vor- und Nachteile bzw. Stärken und Schwächen seines Produktangebotes gegenüber denen des Wettbewerbs kennen. Die wesentlichen Fragen in diesem Zusammenhang sind:

- Wie **differenziert** sich das eigene Angebot von dem des Wettbewerbs?
- Welches sind die wichtigsten **Alleinstellungsmerkmale**?

Bei der Beantwortung geht es allerdings nicht so sehr um die Herausarbeitung von Wettbewerbsvorteilen an sich. Entscheidend sind vielmehr jene Produkt- und Leistungsvorteile, die für den Kunden inter-

[1] Vgl. Tüschen, N.: a. a. O., S. 56

essant sind. Das heißt, die Produktvorteile müssen ein dringendes Bedürfnis bzw. ein großes Problem der Zielgruppe befriedigen bzw. lösen. Produktvorteile, die diesen Punkt nicht treffen, sind für den Software-Auswahlprozeß von untergeordneter Bedeutung. Softwareunternehmen, die es verstehen, sich im Sinne des Kundenproblems positiv vom Wettbewerb abzuheben, haben letztendlich die größeren Chancen bei der Auftragsvergabe.[1]

Positionierung ist also die Schaffung einer klaren Differenzierung aus Kundensicht.[2] *Inhaltlich* besteht die Positionierung in der Reduktion auf die wichtigsten Ausprägungen des Kundenvorteils. Das führt zu einer Konzentration auf jene Problemlösungsmerkmale, die aus Kundensicht eine klare Differenzierung gegenüber dem Wettbewerb bewirken. *Formal* führt die Positionierung zur Bestimmung des Kommunikationsinhaltes, denn jegliche Kommunikation mit dem Kunden sollte auf dessen Vorteil ausgerichtet sein.[3]

4.2.2 Erfolgsfaktoren als Grundlage der Positionierung

Ein Softwarehaus sollte ein Marktsegment letztlich nur dann als attraktiv einschätzen, wenn es sich aufgrund seiner eigenen Leistungspotentiale einen oder mehrere Wettbewerbsvorteile verspricht. Hierzu ist es erforderlich, sich ein genaues Bild über die **Erfolgs-** oder **Schlüsselfaktoren** im Softwaregeschäft - möglichst bezogen auf die Anforderungen der jeweiligen Marktsegmente - zu verschaffen. In den letzten Jahren wurden mehrere Untersuchungen mit dem Ziel durchgeführt, Erfolgsfaktoren im Software-Marketing empirisch zu belegen.[4] Ange-

---

[1] Vgl. Lippold, D.: Marketing als kritischer Erfolgsfaktor der Softwareindustrie, a. a. O., S. 228

[2] Vgl. Große-Oetringhaus, W.: a. a.O., S. 3

[3] Vgl. ebenda.

[4] Siehe insbesondere Englert, G.: Marketing von Standard-Anwendungssoftware, München 1977, S. 320, Neugebauer, U.: Das Software-Unternehmen. Empirische Untersuchung des Unternehmensverhaltens und der Faktoren des Unternehmenserfolgs, München, Wien 1986, S. 163, Hirschberger-Vogel, M.: Die Akzeptanz und die Effektivität von Standardsoftwaresystemen, Berlin 1990, S. 1990 und Preiß, F. J.: Strategische Erfolgsfaktoren im Software-Marketing. Ein Konzept zur Erfassung

sichts der Vielzahl der dort untersuchten Faktoren erscheint es sinnvoll, eine Unterteilung in *kritische* Erfolgsfaktoren und *strategische* Erfolgsfaktoren vorzunehmen.[1] Als *kritisch* sollen dabei jene Erfolgsfaktoren angesehen werden, die als unbedingte Voraussetzung für eine erfolgreiche Bearbeitung bestimmter Marktsegmente gelten müssen. Ihre Beherrschung ist zwingend erforderlich, um überhaupt in diesen Märkten bestehen zu können. Nicht existentiell, dafür aber stark differenzierend wirken dagegen die *strategischen* Erfolgsfaktoren. Sie zeigen Differenzierungspotentiale auf, um sich vom Wettbewerb innerhalb der Segmente abheben zu können.

Als ein Maßstab zur Bestimmung der kritischen Erfolgsfaktoren, die es zu beherrschen gilt, kann der **Individualitätsgrad** des Softwareangebotes herangezogen werden. Damit ist gemeint, daß sich die erfolgsrelevanten Faktoren eines Softwarehauses, das sich im wesentlichen auf die Entwicklung und Vermarktung des Softwaretyps C konzentriert (⇒ reines Produktgeschäft), z.T. sehr deutlich von den Schlüsselfaktoren, die im Geschäft mit dem Softwaretyp A (⇒ reines Projektgeschäft) relevant sind, unterscheiden. Zwischen diesen beiden Angebotspolen liegt die gesamte Bandbreite des Produktgeschäfts mit Dienstleistungsanteilen bzw. des Projektgeschäfts mit Produktanteilen. In Abbildung 4.11 sind diese Abhängigkeiten als fließender Übergang dargestellt.

4.2.2.1 Kritische Erfolgsfaktoren für das Produktgeschäft

Zu den kritischen Erfolgsfaktoren im Geschäft mit dem Softwaretyp C zählen neben dem fachspezifischen, funktionalen Know-how vor

---

und Gewichtung strategischer Erfolgsfaktoren mit Hilfe quantitativer Verfahren, Frankfurt/M. - Bern - New York - Paris 1992, S. 163

[1] Diese Unterteilung ist im allgemeinen unüblich. Vielmehr werden jene Erfolgsfaktoren, die vom Management prinzipiell beeinflußt werden können, sowohl als *Schlüsselfaktoren* des Unternehmenserfolgs (*„Key success factors"*) als auch als *kritische* oder *strategische* Erfolgsfaktoren bezeichnet. Vgl. Fritz, W.: Erfolgsfaktoren im Marketing, in: Tietz, B./Köhler, R./Zentes, J. (Hrsg.): a. a. O., Sp. 594 unter Bezugnahme auf Leidecker, J. K./Bruno, A. V.: Identifying and Using Critical Success Factors, in: LRP 1984, No. 1, S. 23 - 32 und Grunert, K. G./Ellegard, C.: The Concept of Key Success Factors: Theory and Method, in: Baker, M. J. (Hrsg.): Perspectives of Marketing Management, Vol. 3, New York et al. 1993, S. 245 - 274

allem auch die „... rechtzeitige Entscheidung für die „richtige" **Produkttechnologie** ..."[1]. Die Auswahl der *richtigen* Systemumgebung (bestehend aus Hardware- und Systemsoftwareplattform) ist für die erfolgreiche Vermarktung insbesondere von Anwendungssystemen ebenso wettbewerbsentscheidend wie die Berücksichtigung von *Normen* und *Standards* auf praktisch allen Ebenen der Softwareentwicklung.[2]

Bei Festlegung der Entwicklungsumgebung und Betriebssystemplattform sollten primär *marktorientierte* Gesichtspunkte und weniger technologische Aspekte im Vordergrund stehen.[3] Entscheidend ist also nicht unbedingt die technologisch leistungsfähigste Systemsoftware; wichtig ist vielmehr, welche Softwareproduktionsmittel sich am besten im Markt durchsetzten. Angesichts immer kürzerer Lebenszyklen von Softwareprodukten ist die kostengünstige und *zeitkritische Produktion* neuer Versionen (i. S. von neuen Generationen) ein weiterer Erfolgsfaktor für ein wettbewerbsfähiges Produktgeschäft. Hinzu kommen hohe **Qualitätsstandards**, die den Einsatz einer entsprechenden **Testumgebung** voraussetzen, sowie ein umfassendes **Serviceangebot** im Umfeld des Produktes. Der wirtschaftliche Zwang, hohe Stückzahlen absetzen zu müssen, erfordert neben **integrationsfähigen Produkte***n* vor allem den Zugang zu **indirekten Vertriebskanäle***n* und eine möglichst **überregionale Präsenz**.[4] Ebenso verlangt das Produktgeschäft eine große **Kundenbasis** bzw. ein hohes **Akquisitionspotential**, das durch eine gute **Reputation** des Softwarehauses abgesichert sein sollte.

Aus der Aufzählung der kritischen Erfolgsfaktoren wird deutlich, daß die Verfügbarkeit einer entsprechenden **Finanzkraft** die Grundvoraussetzung für Aufbau und Absicherung des Produktgeschäfts ist.

---

[1] Vgl. Wimmer, F./Zerr, K./Roth, G.: a. a. O., S. 19

[2] Als Ebenen der Softwareentwicklung sollen hier in erster Linie die Architekturebenen *Oberfläche* (Präsentationsebene), *Verarbeitung* (Prozeßebene) und *Datenhaltung* (Dateiebene) verstanden werden.

[3] Vgl. Wimmer, F./Zerr, K./Roth, G.: a. a. O., S. 19 und 29

[4] Vgl. Jagoda, F.: Software-Markt-Szenario '93. Marktzahlen - Marktstrukturen - Marktentwicklungen, Vortrag beim 6. Berliner Software Unternehmer-Gepräch am 04./05.02.1993

Mit zunehmender Standardisierung des Softwareangebotes (⇒ *Produktgeschäft*) wachsen also die Anforderungen an ein professionelles Marketing, an finanzielle Ressourcen, an eine kostengünstige und zeitkritische Produktion sowie an ein qualifiziertes Serviceangebot.[1]

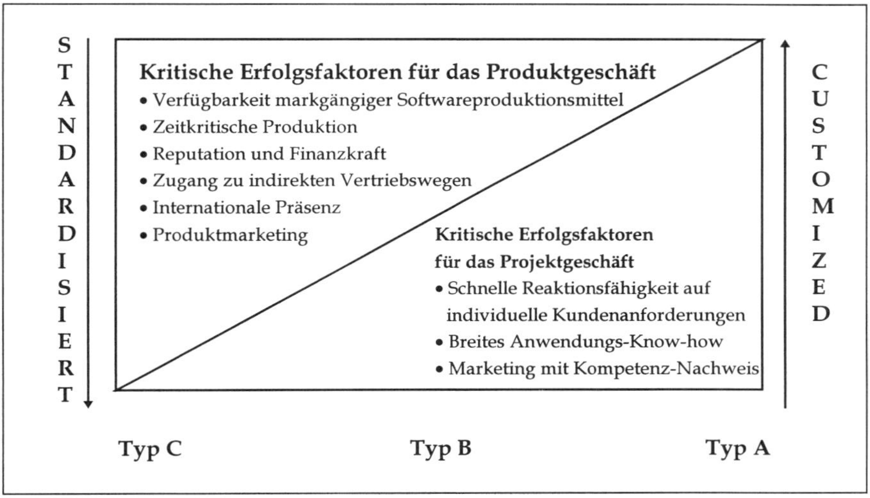

Abb. 4.11: Der Individualitätsgrad des Softwareangebotes als Maßstab für die kritischen Erfolgsfaktoren von Softwarehäusern

4.2.2.2 Kritische Erfolgsfaktoren für das Projektgeschäft

Kritische Erfolgsfaktoren für ein Softwareunternehmen, das überwiegend das Geschäft mit dem Softwaretyp A betreibt *(⇒ Projektgeschäft)*, sind **Kundennähe**, eine schnelle **Reaktionsfähigkeit** auf aktuelle Anwenderanforderungen und die Fähigkeit, DV-technische Projekte in der zugesicherten Qualität zeit- und kostengerecht durchzuführen (**professionelle Projektrealisierung**). Zu den weiteren Schlüsselfaktoren des Projektgeschäfts zählen **motivierte Mitarbeiter** und **innovatives Engagement** - insbesondere auf aktuellen Gebieten wie **Business Process**

[1] Vgl. ders.: Brennpunkt Software-Markt. Das Diebold-Szenario zur aktuellen Situation des DV-Marktes und den Perspektiven der deutschen Software-Industrie, Vortrag beim 5. Berliner Software Unternehmer-Gespräch am 06./07. 02. 1992

Reengineering (Geschäftsprozeßanalyse) - sowie ein breitangelegtes **Anwendungs-Know-how**. Speziell für die individuelle Softwareentwicklung ist die Verfügbarkeit von **Methoden**, **Tools** und **Standardkomponenten** sowie Erfahrungen im Umfeld mit **heterogenen Systemplattformen** unabdingbar.[1] Marktseitig ist eher ein Marketing zu bevorzugen, das einen hohen **Kompetenz-Nachweis** zum Ziel hat (beispielsweise in Form von Erhebungen, Trends und Studien, die der Öffentlichkeit zugänglich gemacht werden). Ein hoher Individualitätsgrad des Leistungsangebotes (⇒ *Beratungs-/Projektgeschäft*) setzt im wesentlichen also Umsetzungs- und Implementierungs-Know-how sowie ein aktuelles, anwendungsbezogenes Wissen voraus.

4.4.2.3 Der kritische Erfolgsfaktor 'Time-to-Market'

Neben den oben aufgeführten Erfolgsfaktoren, deren Bedeutung und Gewichtung sich am Individualisierungsgrad des Softwareangebotes orientieren, gibt es einen weiteren kritischen Erfolgsfaktor, der den High-Tech-Markt entscheidend beeinflußt, ja nahezu beherrscht: *Time-to-Market*.[2] Angesichts des raschen technologischen Wandels steht heute jeder Entwickler vor dem Zwang, sein funktionales Know-how in immer kürzeren Zeitabständen auf den neuesten technologischen Stand zu heben. Viele softwareentwickelnde Unternehmen sind allerdings nicht in der Lage, die Funktionalität ihrer Anwendungsprogramme rechtzeitig auf eine neue technologische Hardware- und Betriebssystemplattform zu übertragen. Der Zeitverzug resultiert in erster Linie daraus, daß es nur mit einer „einfachen“ **Portierung**[3] der Anwendungen i.d.R. nicht getan ist, sondern zumeist ein vollständiges **Redesign** oder gar eine Neuprogrammierung der Anwendungsfunktionen erforderlich wird.

---

[1] Vgl. Jagoda, F.: Software-Markt-Szenario '93, a. a. O.

[2] Siehe hierzu auch Beuttel, W.: Marketingstrategien in schnell wachsenden Märkten, in: Wieselhuber, N./Töpfer, A. (Hrsg.): Handbuch Strategisches Marketing, Landberg a. L. 1985, S. 308 - 318, Zimmermann, A.: High-Tech-Marketing - eine neue Dimension, in: Thexis, 4 (1987), H. 1, S. 17 - 18 und Simon, H.: Die Zeit als strategischer Erfolgsfaktor, in: ZfB, 59 (1989), S. 70 - 93

[3] Unter einer *Portierung* ist die Übertragung einer Anwendungssoftware von einem Betriebssystem zu einem anderen Betriebssystem zu verstehen.

In Abbildung 4.12 ist am Beispiel eines Ein-Produkt-Unternehmens in Form von idealtypischen Lebenszyklen dargestellt, welche Auswirkung der verspätete Markteinstieg einer neuen Produktgeneration auf den Gesamtumsatzverlauf hat. Kann der dort skizzierte Umsatzausfall als Folge des verspäteten Markteintritts der zweiten Softwaregeneration nicht kompensiert werden, so ist das Ende des Lebenszyklus der ersten Produktgeneration quasi identisch mit dem Ende des Unternehmenszyklus. Ein etwaiges Kompensationskonzept kann nur auf die Verlängerung des Vermarktungszyklus abzielen (z. B. durch Kundenbindungsmaßnahmen, laufende Überprüfung der Kundenzufriedenheit und eine anwender- statt technologieorientierte Marketingpolitik).[1]

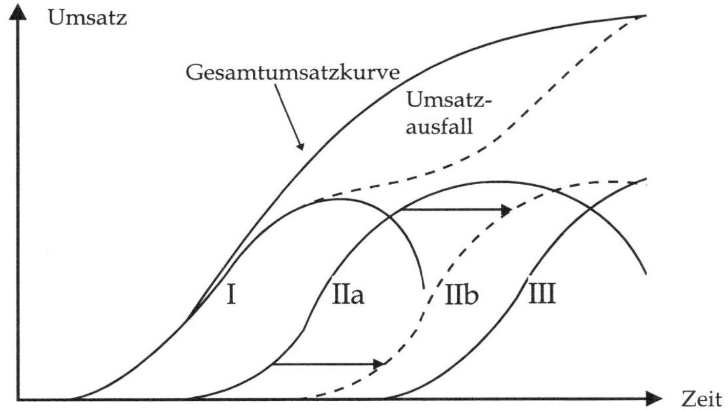

Abb. 4.12: Lebenszyklusanalyse bei verspätetem Markteinstieg

Wimmer/Zerr/Roth führen in diesem Zusammenhang an, daß der **Innovationswettbewerb** im Softwarebereich lediglich aus ***Verbesserungs*innovationen** und weniger aus echten technologischen ***Nutzen*innovationen** besteht. Die gestiegenen Kundenanforderungen an Stan-

[1] Vgl. Wimmer, F./Zerr, K./Roth, G.: a. a. O., S. 20

dardsoftwaresysteme führen mehr und mehr dazu, daß nicht nur die Neu- sondern auch die Weiterentwicklung bestehender Anwendungssysteme immer zeit- und kostenintensiver wird. Die Vermarktungszyklen reichen nicht mehr aus, um die Entwicklungskosten zu amortisieren.[1] Dieses Phänomen wird auch als **„Zeitfalle"** bezeichnet.[2] „Einfache Überlegungen zeigen, daß bei einer marktlichen Lebensdauer von drei Jahren eine Verspätung von einem Jahr bereits 50% des möglichen Produktvolumens kosten kann. Damit ist aber die Abdeckung der F & E-Aufwendungen, aber auch der Vertriebskosten nicht oder nur schlecht möglich."[3] Das Phänomen der Zeitfalle wird also durch einen verspäteten Markteintritt (wie etwa in Abbildung 4.12 dargestellt) noch verschärft.

Obgleich diese Ausführungen deutlich machen, wie wichtig der *rechtzeitige* Markteintritt für das anbietende Unternehmen sein kann, verfügt jedes Softwarehaus grundsätzlich über zwei strategischen Optionen bezüglich des **Markteintrittszeitpunktes**:[4]

- als **Pionier** (first-to-market) oder
- als **Folger** (late-to-market).

In der Praxis sind allerdings kaum Fälle bekannt, in denen bewußt auf eine Pionier-Strategie zu Gunsten einer Folger-Strategie verzichtet wurde. Gerade bei strategisch bedeutsamen Softwaresystemen sollte eine Pionier-Strategie angestrebt werden, während bei einzelnen Software-

---

[1] Vgl. Backhaus, K.: a. a. O., S. 165

[2] Vgl. ebenda, S. 23

[3] Kaske, K.-H. (Vorstand der Siemens AG), zitiert nach Pfeiffer, W.: Zur Notwendigkeit strategischer Vorsteuerung von Innovationsprozessen, in: Franke, J. (Hrsg.): Betriebliche Innovation als interdisziplinäres Problem, Stuttgart 1985, S. 130

[4] Vgl. Backhaus, K.: a. a. O., S. 170. Unter Bezugnahme auf Schnaars und Remmerbach schlägt Backhaus für die Zwecke des Investitionsgütermarketings eine Dreiteilung vor: (1) Pionier, (2) frühe Folger und (3) späte Folger. Vgl. ebenda sowie Schnaars, S. P.: When Entering Growth Markets. Are Pioneers Better than Poachers? in: Business Horizons, 1986, March-April, S. 27-36, Remmerbach, K. U.: Markteintrittsentscheidungen, Schriftenreihe Unternehmensführung und Marketing, Bd. 21, Wiesbaden 1988 und ders.: Integrierte Markteintrittsplanung, in: Marketing-ZFP, 11 (1989), H. 3, S. 173-186

modulen oder auch Serviceleistungen durchaus auch eine Entscheidung für den späteren Markteintritt erfolgen kann.[1]

4.2.2.4 Strategische Erfolgsfaktoren

Die wohl umfassendste empirische Erhebung über Erfolgsfaktoren im Software-Marketing befaßt sich mit dem Markt für Standardanwendungssoftware[2]. Danach konnten 24 Erfolgsfaktoren identifiziert und den Marketinginstrumenten - wie in Abbildung 4.13 dargestellt - zugeordnet werden.

Alle dort aufgeführten Erfolgsfaktoren bieten grundsätzlich - in unterschiedlicher Gewichtung - Differenzierungsmöglichkeiten im Wettbewerb. Wichtig für den Softwareanbieter ist es, jene Faktoren ausfindig zu machen, die der Kunde besonders hoch gewichtet. Daher wurden die Erfolgsfaktoren einer Beurteilung durch Anwender auf einer Bedeutungsskala (von 1 bis 5) unterzogen.[3] Das Ergebnis, das die Faktoren *Produktqualität, Funktionalität* und *Produktflexibilität* in der Rangfolge weit vorne sieht, kann allerdings wenig zufriedenstellen. Im individuellen Einzelfall dürfte die Gewichtung von Anwender zu Anwender höchst unterschiedlich sein.

Andererseits gibt es einige grundsätzliche Kriterien für die Kaufentscheidung. Diese orientieren sich allerdings mehr an den eigentlichen *Kaufmotiven* und können als **elementare Anwenderbedürfnisse** bezeichnet werden. Im folgenden soll daher der Versuch unternommen werden, diese elementaren Anwenderbedürfnisse zu identifizieren und zu beschreiben.

---

[1] Vgl. Wimmer, F./Zerr, K./Roth, G.: a. a. O., S. 35

[2] Vgl. Preiß, F. J.: Strategische Erfolgsfaktoren im Software-Marketing, a. a. O. Zu einer anderen Darstellung siehe Bauer, H. H.: Strategische Erfolgsfaktoren im Software-Marketing, in: Heinrich, L./Pomberger, G./Schauer, R. (Hrsg.): Die Informationswirtschaft in Unternehmen, Linz 1991, S. 223 - 251

[3] Vgl. Preiß, F. J.: Strategische Erfolgsfaktoren im Software-Marketing, in: Wimmer, F./Bittner, L. (Hrsg.): Software-Marketing, Wiesbaden 1993, S. 59 f.

Produktpolitische Erfolgsfaktoren	• **Produktqualität** (Funktionssicherheit, Leistung, Benutzerfreundlichkeit) • **Produktflexibilität** (Ausbau-, Anpassungs-, Integrationsfähigkeit) • **Release-Politik** (Lebenszyklus, Weiterentwicklung) • **Funktionalität** (Abdeckung der Problemstellung) • **Softwaretechnologie** (Programmiersprache, -werkzeuge) • **Dokumentation** (Online-Programmhilfen, Handbuch) • **Betriebssystemunabhängigkeit** (Portierbarkeit, Marktstandards)
Preispolitische Erfolgsfaktoren	• **Preis** (Preisniveau) • **Finanzierungsangebote** (Miete, Leasing) • **Gewährleistungspolitik** (Garantie) • **Wartungspreise** (Software-Service-Vertrag)
Kommunikations-politische Erfolgsfaktoren	• **Medienpräsenz** (Messen, Fachaufsätze, Zeitungen) • **Image des Anbieters** (Zukunftssicherheit, Seriosität) • **Akzeptanz bei Referenzkunden** (Meinungsführern, Partnern) • **Mitarbeiter** (Kompetenz, Auftreten, Kontinuität) • **Anzahl der Installationen** • **Internationalität der Software**
Distributionspolitische Erfolgsfaktoren	• **Kundennähe** (Standort) • **Kooperationsbeziehungen** (mit Hard- und Softwareunternehmen) • **Vertriebsweg** (Handel, Direktvertrieb) • **Installierungsaufwand** in Hardwareumgebung • **Implementierungsaufwand** in bestehende Softwareumgebung • **Serviceangebot** (Hotline, Unterstützung)

Abb. 4.13: Erfolgsfaktoren im Markt für Standardanwendungssoftware nach Preiß

4.2.3 Elementare Anwenderbedürfnisse beim Softwareauswahlprozeß

Alle Anwenderunternehmen, die einem bestimmten Marktsegment zugeordnet sind, verfügen über eine relativ homogene Bedarfsstruktur und Nutzenvorstellung von der Problemlösung. So hat sich beispielsweise gezeigt, daß im Marktsegment *Anwendungssoftware* fünf grundlegende Entscheidungskriterien den Softwareauswahlprozeß maßgeblich beeinflussen:[1]

- Funktionalität,
- Zukunftssicherheit,
- Produktstabilität,
- Serviceleistungen und
- Kundennähe.

4.2.3.1 Funktionalität

Es liegt auf der Hand, daß der funktionale Nutzen als Entscheidungskriterium für die Auswahl von Standardsoftware an erster Stelle rangiert, denn ohne die gewünschte Funktionalität ist auch das Anwendungsproblem nicht zu lösen. Bei einer - notwendigerweise - tiefergehenden Analyse sind gerade bei diesem Kriterium kaufentscheidende Differenzierungsmöglichkeiten und damit Wettbewerbsvorteile gegeben. **Funktionstiefe** und Funktionsumfang sind hierzu die Stichworte. Ganz oben im Anforderungskatalog des Anwenders steht die funktionale Tiefe des auszuwählenden Softwareprogramms. Sie kennzeichnet die Vollständigkeit, Güte und Zuverlässigkeit der von ihm zur Lösung seiner Aufgaben benötigten Funktionen. Eine besondere Rolle spielt in diesem Zusammenhang die **Philosophie**, d. h. der grundsätzliche funktionale Entwicklungsansatz und damit die „Qualität des Systemkonzeptes"[2] des angebotenen Softwareprodukts zur Bewältigung der Problemlösung.

---

[1] Vgl. dazu Lippold, D.: Vorsprung durch Information. Zur Verbesserung der Wettbewerbsposition durch Anwendungssoftware, in: Office Management 3/1988, S. 20-22. Siehe in diesem Zusammenhang auch die bereits 1978 aufgestellten Kriterien bei Zimmermann, G.: Qualitätsmerkmale von Standardsoftware und Möglichkeiten ihrer Beurteilung, in: Online-adl-nachrichten 4/78 (1. Teil), 5/78 (2. Teil) und 6/78 (3. Teil)

[2] Frank, J.: Standard-Software, a. a. O., S. 30 f.

Die **funktionale Breite** eines Softwarepaketes gibt den Abdeckungsgrad der Lösung an. Da ein Anwendungssoftwareprodukt i. d. R. in eine vorhandene Softwareumgebung eingebettet werden muß, gewinnen verfügbare Softwarekomponenten, die über den Kernbereich der eigentlichen Problemlösung hinausreichen, zunehmend an Bedeutung. Hierzu zählt die **Integration** zu benachbarten kommerziellen und/oder technischen Anwendungsbereichen in Form von Schnittstellen oder Zusatzmodulen.

4.2.3.2 Zukunftssicherheit

Das zweite Entscheidungskriterium bezieht sich auf den Wunsch der Anwenderunternehmen nach Zukunftssicherheit. Konkret bedeutet dies den **Schutz der Investitionen** in Software, indem die Nutzung zukünftiger Innovationen bspw. ohne ein Wechsel der Hardware oder ohne eine Umstellung der Betriebssystemsoftware möglich ist. Die entscheidenden Differenzierungsmerkmale in diesem Zusammenhang sind die Technologie bzw. Architektur der Software sowie die Reputation des Softwareanbieters.

Während im Zeitalter der proprietären, d.h. herstellerabhängigen Systeme nahezu ausschließlich die funktionale Breite und Tiefe den Entscheidungsprozeß für Anwendungssoftware bestimmte, gewinnen heute zunehmend softwaretechnologische Merkmale an Bedeutung. Schlüsselmerkmal einer modernen **Softwaretechnologie** ist häufig eine **relationale** oder **objektorientierte Datenbank** als Systembasis. Sie dient gemeinsam mit einer leistungsfähigen, benutzerfreundlichen **Softwareproduktionsumgebung** als Integrationsplattform für branchen- und kundenspezifische Anpassungen und Erweiterungen, für den stufenweisen Ausbau der Standardfunktionalität sowie für den Einsatz von Berichtsgeneratoren und grafischen Auswertungssystemen. Ein weiteres Technologie-Merkmal ist die Verfügbarkeit einer grafischen **Benutzeroberfläche** (User-Interface), die arbeitsplatzspezifisch ausgerichtet ist und eine leichte Bedienbarkeit gewährleistet. Windowtechnik, komfortable Benutzerführung und übersichtliche Maskengestaltung sind hierzu wichtige Merkmalsausprägungen.

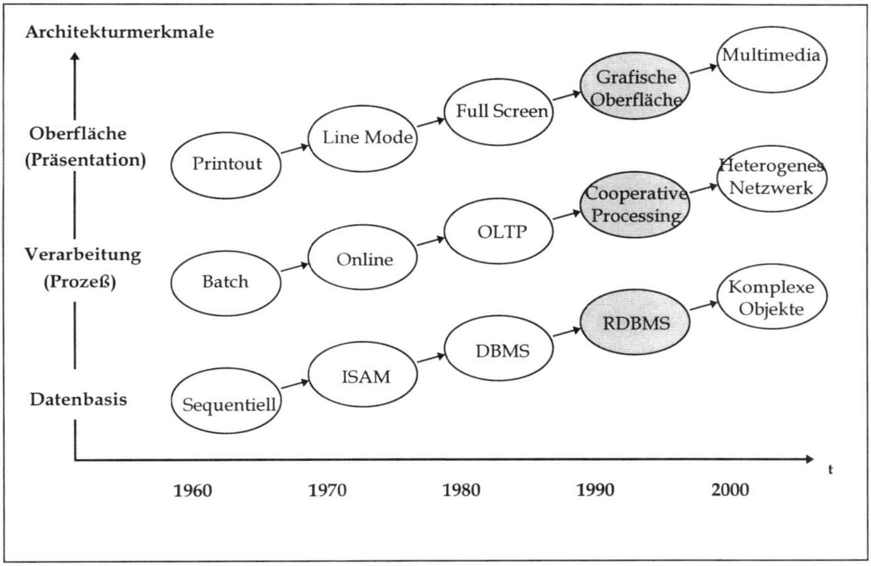

Abb. 4.14: Softwaretechnologische Trends nach SNI

Durch eine hohe **Portabilität**, d.h. durch die Übertragbarkeit der Standardlösung auf verschiedene Hardwareplattformen sichert sich der Anwender eine größere Hardwareunabhängigkeit. Aufgrund des zunehmenden Trends nach offenen Systemen unter Verwendung des Betriebssystems UNIX gewinnt dieses Architekturmerkmal immer mehr an Bedeutung. Verteilte Anwendungen, Client-Server-Prinzip, CASE-basiertes Software-Engineering, Standards bei Netzwerkkomponenten und Normen bei der Qualitätssicherung können weitere Anforderungen des Anwenders an ein modernes Softwaresystem sein. Welche softwaretechnologischen Trends auf Anbieter und Anwender von Softwareprodukten einwirken, ist in Abbildung 4.14 anhand der drei Ebenen der Softwarearchitektur ***Präsentation***, ***Prozeß*** und ***Datenbasis*** (**PPD-Modell**) auf der Zeitachse vereinfachend dargestellt.[1]

[1] Vgl. Breidler, H.: SNI's Strategie für offene Systeme, Vortrag bei den Siemens/ Nixdorf (SNI)-Informationstagen für den BDU, Fachgruppe Informationstechnik, am 05.-07.04.1992 in Dresden

Ebenso bedeutungsvoll wie Softwaretechnologie und -architektur des auszuwählenden Softwareprodukts sind **Image** und **Finanzkraft** des Anbieters, denn die Entscheidung für den Einsatz eines bestimmten Anwendungssystems geht i. d. R. mit einer mehrjährigen *Bindung* des Anwenders an seine Lieferanten einher. Hinzu kommt, daß Softwareprodukte für sog. strategische Anwendungsgebiete (wie z. B. PPS), die in das Herzstück der Unternehmensorganisation eingreifen, regelmäßig auch *Folgeinvestitionen* in beträchtlicher Höhe nach sich ziehen und damit die Abhängigkeit vom Softwarelieferanten erhöhen. Um so verständlicher ist in solchen Fällen, daß der Anwender von der Zukunftssicherheit des Produktes und seines Anbieters, mit dem er eine mehrjährige Partnerschaft eingeht, überzeugt werden muß.

4.2.3.3 Produktstabilität

Die Produktstabilität als drittes Entscheidungsmerkmal bezieht sich ebenfalls auf das Kaufmotiv *Sicherheit*. Ein reibungsloser, möglichst störungsfreier Ablauf sowohl technisch als auch organisatorisch ist hier die Nutzenvorstellung des Anwenders. Als Kriterium für die Stabilität wird immer wieder die **Installationsbasis** bzw. die Zahl der verfügbaren **Referenzen** herangezogen. Allerdings stehen diese Diffenzierungsmerkmale in einem gewissen Widerspruch zu der Überlegung, daß ein neues Produkt mit einer innovativen Softwaretechnologie naturgemäß nicht sofort entsprechende Installationszahlen bzw. Referenzen aufweisen kann. Probe- bzw. Testinstallationen auf dem Zielrechner des Anwenders können bei Produkten, die noch am Anfang ihres Lebenszyklus stehen, für die gewünschte Sicherheit beim Softwareauswahlprozeß sorgen.

Technisch gesehen basiert das Kriterium der Stabilität auf dem Qualitätsmerkmal **Zuverlässigkeit**. Von einem zuverlässigen Programm wird erwartet, daß es frei von Fehlern ist, die die nach dem Vertrag vorausgesetzte Funktionalität aufheben oder wesentlich mindern.[1] Da Soft-

[1] Softwareanbieter weisen in ihren Geschäftsbedingungen darauf hin, daß (komplexe) Leistungen auf dem Gebiet der EDV niemals absolut fehlerfrei erbracht werden können. Zum Fehlerbegriff und zur Unmöglichkeit der Fehlerfreiheit siehe

ware keinen Verschleiß-, Ermüdungs- oder Alterungserscheinungen unterliegt, liefert sie unter gleichen Bedingungen stets dieselben Ergebnisse.[1] Ausfälle können bei Software nur dadurch auftreten, daß im Rahmen der vorgegebenen Aufgabe (Funktion) bestimmte Konstellationen auftreten, die von vornherein nicht im Programm berücksichtigt wurden (⇒ *Entwurfsfehler*) oder die fehlerhafte Routinen ansprechen und damit sichtbar machen (⇒ *Implementierungsfehler*).[2]

4.2.3.4 Serviceleistungen

Das vierte elementare Entscheidungsmerkmal bezieht sich auf Umfang und Inhalt der unterstützenden Dienstleistungen. Es ist deshalb häufig kaufentscheidend, weil Anwendungssoftware in aller Regel ohne systemtechnische, fachliche und organisatorische Einbindung in die bestehende Softwarelandschaft des Anwenders und damit ohne gewisse organisatorische Eingriffe nicht einsetzbar ist. Ohnehin ist das Software*produkt* immer nur Bestandteil eines *Projektes,* das die reibungslose Einführung und Nutzung der neuen Problemlösung zum Ziel hat. Wesentlicher Projektschwerpunkt ist daher die organisatorische **Einsatzberatung** und **Einsatzunterstützung**. **Anwenderschulung, Hot-Line-Service, Modifikationsservice (Customizing)** sowie die **Produktwartung** sind weitere Angebotsbestandsteile, die Differenzierungsmöglichkeiten und somit Kundenvorteile bieten.

An die Adresse der Anwender sei in diesem Zusammenhang der Erfahrungsgrundsatz gerichtet, daß beratungsbedürftige Produkte keine Mitarbeiterqualifikation ersetzen, sondern ihr erfolgreicher Einsatz diese vielmehr voraussetzt. Dieser Grundsatz ist vor allem deshalb von besonderer Bedeutung, weil in vielen Fällen der Verzicht auf oder das mangelnde Angebot an externen Unterstützungsleistungen in der Ein-

---

den können. Zum Fehlerbegriff und zur Unmöglichkeit der Fehlerfreiheit siehe auch König, M. M.: Das Computerprogramm im Recht. Technische Grundlagen, Urheberrecht und Verwertung, Überlassung und Gewährleistung, Diss., Köln 1991, S. 212 ff.

[1] Vgl. Zimmermann, G.: a. a. O., S. 419

[2] Vgl. ebenda.

führungsphase einen unzureichenden Nutzungsgrad der installierten Funktionalität des Softwarepaketes zur Folge hat.

4.2.3.5 Kundennähe

Die Kundennähe als fünftes Entscheidungskriterium für den Auswahlprozeß zielt vornehmlich auf die Intensität der Akquisitions- und Servicebemühungen ab. Die Anzahl der **Geschäftsstellen** und **Servicestützpunkte** oder der Zugang zu indirekten **Vertriebskanälen** und **internationale Präsenz** sind die entsprechenden Ausprägungen. Hierfür spielen **Kooperationen** mit Vertriebspartnern eine zunehmend wichtige Rolle und werden im Kapitel 4.4 *Distribution* ausführlich behandelt. Um Wettbewerbsvorteile und ggf. Alleinstellungsmerkmale identifizieren zu können, sollten die in Abbildung 4.15 dargestellten Differenzierungsmerkmale gewichtet und alle für den Vergleich heranzuziehenden Wettbewerbsprodukte anhand der einzelnen Merkmalsausprägungen bewertet werden. Auf diese Weise entstehen *Produkt-* und *Leistungsprofile,* die unmittelbar die *Stärken* und *Schwächen* des eigenen Produkt- und Leistungsangebotes im jeweiligen Marktsegment offenbaren.

Elementares Anwenderbedürfnis	**Differenzierungsmerkmale**				
Funktionaler Nutzen	Funktionsbreite	Funktionstiefe	Integrationsfähigkeit		
Zukunftssicherheit	Softwaretechnologie	Softwarearchitektur	Portabilität	Image Reputation	Finanzkraft
Produktstabilität	Anzahl Installationen	Anzahl Referenzen	Zuverlässigkeit		
Serviceleistungen	Organisationsberatung	Einsatzunterstützung	Customizing	Anwenderschulung	Wartung Hot-Line
Kundennähe	Anzahl Geschäftsstellen	Anzahl Servicestellen	Anzahl Vertriebspartner	Internationale Präsenz	

Abb. 4.15: Kaufentscheiaende Differenzierungsmerkmale für Softwareprodukte

4.2.4 Strategische Positionierung

Sind die grundsätzlichen Erfolgsfaktoren identifiziert und beherrschbar, so müssen die Produkt- und Unternehmensstärken gegenüber den potentiellen Kunden argumentiert (⇒ *Kundenvorteil*) und damit zu strategischen Wettbewerbsvorteilen ausgebaut werden. Unter einem **strategischen Wettbewerbsvorteil** ist eine im Vergleich zum Wettbewerb überlegene Leistung zu verstehen, die drei Kriterien erfüllt:[1]

- Der Vorteil muß ein für den Anwender wichtiges Leistungsmerkmal betreffen.
- Der Vorteil muß vom Anwender tatsächlich wahrgenommen werden.

---

[1] Vgl. Simon, H.: Management strategischer Wettbewerbsvorteile, in: ZfB, 58. Jg. (1988), Heft 4, S. 465

- Der Vorteil sollte vom Wettbewerb nicht schnell einholbar sein, d. h. er muß eine gewisse Dauerhaftigkeit aufweisen.

Um die Erfolgsfaktoren des Anbieters mit denen des Anwenders in Einklang zu bringen, ist zunächst zu prüfen, ob die Stärken des eigenen Angebots ein für den Anwender wichtiges Bedürfnis befriedigen können. Leitet sich aus dieser Angebotsstärke zudem noch ein Alleinstellungsmerkmal ab, das die Nutzenvorstellung des Anwenders trifft, so wird aus dem überlegenen Nutzen ein Kundenvorteil und damit für Anbieter und Anwender ein Wettbewerbsvorteil.

Grundsätzlich gibt es zwei Möglichkeiten, die Stärken von Softwarehäusern in Wettbewerbsvorteile umzusetzen: Entweder mit dem *Produkt-* bzw. *Leistungsvorteil* oder mit dem *Kosten-* bzw. *Preisvorteil.*[1] Sie entsprechen im wesentlichen den beiden Basisstrategien der **Marktstimulierung** (nach Becker):[2]

- Präferenzstrategie und
- Preis-Mengen-Strategie.

Während die **Präferenzstrategie** primär den Einsatz aller nichtpreislichen Aktionsparameter vorsieht, verfolgt die **Preis-Mengen-Strategie** schwerpunktmäßig den „aggressiven" Einsatz preis- und konditionenpolitischer Mittel.[3]

4.2.4.1 Positionierung von Preisvorteilen

Um den Kosten- bzw. Preisvorteil eines Angebotes als Differenzierungsmerkmal heranziehen zu können, ist im Prinzip die Existenz einer **Kostenführerschaft** erforderlich. Bei vollständiger Transparenz aller Angebote würde daher für viele Unternehmen dieser Kommunikationsinhalt von vornherein ausscheiden. Da diese Transparenz aufgrund der Komplexität vieler Anwendungslösungen, deren Angebote sich

---

[1] Vgl. Große-Oetringhaus, W.: a. a. O., S. 31 ff.

[2] Vgl. Becker, J.: a. a. O., S. 153 ff.

[3] Vgl. ebenda, S. 158

durch eine Vielzahl von Positionen auszeichnen, häufig aber nicht gegeben ist, ist die **Preisdifferenzierung** für viele Softwareanbieter ein probates Mittel, um sich zusätzliches **Akquisitionspotential** zu verschaffen.

Eine **Preisdifferenzierung** bietet sich insbesondere dann an, wenn das Softwarehaus über ein Produkt verfügt, das mit gleicher Funktionalität in Betrieben unterschiedlicher Größenordnung und/oder auf unterschiedlichen Hardwareplattformen und Betriebssystemen lauffähig ist. In solchen Fällen kann beispielsweise die Anzahl der mit dem System arbeitenden Benutzer (User) für die Preisdifferenzierung herangezogen werden. Das Beispiel in Abbildung 4.16 macht deutlich, daß ohne Preisdifferenzierung alle Kunden mit relativ kleinen DV-Budgets nicht erreicht werden und darüberhinaus bei jenen (großen) Anwendern, die aufgrund ihres DV-Budgets auch einen höheren Preis akzeptieren würden, auf entsprechenden Gewinn verzichtet wird.

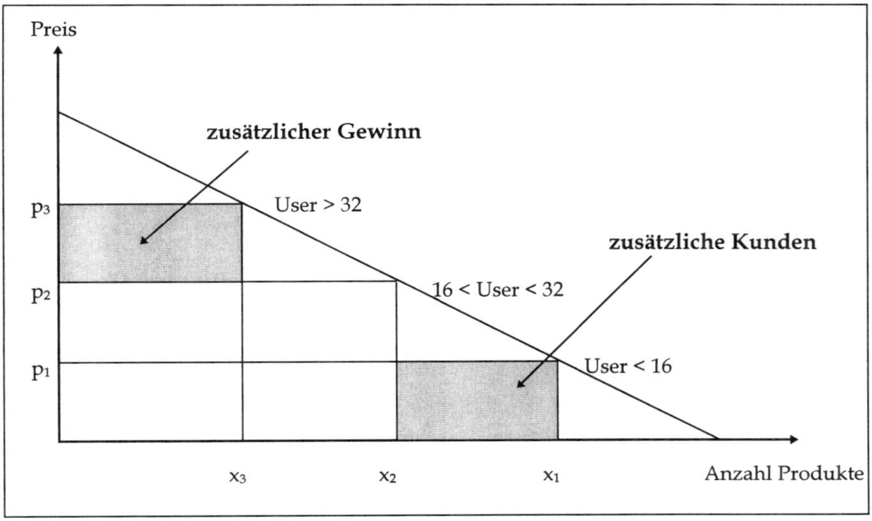

Abb. 4.16: Erhöhung des Akquisitionspotentials durch Preisdifferenzierung

Grundsätzlich wird der Preispolitik im Investitionsgüterbereich gegenüber anderen Marketing-Instrumenten eine vergleichsweise geringe Bedeutung beigemessen. Auch gibt die klassische Preistheorie nur wenig Aufschluß über die Ermittlung von optimalen Preisen in der Praxis.[1] Als praxisorientierte Möglichkeiten der Preisfindung bieten sich folgende **Preisbestimmungsprinzipien** an:[2]

- Kostenorientierte Preisbestimmung,
- Konkurrenzorientierte Preisbestimmung,
- Nachfrageorientierte Preisbestimmung.

Die **kostenorientierte Preisbestimmung** geht davon aus, daß der geforderte Preis die Kosten und einen entsprechenden Gewinnzuschlag abdecken soll. Sie findet überwiegend bei der Vermarktung von Individualsoftware statt und kann daher recht eindeutig dem Softwaretyp A zugeordnet werden. Diese Art der Preisfindung setzt eine entsprechende Kalkulation der Gesamtprojektkosten zur Erstellung der Software voraus.[3]

Bei der **konkurrenzorientierten Preisfindung** stellt das Verhalten der Mitbewerber eine wesentliche Bestimmungsgröße dar. Diese Möglichkeit der Preisfestsetzung wird nahezu von allen Anbietern des Softwaretyps B bevorzugt, da die Preisakzeptanz der Nachfrager in diesem Marktsegment sehr stark von den (preislichen) Alternativangeboten abhängt.[4] Die preispolitischen Überlegungen können hier soweit gehen, daß unter bestimmten Umständen nahezu vollständig auf Gewinne aus dem Verkauf des Standardanteils eines Softwaresystems verzichtet wird. Da die Grenzkosten bei der Produktion einer zusätzlichen Standardsoftware-Einheit vernachlässigt werden können, kann der Gesamtauftrag trotzdem profitabel abgewickelt werden, solange die Dienstleistungserlöse entsprechend kalkuliert sind.

---

[1] Vgl. Baaken, T./Launen, M.: a. a. O., S. 150 ff.

[2] Vgl. Meffert, H.: Marketing. Grundlagen der Absatzpolitik, Wiesbaden 1986, S. 325 ff. und Nieschlag, R./Dichtl, E./Hörschgen, H.: Marketing, 17. Aufl., a. a. O., S. 361 ff.

[3] Vgl. Baaken, T./Launen, M.: a. a. O., S. 151 f. und Hansen, H.R./Amsüss, W.L./ Frömmer, N.S.: a. a. O., S. 191 ff.

[4] Vgl. Baaken, T./Launen, M.: a. a. O., S. 152

Die **nachfrageorientierte Preisbestimmung**, die marktorientierte Determinanten in die Preisfindung einbezieht, setzt eine hohe Transparenz des entsprechenden Software-Marktsegments voraus. Dieses Preisbestimmungsprinzip wird vorwiegend bei der Vermarktung des Softwaretyps C angewendet. In diesem Bereich (man denke hier insbesondere an Textverarbeitungsprogramme, Tabellenkalkulation, PC-Datenbanken u. ä. m.) werden von Computer- und Testzeitschriften gleichartige Problemlösungen vorgestellt, getestet, verglichen und somit dem Anwender die gewünschte Transparenz geboten.[1]

4.2.4.2 Positionierung von Leistungsvorteilen

Die Positionierung von Leistungsvorteilen ist ungleich schwieriger, als die von Preisvorteilen, da der Preis- oder Kostenvorteil ceteris paribus objektivierend wirkt. Das Kriterium der Leistungsdifferenzierung kann daher nur der Alleinstellungsanspruch sein, denn die Einzigartigkeit wird im Wettbewerbsvergleich ebenfalls objektivierend beurteilt.[2] Prinzipiell bietet jeder Leistungsparameter Chancen, Wettbewerbsvorteile zu erzielen. Als entscheidend für die Durchsetzung von Wettbewerbsvorteilen hat sich aber herausgestellt, daß sich der Kommunikationsinhalt auf Einzigartigkeit, Verteidigungsfähigkeit und auf jene Leistungsmerkmale konzentrieren sollte, die der Kunde besonders hoch gewichtet.[3]

Eine der Hauptaufgaben für das Software-Marketing liegt demnach darin, diese Alleinstellungsmerkmale ausfindig zu machen, gegenüber dem Markt zu kommunizieren und damit **Präferenzen** zu bilden. Insbesondere bei klassischen Anwendungssoftwareprodukten wie Finanzbuchhaltungs-, Kostenrechnungs-, Personalabrechnungs- oder auch Produktionsplanungs- und -steuerungssysteme fällt es den Kommunikationsverantwortlichen zunehmend schwerer, solche Alleinstellungsmerkmale herauszuarbeiten. Ersatzweise können dann Produkt- und Leistungsmerkmale herangezogen werden, die für sich genommen zwar

---

[1] Vgl. Baaken, T./Launen, M.: a. a. O., S. 152

[2] Vgl. Große-Oetringhaus, W.: a. a. O., S. 41

[3] Vgl. ebenda, S. 3

keinen Alleinstellungsanspruch rechtfertigen, sehr wohl aber in ihrer *Kombination* einen Wettbewerbsvorteil darstellen.

4.3 Signalisierung

4.3.1 Wesen und Ziel der Signalisierung

Unter Signalisierung soll die Gestaltung des *äußeren* Kommunikationsprozesses eines Unternehmens verstanden werden[1]. Sie besteht in der systematischen Bewußtmachung des Kundenvorteils und schließt damit unmittelbar an die Ergebnisse der Positionierung an.[2] Die Positionierung gibt der Signalisierung vor, *was* im Markt zu kommunizieren ist. Die Signalisierung wiederum sorgt für die Umsetzung, d.h. *wie* das Was zu kommunizieren ist. Die Signalisierung ist damit das dritte wesentliche Planungsobjekt im Rahmen des Vermarktungsprozesses von Software. Sie führt zum Aufbau eines umfassenden Meinungsbildungsprozesses mit dem Ziel, daß der Anwender von seinem Vorteil bei den kommunizierten Merkmalen überzeugt ist.[3] Zur Abgrenzung der hier weitgehend synonym verwendeten Begriffe **Signalisierung** und **Kommunikation** siehe Abbildung 4.17[4].

Bei der Signalisierung muß es also - im Gegensatz zur Kommunikation - nicht notwendigerweise zu einer Interaktion (zwischen Sender und Empfänger) kommen.

---

[1] Siehe hierzu auch Große-Oetringhaus, W.: a. a. O., S. 3

[2] Vgl. ebenda.

[3] Vgl. ebenda, S. 51

[4] Darstellung in Anlehnung an Kotler, P./Blümel, F.: a. a. O., S. 669

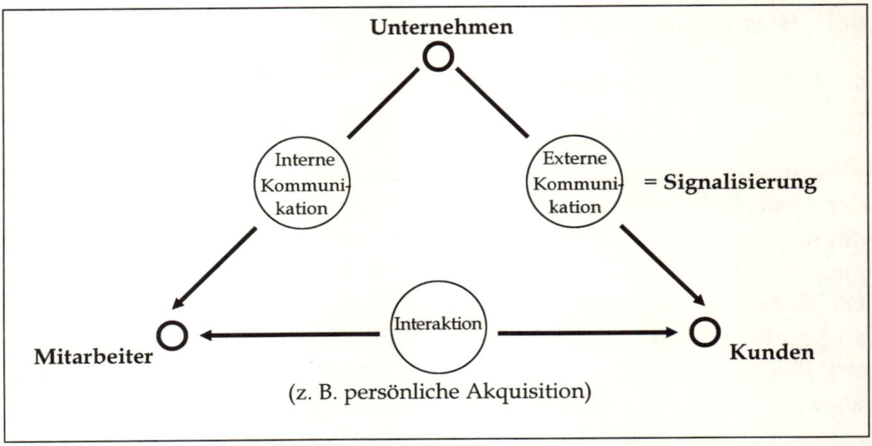

Abb. 4.17: Interne, externe und interaktive Kommunikationsprozesse

Signale haben im Software-Marketing die Aufgabe, einen Ruf aufzubauen und innovative Produkt- und Leistungsvorteile glaubhaft zu machen. Unverzichtbare Elemente sind daher Seriosität, Glaubwürdigkeit und Kompetenz in den Aussagen und Darstellungen. Dazu ist es erforderlich, daß die Signale mehrere Quellen (Unternehmens-, Produkt-, Vertriebssignale) haben und in sich konsistent sind.[1] Gleichzeitig muß sich das kommunizierende Unternehmen bewußt machen, daß die Signale auch auf mehrere Empfänger mit unterschiedlichen Voraussetzungen und Zielen stoßen.

Um die Empfänger, d.h. die Zielgruppe der Signale, in ihrer unterschiedlichen Konditionierung mit den jeweils richtigen Kommunikationsinhalten anzusprechen, sollte zunächst ein **Signalisierungsmodell** aufgestellt werden. Ein solches Modell stellt die *Struktur* des Signalisierungsprozesses dar und ist die Grundlage für die zu kommunizierenden Inhalte. Die **Signalisierungsinhalte** wiederum bilden in ihrer Gesamtheit das **Signalisierungsprogramm**, das dann von den **Signalisierungsinstrumenten** umgesetzt und an die *Zielgruppe/-person* herangetragen

[1] Vgl. Große-Oetringhaus, W.: a. a. O., S. 55

werden muß. Die Zusammenhänge zwischen Signalisierungsmodell, -programm und -instrumente sind in Abbildung 4.18 schematisch dargestellt.

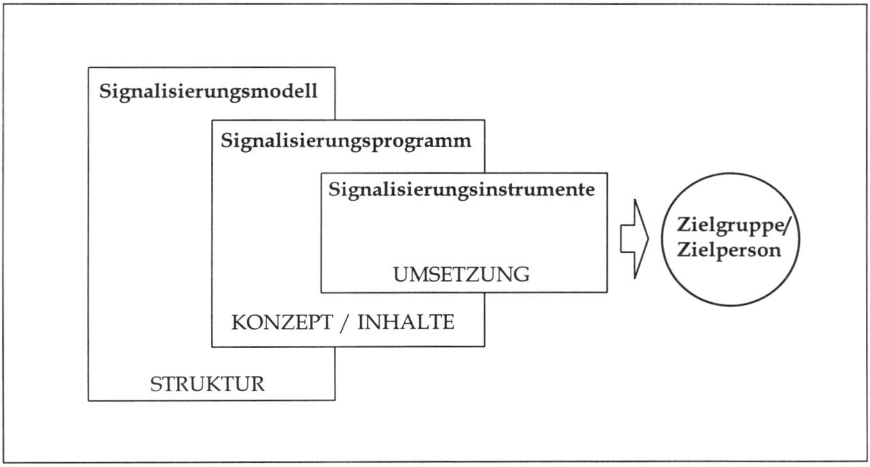

Abb. 4.18: Zusammenhang zwischen Signalisierungsmodell, -programm und -instrumenten

4.3.2 Signalisierungsmodelle

Signalisierungsmodelle haben die Aufgabe, den äußeren Kommunikationsprozeß eines Unternehmens zu strukturieren und in seiner Komplexität zu vereinfachen. Zur Verdeutlichung dieser Aufgabenstellung dient ein Signalisierungsmodell, das die IBM in ähnlicher Form in den 80er Jahren mit Erfolg praktiziert hat.[1] Die Anwendbarkeit des Signalisierungsmodells ist unabhängig von der Unternehmensgröße. Es liefert Strukturen, die auf den Signalisierungsprozeß eines jeden Unternehmens übertragbar sind. Im Vordergrund des Signalisierungsmodells steht eine *Typologisierung* der Signalempfänger innerhalb der definierten Zielgruppe. Diese Typologisierung ist keine fachbezogene Bestimmung der unterschiedlichen Zielgruppen, wie dies bei der Segmentierung der

[1] Vgl. IBM (Hrsg.): Das IBM-Kommunikationsmodell, in: Enzyklopädie der Informationsverarbeitung, Stuttgart 1984

Fall ist, sondern grenzt die Signalempfänger innerhalb der Zielgruppe nach ihrer Stellung, ihrem Verhältnis und Kenntnisstand gegenüber dem kommunizierenden Unternehmen ab. Das Modell unterteilt die gesamte Zielgruppe in *Indifferente, Sensibilisierte, Interessierte* und *Engagierte* bezüglich ihrer Einstellung zum kommunizierenden Unternehmen.

Den größten Teil dieser Zielgruppenzugehörigen (= Zielpersonen) bilden die **Indifferenten**. Sie stehen den im Marktsegment des Softwarehauses generell angebotenen Softwarelösungen uninformiert und uninteressiert gegenüber. Signalisierungsziel muß es hier sein, die Indifferenten zu sensibilisieren. Das heißt, diesen Zielpersonen muß die Idee, daß eine Softwarelösung für das Marktsegment generell (z.B. gegenüber einer konventionellen Lösung) Vorteile bietet, nahegebracht werden. Angenommen, die Idee sei kommuniziert, die Botschaft angekommen, dann ist das erste Signalisierungsziel *Indifferente sensibilisieren* erreicht, bzw. das kommunizierende Unternehmen hat seinen Beitrag dazu geleistet. Dieser Beitrag muß um so größer sein, je innovativer der Anteil des Unternehmens an der Problemlösung in diesem Marktsegment ist. So mußten beispielsweise Softwarehäuser in den 70er Jahren - selbstverständlich nicht unabhängig von ihrem eigentlichen Produktangebot - zunächst einmal die Idee kommunizieren, daß es häufig wirtschaftlicher ist, Standardsoftware anstelle von individuellen, zeitaufwendigen Eigenentwicklungen einzusetzen. Alle Maßnahmen, die diesem ersten Signalisierungsziel dienen, spiegeln sich in einem **Bewußtseinsprogramm** wider.[1]

Die zweite Gruppe der Zielpersonen sind bereits für die Problemlösung sensibilisiert. Hier gilt es, das Interesse dieser **Sensibilisierten** auf das eigene Unternehmen zu lenken. Das zweite Signalisierungsziel lautet also *Sensibilisierte interessieren*. Den Sensibilisierten ist deutlich zu machen, daß unter allen Anbietern im definierten Marktsegment keiner mehr Vertrauen verdient als das kommunizierende Unternehmen. Die hierzu erforderlichen Signalisierungsmaßnahmen werden in einem **Imageprogramm** zusammengefaßt.[2]

---

[1] Vgl. IBM (Hrsg.): Das IBM-Kommunikationsmodell, a. a. O., S. 28 ff.

[2] Vgl. ebenda, S. 30 ff.

Die dritte Gruppe innerhalb des Signalisierungsmodells sind jene Zielpersonen, die bereits konkret am Produkt- und Leistungsprogramm interessiert sind. Um diese **Interessierten** für die Ziele des Unternehmens zu *engagieren,* muß der Kaufentscheidungsprozeß dahingehend beeinflußt werden, daß der Interessent seinen Kaufwunsch für das angebotene Produkt äußert und den Auftrag entsprechend vergibt. Die Maßnahmen, die hierzu erforderlich sind, werden in einem **Produkt- und Leistungsprogramm** gebündelt.

Das vierte und letzte Signalisierungsziel richtet sich auf die Kernzielgruppe **Engagierte**. Sie ist die wichtigste Zielgruppe, weil sie aus den Kunden formiert wird. Wichtig ist der Kunde deshalb, weil sowohl sein Ersatz- als auch sein Neubedarf ein erhebliches Potential darstellt. Das heißt, der Kunde wächst mit seinem Lieferanten. Dies ist allerdings nicht selbstverständlich. Es sind ununterbrochen Anstrengungen erforderlich, um die richtigen Produkte zu entwickeln, die notwendigen Dienstleistungen zu erbringen und dies immer wieder zu signalisieren.[1] Kurzum: der Kunde ist in seiner Kaufentscheidung zu bestätigen. Das Signalisierungsziel für die Kernzielgruppe lautet daher *Engagierte betreuen*. Das hierzu erforderliche Maßnahmenbündel ist das **Kundenprogramm**.

In der Abbildung 4.19 sind die Zusammenhänge zwischen Zielgruppe bzw. Zielperson, Signalisierungsziel (⇒ Politik), Signalisierungsstrategie (⇒ Pläne) und Signalisierungstaktik (⇒ Maßnahmen) in Anlehnung an das IBM-Kommunikationsmodell dargestellt.[2]

[1] Vgl. IBM (Hrsg.): Das IBM-Kommunikationsmodell, S. 26

[2] Vgl. ebenda, S. 51 f.

Zielpersonen ⇨	Indifferente	Sensibilisierte	Interessierte	Engagierte
Ziel (Politik)	Indifferente sensibilisieren	Sensibilisierte interessieren	Interessierte engagieren	Engagierte betreuen
Strategie (Pläne)	Idee signalisieren	Unternehmen signalisieren	Produkte/ Leistungen signalisieren	Kaufentscheidung absichern
Taktik (Maßnahmen)	Bewußtseins-programm	Imageprogramm	Produkt-/ Leistungs-programm	Kunden-programm
Prozeß	Wahrnehmungs-prozeß	Meinungs-bildungsprozeß	Entscheidungs-prozeß	Betreuungs-prozeß
Ergebnis	Aufmerksamkeit	Vertrauen/ Glaubwürdigkeit	Kaufakt	Bestätigung

Abb. 4.19: Elemente eines Signalisierungsmodells

4.3.3 Signalisierungsprogramme

Mit dem Signalisierungsmodell ist die Struktur, nicht jedoch der *Inhalt* des Signalisierungsprozesses aufgezeigt. Dies wiederum ist Aufgabe des **Signalisierungskonzeptes**, dessen Inhalte in den Signalisierungsprogrammen dargestellt werden. Ein solches Konzept muß auf jedes Softwarehaus individuell zugeschnitten sein. Maßgebend für die zu kommunizierenden Inhalte sind die spezifischen Fähigkeiten, Erfahrungen, Alleinstellungsmerkmale und Ressourcen des Unternehmens.

Außerdem muß Klarheit darüber herrschen, welche Zielgruppenzugehörigen (Indifferente, Sensibilisierte, Interessierte und/oder Engagierte) angesprochen werden sollen. Damit ist dann zugleich auch die Art des Signalisierungsprogramms (Bewußtseins-, Image-, Produkt- und /oder Kundenprogramm) festgelegt.

Da es kein allgemeingültiges Signalisierungskonzept für Softwarehäuser gibt, können in diesem Kontext lediglich Merkmale und Besonderheiten der einzuleitenden Signalisierungsprogramme aufgezeigt und auf die Anwendbarkeit der wichtigsten Signalisierungsinstrumente im Rahmen der Programme hingewiesen werden.

4.3.3.1 Bewußtseinsprogramm

Ein Bewußtseinsprogramm, das Indifferente sensibilisieren soll, ist vornehmlich dann durchzuführen, wenn eine Idee, eine *innovative* Anwendungslösung, die softwaretechnisch umgesetzt worden ist, signalisiert werden soll. Das Bewußtseinsprogramm hat also in erster Linie die Aufgabe, einen (latenten) Bedarf beim Anwenderunternehmen für die neue Anwendungslösung zu wecken.

Da im Bereich der Informationstechnik immer wieder neue Anwendungsgebiete - auch und gerade für den Einsatz von Standardsoftware - erschlossen werden, muß die Notwendigkeit eines Bewußtseinsprogramms insbesondere von jenen Softwareunternehmen in die kommunikationspolitischen Überlegungen einbezogen werden, die sich auf solch innovativen Anwendungsgebieten engagieren. Ein Bewußtseinsprogramm ist mit relativ hohen Werbe- und PR-Kosten verbunden, da die Anzahl der Indifferenten naturgemäß größer ist als die Anzahl der Sensibilisierten, der Interessierten und der Engagierten. Gleichzeitig sind auch die Streuverluste bei den Zielgruppenzugehörigen der Indifferenten am höchsten. Daher sind i. d. R. nur größere Softwareunternehmen in der Lage, ein Bewußtseinsprogramm konsequent und nachhaltig durchzuführen.

Andererseits sind es immer wieder kleinere Softwarehäuser, die ihre Existenz auf der Basis einer Softwareinnovation aufbauen wollen und damit vor der Herausforderung stehen, den Bedarf für ihre Softwarelösung zu wecken. Für solche Softwarehäuser kommt eine kostenaufwendige Werbekampagne kaum in Betracht. Hier ist vielmehr ein Signalisierungskonzept gefragt, das die externen Kommunikationskosten, nicht jedoch die Effizienz drastisch einschränkt.

Ein Beispiel für diese Vorgehensweise lieferte das im Aufbau befindliche Softwarehaus Eigner+Partner, ein Pionierunternehmen auf dem Gebiet der technischen Datenbanken. Bereits kurze Zeit nach der Firmengründung veröffentlichten die Führungskräfte des Unternehmens ein Standardwerk zum Thema Engineering Database, das das Nutzenpotential datenbankorientierter Dokumentationswerkzeuge im Konstruktionsbereich für die Anwender offenbarte.[1] *Die Folge war eine verstärkte Nachfrage nach Standardsoftware für Zeichnungsverwaltung, Sachmerkmalsleisten sowie Archivierung und damit bessere Vermarktungschancen für die eigenen Produkte in diesem Anwendungsgebiet.*

4.3.3.2 Imageprogramm

Während das Bewußtseinsprogramm für viele Softwareunternehmen lediglich eine Option darstellt, gehört das Imageprogramm zum festen Bestandteil des Signalisierungskonzepts. Es hat die Aufgabe, die Aufmerksamkeit der Zielgruppe auf die Leistungsfähigkeit des signalisierenden Unternehmens zu lenken und deren Meinung positiv zu beeinflussen.

Image kann als die „Gesamtheit aller Einstellungen, Kenntnisse, Erfahrungen, Wünsche und Gefühle definiert [werden], die mit einem bestimmten Meinungsgegenstand in Verbindung gebracht werden".[2] Zwei Dimensionen beherrschen das Image von Softwarehäusern maßgebend: *Verständnis* und *Vertrauen*.[3] Wenn ein Zielgruppenzugehöriger ein Unternehmen gar nicht kennt oder nur lückenhafte Informationen über dieses Unternehmen besitzt, kann diese Person das Unternehmen nicht verstehen. Und wenn ein Softwareunternehmen, dessen Produkte und Leistungen ohnehin höchst erklärungsbedürftig sind, nicht verstanden wird, kann man ihm auch nicht vertrauen. Nur wenn Verständnis

---

[1] Vgl. Eigner, M./Hiller, C./Schindewolf, S./Schmich, M.: Engineering Database. Strategische Komponente in CIM-Konzepten, München, Wien 1991

[2] Vgl. Nieschlag, R./Dichtl, E./Hörschgen, H.: Marketing, 17. Aufl., a. a. O., S. 456

[3] Vgl. Apitz, K./Benad, G./Poth, L.: Imageprofil '86, Landsberg am Lech 1987, S. 21

und Vertrauen bei den Sensibilisierten zum Unternehmen existieren, wird sich das Image positiv ausprägen können.[1]

Bei der Durchführung eines Imageprogramms muß sich das Softwarehaus bewußt sein, daß sich Meinungen aus den verfügbaren bzw. abrufbaren Informationen einerseits und der persönlichen Bewußtseinssphäre andererseits bilden. Das bedeutet gleichzeitig, daß Images zu einem Großteil planbar sind.[2] Wenn ein Unternehmen die Meinungsbildung der Zielgruppe nicht plant und systematisch beeinflußt, bleibt die Meinungsbildung dem Zufall überlassen. Bei ungeplant und zufällig entstehenden Images ist die Gefahr besonders groß, daß Meinungen sich negativ ausprägen und zur Grundlage weiterer Beurteilungen und Handlungen werden. Ein Imageprogramm ist also die systematische Planung und Umsetzung von Meinungsbildern in der Öffentlichkeit.[3] Es soll aber auch nicht unerwähnt bleiben, daß es sich bei Images „... um hochgradig stabile Systeme [handelt], die nur sehr langfristig aufgebaut und verändert werden können".[4] Das hat zur Konsequenz, daß auch der werbliche Auftritt über einen längeren Zeitraum konstant sein muß.[5]

Die Entscheidung, ob das Imageprogramm in Eigenregie verwirklicht, durch Dritte erarbeitet oder als eine Mischform daraus entwickelt wird, hängt von unterschiedlichen Rahmenfaktoren ab:[6]

Für Softwarehäuser, die das Neuland **Öffentlichkeitsarbeit** beschreiten wollen und müssen, bietet die Zusammenarbeit mit externen Partnern eine Gewähr dafür, daß die allergrößten Fehler beim Einstieg in die Öffentlichkeitsarbeit vermieden werden. Das Leistungsspektrum von PR-Beratern und -Agenturen reicht von der Entwicklung einer für das

---

[1] Vgl. Apitz, K./Benad, G./Poth, L.: Imageprofil '86, Landsberg am Lech 1987, S. 21

[2] Vgl. ebenda.

[3] Vgl. ebenda.

[4] Vgl. Schweiger, G.: Image und Imagetransfer, in: Tietz, B./Köhler, R./Zentes, J. (Hrsg.): a. a. O., Sp. 919 f.

[5] Vgl. ebenda, S. 920

[6] Vgl. Bürger, J. H.: PR - Gebrauchsanleitungen für praxisorientierte Öffentlichkeitsarbeit, Landsberg am Lech 1989, S. D1

Softwareunternehmen zieladäquaten *PR-Strategie* über das Erarbeiten und Publizieren von **Pressemitteilungen**, **Anwender-** und **Fachberichten** bis hin zur Vorbereitung und Durchführung von **Interviews**, **Journalistenaktionen** und **Pressekonferenzen**. Eine Zusammenarbeit mit externen Partnern empfiehlt sich vor allem auch für kleinere Softwarehäuser, die einen eigenen PR-Mitarbeiter nicht hauptamtlich auslasten können. In größeren Softwareunternehmen mit sehr viel innerbetrieblicher Regsamkeit sollte ein PR-Fachmann ins Unternehmen integriert werden, um ständig als Ansprechpartner für Journalisten und Mitarbeiter präsent zu sein. Dabei ist jedoch zu prüfen, ob nicht verschiedene Tätigkeiten besser und preiswerter außer Haus erledigt werden können als in den eigenen Reihen. Aus einer solchen Kalkulation kann auch eine kontinuierliche Zusammenarbeit zwischen der eigenen PR-Abteilung und einer externen PR-Agentur erwachsen.

Gegenstand des hier geforderten Imageprogramms ist die positive Beeinflussung des *Firmenimages* - nicht jedoch primär eines Produktimages. Diese Abgrenzung ist insbesondere für die Vermarktung *komplexer* Anwendungssoftwaresysteme von Bedeutung. Wie zahlreiche Imageuntersuchungen gezeigt haben, ist auf dem Gebiet der komplexen Technik die Betonung der Leistungsmerkmale des anbietenden Unternehmens wirksamer als die Verwendung technischer Produktinformationen.[1] Der Grund für die besondere Relevanz des Firmenimages solcher Systemanbieter liegt darin, daß es nahezu unmöglich ist, eine allgemein anwendbare Systemkonfiguration zu entwerfen und diese mit werblichen Maßnahmen zu kommunizieren. Es kommt vielmehr darauf an, die Kompetenz des Anbieterunternehmens als Beweis für die Fähigkeit herauszustellen, ein komplexes System fach- und zeitgerecht konfigurieren und installieren zu können.[2]

Neben den o. g. PR-Aktionen und Imageanzeigen zählt die aktive Teilnahme an Messen, Ausstellungen und Fachkongressen zu den wirksamsten Instrumenten eines Imageprogramms. Insbesondere die **Messe** bietet die Möglichkeit, die gesamte **„Marketingbilanz"** des (Anbieter-)

[1] Vgl. Strothmann, K.-H./Kliche, M.: a. a. O., S. 140

[2] Vgl. ebenda.

Unternehmens zu präsentieren, wenn alle Marketinginstrumente am Messestand zum Einsatz gebracht werden.[1]

4.3.3.3 Produkt- und Leistungsprogramm

Ein Produktprogramm richtet sich vornehmlich an jene Zielgruppenzugehörigen, die sich bereits mit möglichen Programmlösungen auf dem betreffenden Anwendungs- bzw. Einsatzgebiet auseinandersetzen. Es kann daher unterstellt werden, daß bei diesen Personen ein entsprechendes Problembewußtsein vorhanden ist. Wesentliche Inhalte des Produktprogramms sind demzufolge fachliche und/oder technische Produktinformationen, die als Nutzen- und Vorteilsmerkmale signalisiert werden müssen.

Eine spezifische Besonderheit des Produktes *Software* liegt darin, daß es sich einer optischen Darstellungsmöglichkeit weitgehend entzieht. Diese triviale Erkenntnis führt zwangsläufig dazu, daß sich die Produktdarstellung i. d. R. auf Beschreibungen und Grafiken beschränkt. Dies gilt insbesondere für **Produktanzeigen**, **Systembeschreibungen**, **Produktspezifikationen** und **Eintragungen** in Fachverzeichnisse. Neben diesen klassischen Signalisierungsinstrumenten des Produktprogramms gewinnt der Versand von **Demonstrationsdisketten** zunehmend an Bedeutung. Demonstrationsdisketten bieten ebenso wie aktive **Produktdemonstrationen** im Rahmen von vertrieblichen Informationsveranstaltungen, von Messen und Ausstellungen sowie von Wettbewerbspräsentationen die Möglichkeit, die Funktionsweise des angebotenen Produkts "live", d.h. am Bildschirm darzustellen. Produktdemonstrationen sind allerdings immer auf einen bestimmten Interessentenkreis beschränkt. Eine höhere Breitenwirkung erreichen produktbezogene **Fachartikel** und **Anwenderberichte**, deren Veröffentlichung auf die imagebildenden Faktoren *Vertrauen* und *Glaubwürdigkeit* abzielen.

Eine besondere Herausforderung für das Software-Marketing stellt das Produkt(ankündigungs)programm für *neue Produkte* dar. Hierbei ist

---

[1] Vgl. Strothmann, K.-H./Kliche, M.: a. a. O., S. 144

allerdings nicht nur die Auswahl und Dosierung der Signalisierungsinstrumente von Bedeutung, ebenso entscheidend ist das richtige **Timing der Produktankündigung**. Generell gilt der Erfahrungsgrundsatz, daß die vertriebliche Freigabe eines neuen Produkts (oder der neuen Version eines Produkts) etwa sechs Monate vor Entwicklungsfreigabe erfolgen sollte. Erfolgt die Freigabe für die Vermarktung *später*, d.h. nahezu zeitgleich mit der Fertigstellung einer ausgetesteten, stabilen Produktversion, so besteht die Gefahr, daß die notwendigen Umsätze zu spät kommen oder dem Wettbewerb für diesen Zeitraum das Feld überlassen bleibt. Vertrieb und Marketing benötigen also einen entsprechenden Vorlauf für die ersten Akquisitionen, deren erfolgreicher Abschluß zeitgerecht mit der Auslieferungsmöglichkeit zusammenfallen sollte. Ungleich verhängnisvoller ist allerdings die Gefahr, die sich aus einer zu *frühen* Ankündigung ergeben kann. Ein angekündigtes Produkt, das nicht fertig wird, stellt das Anbieterunternehmen i. d. R. vor eine Problemsituation, deren Konsequenzen nicht mehr steuerbar sind und häufig genug an die existentiellen Grundlagen gehen. Der Verlust an Vertrauen und Glaubwürdigkeit, der mit einer übereilten Ankündigungspolitik zwangsläufig verbunden ist, kann zumeist - wenn überhaupt - nach Jahren erst wieder wettgemacht werden. Unabhängig vom Imageverlust sind es jedoch auch handfeste, kurzfristig auftretende Umsatzausfälle, die nur schwer zu kompensieren sind. Dies gilt insbesondere für Ein-Produkt-Unternehmen, die eine neue Version ihres markteingeführten Produktes zu früh ankündigen. Ab dem Zeitpunkt, wo diese Ankündigung erfolgt, wird die Vorgänger-Version kaum noch einen Abnehmer finden. Andererseits kann eine frühzeitige Ankündigung in bestimmten Fällen auch gewollt sein.

Markt(segment)führer wie beispielsweise IBM oder SAP können es sich aufgrund ihrer Reputation durchaus leisten, Produkte anzukündigen, die nicht oder nur teilweise innerhalb der o. g. Frist marktreif sind. Mit einer solchen (bewußt verfrühten) Ankündigungspolitik wird die Absicht einer Art Vorbesetzung bzw. Kauflähmung verfolgt, um kaufwillige Interessenten in eine Warteposition für das neue Produkt zu bringen und ein Abwandern zum Wettbewerb zu verhindern. Wird die Zeitspanne zwischen Ankündigung und Fertigstellung bzw. Verfügbarkeit des neuen Produkts allerdings zu lang, so werden sich auch Marktführer eines gewissen Imageverlustes nicht entziehen können.

4.3.3.4 Kundenprogramm

Im Rahmen der Signalisierung nimmt das Kundenprogramm eine Sonderstellung ein. Während das Bewußtseinsprogramm, das Imageprogramm und das Produktprogramm den Kaufabschluß vorbereiten, kommt das Kundenprogramm erst dann zur Anwendung, wenn der Entscheidungsprozeß abgeschlossen ist und der Kunde den Vertrag zur Nutzung des angebotenen Softwareproduktes unterzeichnet hat. Bewußtseins-, Image- und Produktprogramm zählen also zur *Pre-Sales*-Phase, das Kundenprogramm ist demgegenüber Teil der *Post-Sales*-Aktivitäten. Es hat die Aufgabe, die Entscheidung des Kunden zu bestätigen und evtl. auftretende **kognitive Dissonanzen**[1] zu beseitigen. Dem Anwender soll das Gefühl vermittelt werden, auch nach dem Kaufentscheid vom Anbieter umworben zu sein und als Kunde behandelt zu werden. Nur ein in seiner Entscheidung bestärkter Kunde wird zukünftig Referenzen abgeben und Anschlußaufträge vergeben. Das Kundenprogramm ist somit ein wesentlicher Bestandteil der *Betreuung*[2] und soll engagierte Fürsprecher für das Produkt gewinnen.

Ein besonders wichtiges Element des Kundenprogramms ist die **Anwenderdokumentation**. Die Dokumentation erreicht den Anwender meist zu einem kritischen Zeitpunkt, „ ... nämlich gerade dann, wenn er zum ersten Mal und dann häufig allein auf sich gestellt, mit dem Produkt konfrontiert wird."[3]

---

[1] Die Theorie der kognitiven Dissonanz geht zurück auf Festinger, L.: Theory of Cognitive Dissonance, Stanford, Cal. 1957. Sie postuliert ein Motiv zur Vermeidung bzw. Reduktion kognitiver Spannungen (Dissonanzen), die letztlich in allen Phasen des (Kauf-)Entscheidungsprozesses auftreten können. Vgl. Nieschlag, R./Dichtl, E./ Hörschgen, H.: Marketing, 17. Aufl., a. a. O., S. 557 f.

[2] Siehe in diesem Zusammenhang auch die ausführliche Darstellung der Komponente *Betreuung* in Abschnitt 4.6 dieser Arbeit.

[3] Vgl. Hahn, J. H.: Die Software-Dokumentation als Instrument der Qualitätssicherung und des Marketing, in: Wimmer, F./Bittner, L. (Hrsg.): Software-Marketing, a. a. O., S. 153

Weiter hervorzuheben sind **Kundenzeitschriften** mit regelmäßigen Informationen über Produkterweiterungen, -ergänzungen und -verbesserungen. Auch **Anwendertagungen** und **Anwenderberichte**, die auf den Erfahrungsaustausch der Kunden untereinander abzielen, liefern **konsonanzfördernde Informationen**[1], um den Kaufentscheid absichern zu helfen. Darüber hinaus sind nahezu alle Signalisierungsinstrumente, die in den Programmen der Pre-Sales-Phase zur Anwendung kommen, geeignet, um den Kunden in seiner Kaufentscheidung zu bestätigen. Mehr noch, die Aufmerksamkeit von gerade gewonnenen Kunden für die Publikationen des Anbieters ist i. d. R. besonders hoch.

4.3.4 Signalisierungsinstrumente

Um die Vielzahl der zur Verfügung stehenden Signalisierungsmöglichkeiten und -instrumente in ihrer Bedeutung und in ihrer Wirkung auf das Informationsverhalten und den Beschaffungsprozeß der Anwenderunternehmen diskutieren zu können, empfiehlt sich zunächst eine Strukturierung dieser Instrumente nach der Form der Kommunikation mit den Zielpersonen. Danach sind folgende **Kommunikationsformen** zu unterscheiden:

- Indirekte Kommunikation,
- Direkte, kollektive Kommunikation,
- Direkte, individuelle Kommunikation.

Diese Einteilung der Kommunikationsformen[2], die besonders für informationstechnische Produkte sehr aussagekräftig ist, geht zurück auf die Nixdorf Computer AG, die ihre Marketing-Organisation zu Beginn der 80er Jahre nach diesem Konzept untergliederte. In Abbildung 4.20 ist eine Zuordnung der wichtigsten Signalisierungsinstrumente im

[1] Vgl. Nieschlag, R./Dichtl, E./Hörschgen, H.: Marketing, 17. Aufl., a. a. O., S. 559

[2] Bekannter ist die Unterteilung der Kommunkationsformen in a) direkte, persönliche Kommunikation, b) direkte, unpersönliche Kommunikation, c) indirekte, persönliche Kommunikation und d) indirekte, unpersönliche Kommunikation. Vgl. hierzu u. a. Diller, H.: Kommunikationspolitik, in: Diller, H. (Hrsg.): a. a. O., S. 546 - 548

Software-Marketing zu diesen Kommunikationsformen vorgenommen worden.

Signalisierungsinstrumente der		
indirekten Kommunikation	**direkten, kollektiven Kommunikation**	**direkten, individuellen Kommunikation**
• Werbung (Anzeigen, Eintragungen) • Öffentlichkeitsarbeit (PR-Mitteilungen, -Fachartikel, -Konferenzen, -Gespräche) • Vertriebsdokumentation (Prospekte, Demo-Programme, Systembeschreibungen)	• Direktwerbung (Direct Mailings) • Informationsveranstaltungen, Seminare und Vorträge • Messen, Ausstellungen und Kongresse	• Persönliche Akquisition (Verkaufsgespräche) • Workshops • Individuelle Produktdemonstrationen

Abb. 4.20: Zuordnung der Signalisierungsinstrumente zu den Kommunikationsformen

4.3.4.1 Signalisierungsinstrumente der indirekten Kommunikation

Zu den Signalisierungsinstrumenten der *indirekten* Kommunikation zählen alle Kommunikationsmaßnahmen, bei denen der Kontakt zu den Zielpersonen indirekt durch den Einsatz *unpersönlicher* Informationsträger zustandekommt. Zu solchen Kommunikationsmaßnahmen, die im wesentlichen anbieterkontrolliert sind und nur in eine Richtung kommunizieren („**Ein-Weg-Kommunikation**"),[1] zählen in erster Linie die klassischen Instrumente der **Werbung** und **Öffentlichkeitsarbeit**. Hinzu kommt die **Vertriebsdokumentation** als Kommunikationsmittel, um einem breiten Interessentenkreis System- und Anwendungskompetenz glaubhaft zu vermitteln.

(1) Werbung. Die Investitionsgüterwerbung im allgemeinen und die Werbung für Software im besonderen hat im Gegensatz zur Kon-

---

[1] Vgl. Schott, E.: a. a. O., S. 90

sumgüterwerbung i. d. R. keine direkte kaufauslösende Funktion.[1] Dennoch muß der informative, verkaufsunterstützende Charakter der Werbung insbesondere angesichts der unzureichenden Transparenz im Softwaremarkt besonders herausgestellt werden.[2] Die Initiierung von Anfragen, die „klimatische" Vorbereitung für das persönliche Verkaufsgespräch und die Ansprache von bekannten und unbekannten Kaufbeeinflussern, die durch das persönliche Verkaufsgespräch nicht erreicht werden können, sind Aufgaben, die die Werbung gemeinsam mit der Öffentlichkeitsarbeit zu erfüllen hat.[3]

Die gebräuchlichste Form der Werbung im Softwarebereich ist die **Anzeigenwerbung**. Sie bietet sich an, „um dem potentiellen Anwender die Existenz eines Produktes oder Unternehmens zu unterbreiten, also die Aufmerksamkeit des Verwenders auf einen möglichen Problemlöser oder eine Problemlösung zu richten."[4] Während beim Softwaretyp C vorwiegend Qualitäts- und Leistungsmerkmale zum Gegenstand der Werbeaussagen gemacht werden können, stehen bei Anzeigen für den Softwaretyp A eher die generellen Leistungspotentiale (des Unternehmens) im Vordergrund. Mit zunehmender Individualisierung des Softwareangebots verlagert sich also der Schwerpunkt der Werbebotschaften auf die Unternehmenswerbung.[5] Ohnehin spielt die Anzeigenwerbung im Rahmen der Signalisierungsinstrumente von Softwareanbietern eher eine untergeordnete Rolle, da sie kaum in der Lage ist, komplexe technische Informationen zu transportieren sowie Vertrauen und Glaubwürdigkeit aufzubauen, da die werblichen Versprechungen oft nicht nachgeprüft werden können.[6]

---

[1] Vgl. Backhaus, K.: a. a. O., S. 253

[2] Vgl. Baaken, T./Launen, M.: a. a. O., S. 160

[3] Vgl. Haas, R. W.: Industrial Marketing Management - Text and Cases, 3. Aufl. Boston 1986, S. 196 ff. zitiert nach Backhaus, K.: a. a. O., S. 253

[4] Baaken, T./Launen, M.: a. a. O., S. 161

[5] Vgl. Schott, E.: Andere Gewichte und neue Inhalte. Kommunikationspolitik für Informationssystem-Anbieter, in: absatzwirtschaft 12/94, S. 90

[6] Vgl. ebenda.

Eine weitere Schwierigkeit liegt in den relativ hohen Streuverlusten, die bei der Schaltung von Anzeigen in Kauf genommen werden müssen. Grundsätzlich läßt sich die Medienlandschaft für in die Anzeigenwerbung in *Fachzeitschriften* einerseits und in *Business-* oder *Manager-Zeitschriften* andererseits unterteilen. Die Fachzeitschriften lassen sich aus Sicht der Softwareunternehmen wiederum in die *DV-orientierten Zeitschriften,* in die *branchenorientierten* und in die *funktionsorientierten Fachzeitschriften* einteilen. Alle genannten Arten von Zeitschriften haben für das werbende Unternehmen ihre Berechtigung als Zielgruppenmedium, da davon ausgegangen werden muß, daß sich die einzelnen Zielpersonen aufgrund ihrer unterschiedlichen Stellung und Aufgabe im Anwenderunternehmen auch unterschiedlicher Informationsträger bedienen. Die Vielzahl der in Frage kommenden Werbeträger zeigt aber auch das Dilemma, in der sich viele Softwareanbieter befinden: Mit einem relativ begrenzten Werbeetat möglichst alle am Kaufentscheidungsprozeß beteiligten Zielpersonen ohne große Streuverluste mit der richtigen Botschaft zu erreichen. Dieses nahezu aussichtslos erscheinende Unterfangen ist sicherlich auch einer der Gründe dafür, daß bislang so wenig Software- und Beratungsunternehmen den Versuch unternommen haben, in **Fernsehspots** zu investieren.[1]

Um die Transparenz im Softwaremarkt zu erhöhen, bieten sich auch **Eintragungen** in Softwarekatalogen, Messeverzeichnissen u. ä. an. Softwareanbieter können in diesen Verzeichnissen durch gezielte Informationen über ihre Produkte und ihr Unternehmen die Orientierung am Markt erleichtern.[2] Insbesondere der ISIS-Software-Report ist für nahezu jedes Softwarehaus ein guter Werbeträger, der durch seinen systematischen Aufbau einen guten Marktüberblick über das Softwareangebot in nahezu allen Anwendungsbereichen gibt. Weitere Kataloge, die die Akquisitionsbemühungen der Softwareunternehmen fördern können, sind die Verzeichnisse von 1+1 Marketing (speziell für PC-Software) und der Messekatalog der Hannover-Messe CeBIT, die als erste Orientie-

[1] Die einzigen Ausnahmen bilden unseres Wissens nach die Firmen *Microsoft* (mit ihrer Einführungskampagne für Windows 95), *SAP* (mit ihrer Mittelstandskampagne im Fernsehsender n-tv) sowie Andersen Consulting (mit ihrer weltweiten Imagekampagne).

[2] Vgl. Baaken, T./Launen, M.: a. a. O., S. 160

rungshilfen im Softwareauswahlprozeß zunehmend an Bedeutung gewinnen.

Um den Anwenderunternehmen insbesondere in den frühen Phasen des Entscheidungsprozesses eine Orientierungshilfe zu geben, bietet sich auch der **Einsatz neuer Kommunikationstechniken** an. Zu nennen sind hier insbesondere **Multimedia-Anwendungen** (z. B. für Präsentationen)[1], datenbankorientierte Kommunikationstechniken und -medien wie **Bildschirmtext** *(BTX)* oder **Internet**. Insbesondere das Internet als unstrukturierter, weltumspannender Netzverbund, der sich derzeit aus mehr als 10.000 Computersystemen zusammensetzt,[2] bietet die Möglichkeit, Produkt- und Unternehmensinformationen als Texte und/oder Grafiken zu übertragen und dem jeweiligen Nutzer zur Verfügung zu stellen. Insofern sind diese Kommunikationseinrichtungen insbesondere für die technisch orientierte Zielgruppe als Informationsmedien zukünftig von großer Bedeutung. Ein Vorteil besteht auch darin, daß in diesen und ähnlichen Medien eine sehr einfache Möglichkeit zur Aktualisierung von Informationen besteht.[3]

(2) Öffentlichkeitsarbeit. Öffentlichkeitsarbeit oder Public Relations ist ebenso wie die Werbung in erster Linie dazu geeignet, ein Imageprogramm zu unterstützen. Insbesondere wenn es darum geht, das Unternehmensimage zu verbessern, erweist sich die PR-Arbeit als besonders leistungsfähig.[4] So hat die Öffentlichkeitsarbeit gegenüber der Werbung den Vorteil, „daß die Medien über ihre Filterfunktion die Glaubwürdigkeit der Aussagen erhöhen".[5]

---

[1] Zum Einsatz von Multimedia-Techniken siehe beispielsweise Silberer, G. (Hrsg.): Marketing mit Multimedia. Grundlagen, Anwendungen und Management einer neuen Technologie im Marketing, Stuttgart 1995 und Kinnebrock, W.: Marketing mit Multimedia. Neue Wege zum Kunden, Landsberg/Lech 1994

[2] Vgl. Polzer, H. G.: Innovation der Information. Europäische Managementkonzepte und Organisationsformen im Wandel der Informationstechnologie, Weinstadt 1996, S. 109 unter Bezugnahme auf Cerf, V.: Testimony before the US House of Representatives (Committee on Space), in: Science and Technology, No. 3/93

[3] Vgl. Strothmann, K.-H./Kliche, M.: a. a. O., S. 154

[4] Vgl. Backhaus, K.: a. a. O., S. 253

[5] Vgl. Schott, E.: a. a. O., S. 90

Zu den klassischen Instrumenten der Öffentlichkeitsarbeit zählen **Pressemitteilungen**, **Fachartikel** und **Anwenderberichte**. Pressemitteilungen werden in der Regel versandt oder im Rahmen von *Pressekonferenzen* oder *Pressegesprächen* zu **Presseberichten** verarbeitet. Anlässe für Pressemitteilungen können die Ankündigung eines neuen Produktes, einer (wesentlichen) Produkt-ergänzung oder -verbesserung, die Bekanntgabe von Geschäftsergebnissen (Jahres-, Halbjahres- oder Quartalsabschlüsse), Veränderungen im Management, der Abschluß wichtiger Kooperations- oder Übernahmeverträge u. ä. sein. Artikel für Fachzeitschriften, die i. d. R. nicht von der Marketing-Abteilung sondern von Mitarbeitern aus den Fachbereichen verfaßt werden, gelten als kompetenzsteigernd und vermitteln dem Leser einen Eindruck über die fachliche Leistungsfähigkeit des Softwareunternehmens. Wirkungsvoll kann die Plazierung von Anwenderberichten deshalb sein, weil sich hier über einen Dritten die Glaubwürdigkeit der Aussagen erhöhen läßt.

Als besonders leistungsfähiges Instrument der Öffentlichkeitsarbeit hat sich die Herausgabe von **Studien** erwiesen.[1] Ob es sich dabei um Technologiestudien oder um Studien im Umfeld von relevanten Anwendungsgebieten handelt, in jedem Fall vermitteln sie Kompetenz in der Auseinandersetzung mit dem jeweiligen Untersuchungsgegenstand. Wichtig dabei ist die Nutzungsbereitschaft durch die Anwenderunternehmen: Wird die Studie als Informationsquelle für den Entscheidungsprozeß von den Anwendern anerkannt, so gelangt sie in den Status eines Marketing-Instruments.[2]

(3) Vertriebsdokumentation. Zur Vertriebsdokumentation zählen Unternehmensbroschüren, Programmprospekte, System- und Kurzbeschreibungen, Demo-Programme. Aber auch Bedienungsanleitungen, Handbücher, Onlinehilfen und ähnliche Anwenderdokumentationen werden beim Verkaufsgespräch, in der Schulung, bei Produktpräsenta-

---

[1] Siehe hierzu insbesondere Baaken, T.: Technologiestudien als innovatives Marketing-Instrument im Investitionsgütermarketing. Ergebnisse einer empirischen Studie, in: Marktforschung und Management 4/91, S. 164 - 169

[2] Vgl. Baaken, T./Launen, M.: a. a. O., S. 174

tionen und auf Messen zunehmend auch als aktives Verkaufsförderungsinstrument eingesetzt.[1]

Obwohl sich der „klassische“ *Prospekt* nach wie vor allergrößter Beliebtheit in der Verkaufsförderung von Software erfreut, liegt mit der „Überbetonung technischer Verkaufsargumente“ offenbar gerade in diesem Bereich ein wesentlicher Marketingfehler der High-Tech-Branche vor.[2] Verselbständigt sich die Technik in der Verkaufsargumentation, so kann eine Behinderung des Absatzes auftreten. Daher ist es besonders wichtig, technische Produktspezifikationen in kundenorientierte Verkaufsargumente zu übersetzen.[3]

Zunehmend an Bedeutung gewinnen **Demo-Programme**. An vorgegebenen Fallbeispielen demonstrieren sie Dateneingaben, Arbeitsabläufe und Bildschirmausgaben.[4] Vornehmlich im Bereich des Produkttyps B bieten solche Programme auch die Möglichkeit, daß der potentielle Anwender seine eigenen Daten testweise eingeben und auswerten (lassen) kann.[5] Als Trägermedium solcher **Demo-Systeme** - zumindest beim Produkttyp C - fungierte jahrelang nahezu ausschließlich die Diskette. Da in diesem Bereich immer mehr Softwarehäuser dazu übergehen, ihre Echtprogramme auf CD-ROM auszuliefern, wird gleichzeitig die damit verbundene Möglichkeit genutzt, „ ... auf der CD-ROM auch diverse Demo-Programme unterzubringen, die sich der Kunde einfach, schnell und kostenlos auf seine Festplatte kopieren kann.“[6]

---

[1] Vgl. Hahn, J. H.: a .a. O., S. 153 f.

[2] Vgl. Maisberger, P.: High-Tech-Marketing der neunziger Jahre. Vortrag im Rahmen der Veranstaltung „High-Tech-Marketing“ des Institute for International Research in Sindelfingen am 15./16.10.1991, S. 14 f.

[3] Vgl. ebenda, S. 15

[4] Vgl. Bittner, L.: Innovatives Software-Marketing, a. a. O., S. 190

[5] Vgl. ebenda, S. 190

[6] Vgl. ebenda, S. 191

4.3.4.2 Signalisierungsinstrumente der direkten, kollektiven Kommunikation

Die Signalisierungsinstrumente der direkten, aber kollektiven Kommunikation richten ihre Botschaften zwar direkt, d. h. persönlich, aber an *mehrere* Empfänger gleichzeitig. Es handelt sich hierbei also um Kommunikationsmaßnahmen, die zwar einen direkten Kontakt zu den Zielpersonen herstellen, konzeptionell aber von vornherein für einen breiten Empfängerkreis bestimmt sind. Zu dieser Kategorie zählen insbesondere

- Direktwerbung,
- Informationsveranstaltungen, Seminare und Vorträge sowie
- Messen und Kongresse.

(1) Direktwerbung. Als Direktwerbung oder **Direct Mail** wird das Versenden von **Werbebriefen** und/oder **Prospekten** bezeichnet. Dieses Marketing-Instrument hat im Softwarebereich eine besondere Bedeutung, weil es im Gegensatz zu anderen Werbemitteln eine recht umfassende Darstellung der Produkteigenschaften ermöglicht.[1] Voraussetzung für den erfolgreichen Einsatz der Direktwerbung ist die Verfügbarkeit eines Adreßbestandes, der sowohl qualitativ als auch quantitativ die an ihn gestellten Anforderungen erfüllt. Die Güte der Adressen wirkt sich nicht nur in Richtigkeit und Vollständigkeit der jeweiligen Anschriften aus, sondern kommt auch in der Selektierbarkeit des Datenbestandes zum Ausdruck. Die Selektionskriterien sollten dabei weitgehend kongruent mit den in Abschnitt 4.1.2.1 herausgearbeiteten Segmentierungsdimensionen sein, d. h. der Adreßbestand sollte Anwenderselektionen hinsichtlich der Zugehörigkeit zu bestimmten Branchen, bestimmten Betriebsgrößen und bestimmten Regionen (Postleitzahlgebieten) sowie eine Unterscheidung zwischen Kunden und Interessenten zulassen. Von besonderem Vorteil ist darüber hinaus die Verfügbarkeit einer Ansprechpartnerhierarchie. Sind diese Voraussetzungen erfüllt, so bietet die relativ große Zielgenauigkeit der Ansprache die Chance, „die zu vermittelnden Informationen an die speziellen Bedürfnisse der Empfänger anzupassen, wodurch sich der Informationswert gegenüber dem der

[1] Vgl. Baaken, T./Launen, M.: a. a. O., S., S. 162

Werbung in Anzeigen wesentlich erhöht."[1] Obwohl sich in der jüngsten Zeit eine (verständliche) Müdigkeit gegenüber Werbebriefen breit gemacht hat, zeigt dieses Instrument nach wie vor sehr gute Ergebnisse im Vorfeld der persönlichen Akquisition. Besonders bewährt hat sich die Direktwerbung bei Einladungen zu Informationsveranstaltungen und Seminaren, die eine Vorführung der Software zum Gegenstand haben.

(2) Informationsveranstaltungen, Seminare und Vorträge. Vertrieblich orientierte Veranstaltungen, in denen die Problemlösung einem breiten Interessentenkreis vorgestellt wird, werden als **Informationsveranstaltungen** bezeichnet. Zumeist lösen sich hierbei Folienvorträge und Bildschirmvorführungen im Wechsel ab. In diesen Veranstaltungen hat der Softwareanbieter die Chance, das gesamte Nutzenspektrum seiner Software darzustellen. Besonders wirksam ist dieses Instrument bei der Vorstellung von neuen Softwareprodukten. Da die Informationsveranstaltungen (im Gegensatz zu Seminaren) einen sehr stark vertrieblichen Charakter haben, werden sie im Regelfall kostenlos angeboten. Insbesondere beim Auswahlprozeß für Software vom Typ A und B dürfte kaum eine Entscheidung fallen, ohne daß die Mitglieder des Buying-Center an einer Informationsveranstaltung für die betreffende Software teilgenommen haben.

Für den Softwareanbieter zählt die Informationsveranstaltung zu den wirtschaftlichsten Marketing-Instrumenten, da einerseits die Streuverluste relativ gering sind und andererseits die Möglichkeit besteht, alle kaufentscheidenden Merkmale gezielt zu präsentieren. Insofern spielt das Instrument der Informationsveranstaltung für den Softwareauswahlprozeß sowohl auf der Nachfrage- als auch auf der Angebotsseite eine ganz entscheidende Rolle. Schwierigkeiten bereiten allerdings vielen Softwareunternehmen die Gewinnung von Veranstaltungsteilnehmern. Nicht selten müssen angesetzte Veranstaltungstermine mangels Anmeldungen wieder abgesagt werden. Das Erfolgsrezept liegt vorwiegend im reibungslosen Zusammenspiel zwischen zielgruppengerechten

[1] Baaken, T./Launen, M.: a. a. O., S. 162

Direct-Mailings, der Nachfrageintensität und dem Neuigkeitsgrad der angebotenen Lösung.

Im Gegensatz zu den vertrieblich ausgerichteten Informationsveranstaltungen verfolgen **Seminare** die generelle Zielsetzung, einen bestimmten Themenbereich aus verschiedenen Perspektiven auszuleuchten und Erfahrungen, Erkenntnisse und Know-how über das betreffende Wissensgebiet kostenpflichtig anzubieten. Die Produktinformation steht dabei im Hintergrund, gleichwohl kann sie ein Bestandteil neutral diskutierter Lösungsansätze sein. In jedem Fall bieten Seminare, die unter eigener Regie durchgeführt werden, über die Vermittlung des reinen Fachwissens hinaus die Möglichkeit, das Unternehmen und seine Leistungsfähigkeit insgesamt darzustellen. Werden Seminare nicht vom Lösungsanbieter selbst, sondern von Trainingsinstituten, Schulungseinrichtungen von Hardwareherstellern u. ä. durchgeführt, so besteht vielfach auch die Möglichkeit, im Rahmen von (Gast-)**Vorträgen** auf das Angebotsprofil des eigenen Unternehmens hinzuweisen.

(3) Messen und Kongresse. Trotz der seit Jahren viel geäußerten Kritik haben Messen[1] für Software- und Systemtechnik immer noch steigende Aussteller- und Besucherzahlen zu verzeichnen. Die Kritik beruht in erster Linie auf der Einschätzung investitionsentscheidender Fachleute, daß die werblich-kommunikative Wirkung von Messen, Ausstellungen und Kongressen bei weitem nicht die hohen Investitionen einer Teilnahme rechtfertigen würde.[2] Daß sich die Messen trotzdem als „ein Ausnahmephänomen im gegenwärtigen kommunikationspolitischen

[1] Die Grenze zwischen Messen und Kongressen wird zunehmend fließender. So haben „klassische" Messen wie die CeBIT in Hannover oder die Systems in München ihr Angebotsspektrum um eine Vielzahl von „messebegleitenden Kongressen" ebenso erweitert, wie die Mehrzahl der Kongreßveranstalter bestrebt ist, ihr Vortragsangebot um eine „kongreßbegleitende Messe" zu attraktivieren. Beispiele hierfür sind der Online-Kongreß in Hamburg, der Deutsche Logistik-Tag in Berlin oder der PPS-Kongreß in Böblingen.

[2] Vgl. hierzu insbesondere Strothmann, K.-H./Kliche, M.: a. a. O., S. 144 und Schott, E.: a. a. O., S. 90

Geschehen"[1] auch für Softwareprodukte erwiesen haben, ist hauptsächlich auf folgende, unverzichtbare Marketing-Elemente zurückzuführen:[2]

- Messen ermöglichen Produktdemonstrationen (Präsentation von Standardlösungen und Oberflächen) und die Darstellung komplexer Sachverhalte.
- Der Messestand erlaubt die persönliche Begegnung zwischen Standpersonal und den Fachbesuchern auf allen hierarchischen Ebenen.
- Die Teilnahme an Messen erlaubt dem Hersteller die Einbindung kompetenter Dritter (Kooperationspartner, Berater, Wissenschaftler).
- Messen demonstrieren die Leistungsfähigkeit von Mitarbeitern und Werkzeugen (Einsatz von Vorführtechniken wie Dias, Filmen sowie von Show-Elementen).

Generell stehen Softwareanbieter auf Messen, Ausstellungen und Kongressen unter dem Zwang, in unmittelbarem Wettwerb sämtliche Leistungsbereiche ihres Marketing zu präsentieren.[3] Damit werden Standpräsentation und Standrepräsentanten zunehmend als Indikator für die Wirtschaftskraft und Leistungsfähigkeit eines Anbieters angesehen.[4]

Diese Betrachtung macht deutlich, wie sehr es auf eine gute Vorbereitung des *Standpersonals* ankommt.[5] Daher sind viele Softwareanbieter bereits dazu übergegangen, ihre Messemannschaft in gezielten Trainings auf den „hohen Ereigniswert der Messe"[6] vorzubereiten. Die Messeschulung sollte neben dem fachlich-inhaltlichen Training auch be-

---

[1] Strothmann, K.-H./Kliche, M.: a. a. O., S. 144

[2] Vgl. Schott, E.: a. a. O., S. 90

[3] Vgl. Strothmann, K.-H./Kliche, M.: a. a. O., S. 146

[4] Schott weist u. E. allerdings zu Recht darauf hin, daß die Schlußfolgerung daraus, wie gut die Lösungen in der Praxis tatsächlich sind und wie gut der Anbieter sein Leistungsversprechen umsetzt, nur sehr indirekt möglich ist. Vgl. Schott, E.: a. a. O., S. 90

[5] Vgl. Strothmann, K.-H./Kliche, M.: a. a. O., S. 146

[6] Vgl. ebenda.

stimmte formale Aspekte wie das Rollenverständnis des Standpersonals, das Tragen von Namensschildern oder die Handhabung von Messebesuchsberichten beinhalten. Das Standpersonal erscheint dem Fachbesucher als integrierter Bestandteil des Marketing-Mix, d. h. die Repräsentanten des ausstellenden Softwarehauses agieren in unmittelbarem Kontext mit den Produktdemonstrationen und der Standkonzeption.[1]

Der generelle **Messeauftritt** wird entscheidend von der **Standgestaltung** geprägt. Ob eher eine offene oder eine geschlossene Standbauweise, eine mehr informationsfreundliche oder kommunikationsfreundliche Standgestaltung[2] oder ob ein Systemstand einem individuellen Standaufbau vorzuziehen ist, hängt in erster Linie von den durch das Softwareangebot ausgelösten Erfordernissen ab.

Wichtig für den Erfolg einer Messeteilnahme ist der Einsatz von Signalisierungsinstrumenten im Vorfeld der Messe. Messeeinladungen als Mailings, Anzeigen in den wichtigsten Fachmedien, Messeaufkleber auf Briefbögen, individuelle Terminabsprachen u. ä. m. sorgen bereits in der Vor-Messezeit dafür, daß der Messebeteiligung eine entsprechende Beachtung geschenkt wird.

In der letzten Zeit haben sich einige *Sonder- oder Mischformen* der Messepräsentation etabliert. Dazu zählen **Hausmessen** in den Räumen des Softwareanbieters, in Hotels oder Kongreßzentren sowie sog. **Road-Shows** in angemieteten Zügen, Schiffen und Bussen.[3] Der Grund für diese messeähnlichen Sonderaktionen ist darin zu sehen, daß insbesondere Mitarbeiter aus kleineren und mittleren Kundenunternehmen schon aus Kostenerwägungen nur mit regionalen Veranstaltungen anzusprechen sind.[4]

---

[1] Vgl. Strothmann, K.-H./Kliche, M.: a. a. O., S. 145

[2] Zur Typologie von Messeständen siehe Strothmann, K.-H.: Investitionsgütermarketing, München 1979, S. 184 ff.

[3] Vgl. Strothmann, K.-H./Kliche, M.: a. a. O., S. 150

[4] Vgl. ebenda.

4.3.4.3 Signalisierungsinstrumente der direkten, individuellen Kommunikation

Zu den Signalisierungsinstrumenten der direkten, individuellen Kommunikation zählen alle Kommunikationsmaßnahmen, die unmittelbar und persönlich auf einen einzigen Kunden bzw. Interessenten gerichtet sind. Dies sind in erster Linie

- Verkaufsgespräche,
- Workshops und
- kundenindividuelle Produktdemonstrationen.

(1) Verkaufsgespräche. Insbesondere im Marketing-Mix der Softwaretypen A und B ist der **persönliche Verkauf** das wichtigste, gleichzeitig aber auch das teuerste Instrument.[1] Da es sich bei Software regelmäßig um höchst erklärungsbedürftige, teilweise auch extrem beratungsbedürftige Produkte handelt, ist die Wirkung dieses Instruments in besonderer Weise von der Qualifikation des Verkaufspersonals abhängig.[2] Neben der obligatorischen Kundenkompetenz ist die Stärkung der Fachkompetenz in zweifacher Hinsicht von Bedeutung. Zum einen sollte der Softwareverkäufer komplexe funktionale Zusammenhänge verstehen und erläutern können, zum anderen sind grundlegende systemtechnische Kenntnisse über Betriebssysteme, Datenbanken, Hardware etc. Voraussetzungen für ein erfolgreiches Verkaufsgespräch.[3] Da Organisation und Qualifikation des Softwarevertriebs im Abschnitt 4.4 *Akquisition* ausführlich behandelt werden, sollen hier lediglich die wichtigsten Ziele und Funktionen des persönlichen Verkaufs zusammengefaßt werden:

- Beeinflussung des abnehmerseitigen Entscheidungsprozesses mit dem Ziel, den angestrebten Auftrag zu erhalten
- Sammeln von Informationen, um konkrete Kundenbedürfnisse zu ermitteln (Bedarfsanalyse)
- Pflege bereits bestehender Kundenbeziehungen
- Ggf. Mitwirkung in der Vorbereitungs- und Konzeptionsphase.

---

[1] Vgl. Schott, E.: a. a. O., S.92

[2] Vgl. ebenda.

[3] Siehe hierzu auch Abschnitt 2.2.5.2 dieser Arbeit.

Schließlich ist noch darauf hinzuweisen, daß sich die personale Kommunikation dafür anbietet, Funktionen der Werbung - zumindest vorübergehend - zu übernehmen.[1]

(2) Workshops. Während sich Seminare und Informationsveranstaltungen konzeptionell von vornherein an mehrere (prospektive) Kunden wenden, richten sich Workshops immer nur an *einen* Anwender.[2] In der Regel sind diese vertrieblichen Einrichtungen im Vorfeld des Verkaufsgesprächs für die Softwaretypen A und B angesiedelt. Sie dienen in erster Linie dazu, Ziele und Sollvorstellungen des Anwenders im Rahmen einer Bedarfsanalyse aufzunehmen und in einem **Anforderungsprofil** abzubilden. Das Anforderungsprofil des Interessenten wird dann mit dem **Leistungsprofil** der Softwarelösung abgeglichen.

Da Anforderungsprofil und Leistungsprofil des angebotenen Produktes i. d. R. nicht deckungsgleich sind, ist es zugleich auch Aufgabe des Workshops, Abweichungen zu analysieren, zu bewerten und zu priorisieren. Abweichungen treten immer dann auf, wenn ein Teil der Anforderungen nicht durch die Software abgedeckt wird, oder dann, wenn die Software mehr Funktionalität bietet als nachgefragt wird. Um jene Anforderungen, die nicht in der angebotenen Software enthalten sind, zu erfüllen, muß die Software entsprechend modifiziert werden. Eine zweite Möglichkeit besteht auch darin, nicht die Software, sondern die organisatorischen Abläufe entsprechend anzupassen. Enthält die nachgefragte Software mehr Funktionalität als es beispielsweise das Sollkonzept (Pflichtenheft) des Anwenders fordert, so besteht die Gefahr, daß die Komplexität der Software die Organisation des Anwenders überfordert. In Abbildung 4.21 sind die verschiedenen Möglichkeiten beim Abgleich von Anforderungs- und Leistungsprofil dargestellt. Aus der Abweichungsanalyse lassen sich dann die Zeit- und Aufwandsplanung für evtl. Software-Modifikationen, die Projekt- und Einführungsplanung sowie das Schulungs- und Integrationskonzept festlegen.

---

[1] Vgl. Strothmann, K.-H./ Kliche, M.: a. a. O., S. 126

[2] Diese hier getroffene Abgrenzung entspricht zwar weitgehend der praktischen Handhabung, sie ist allerdings nicht als allgemeingültig anzusehen.

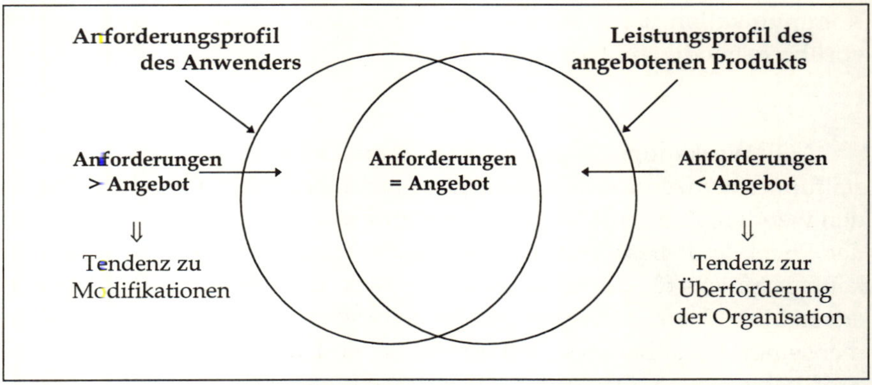

Abb. 4.21: Abgleich von Anforderungsprofil und Leistungsprofil

(3) Individuelle Produktdemonstrationen. Im Gegensatz zu Informationsveranstaltungen richten sich die individuellen Produktdemonstrationen - ebenso wie die Workshops - gezielt nur jeweils an ein Anwenderunternehmen. Die Präsentation des Produktes erfolgt zumeist mit Test- oder Vorführdaten in den Räumen des Sofwareanbieters oder auch mit Echtdaten im Rahmen eines **Referenzbesuches** bei einem Anwender. Besonders bei der Akquisition der Softwaretypen A und B haben sich Produktpräsentationen, die individuell auf die Anforderungen eines bestimmten Interessenten zugeschnitten sind, als zwar aufwendige aber sehr effiziente Form der direkten Kommunikation bewährt.

4.3.5 Zur Wirksamkeit der Signalisierungsinstrumente

Wie die vorstehende Darstellung der Signalisierungsinstrumente zeigt, gibt es eine ganze Reihe von Instrumenten und Maßnahmen, mit denen Softwarehäuser die Kundenwahrnehmung optimieren können. Und es dürfte mindestens ebenso viele Untersuchungen über die Wirksamkeit dieser Instrumente und Subinstrumente geben - sowohl aus

Sicht der Anwender-Unternehmen als auch aus Sicht der Softwareanbieter.[1]

Alle genannten Untersuchungen weisen den Signalisierungsinstrumenten der indirekten Kommunikation in ihrer Bedeutung für das Informations- und Beschaffungsverhalten der Anwender-Unternehmen lediglich eine untergeordnete Rolle zu. Dieses Ergebnis kann wenig zufriedenstellen und sollte relativiert werden, da keine der Analysen unter dem Aspekt durchgeführt wurde, ob das jeweilige Signalisierungsinstrument Teil des Bewußtseins-, Image-, Produkt- oder Kundenprogramms ist. Die Wirksamkeit des Einsatzes eines Signalisierungsinstruments sollte jedoch vornehmlich daran gemessen werden, an welche Zielgruppenzugehörige (Indifferente, Sensibilisierte, Interessierte oder Engagierte) sich der Einsatz richtet.

Insofern wird hier die These vertreten, daß *alle* genannten Signalisierungsinstrumente ihre Berechtigung haben, häufig aber nicht in der richtigen Dosierung und selten als Ausfluß eines Signalisierungskonzeptes angewendet werden.

Darüber hinaus spielt auch der **Interaktionsgrad**[2] der angebotenen Software eine wesentliche Rolle beim Einsatz der Signalisierungsinstrumente. So dominieren bei der interaktionsintensiven Software (⇒ Softwaretyp A) im wesentlichen die Instrumente der direkten, individuellen

---

[1] Zum Informations- und Beschaffungsverhalten beim Kauf von Investitionsgütern im allgemeinen siehe u. a. Strothmann, K.-H.: a. a. O., S. 133ff., Spiegel-Verlag (Hrsg.): Der Entscheidungsprozeß bei Investitionsgütern. Beschaffung, Entscheidungskompetenzen, Informationsverhalten, Hamburg 1982, S. 35 ff., Spiegel-Verlag (Hrsg.): Innovatoren. Eine Pilotstudie zum Innovationsmarketing in Maschinenbau und Elektroindustrie, Hamburg 1988, S. 94 ff. Zu Informationsquellen für die Softwarebeschaffung im besonderen siehe u. a. Kirsch, W./Börsig, C./Englert, G.: a. a. O., S. 73 ff., Horvàth, P./Petsch, M./Weihe, M.: Standard-Anwendungssoftware für das Rechnungswesen. Marktübersicht, Auswahlkriterien und Produkte für Finanzbuchhaltung und Kosten- und Leistungsrechnung, München 1986, S. 11 ff., Infratest (Hrsg.): Profil und Profilierung der Software-Industrie 1984, München 1984, Infratest (Hrsg.): Profil und Profilierung der Software-Industrie 1986, München 1986, Fink & Fuchs High-Tech Marketing (Hrsg.): Public Relations der Computerindustrie, Wiesbaden 1991

[2] Vgl. Meffert, H.: Dienstleistungsmarketing, in: Tietz, B./Köhler, R./Zentes, J. (Hrsg.): a. a. O., Sp. 456 ff.

Kommunikation, während bei der (interaktions-)unabhängigen Software (⇒ Softwaretyp C) der Einsatz von Instrumenten der indirekten Kommunikation überwiegen dürfte. Abbildung 4.22 verdeutlicht diesen Zusammenhang.

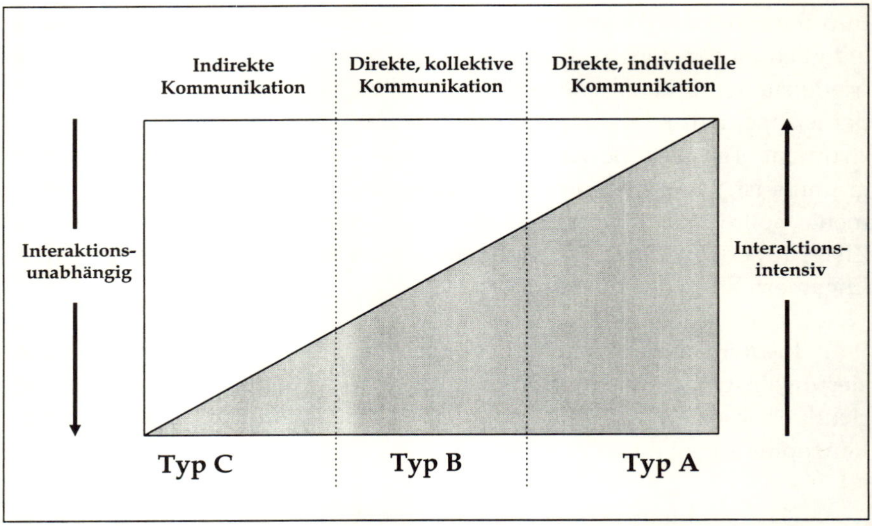

Abb. 4.22: Der Einsatz von Signalisierungsinstrumenten in Abhängigkeit vom Interaktionsgrad des Softwaretyps

Die Darstellungsweise in Abbildung 4.22 darf aber nicht zu dem Fehlschluß verleiten, daß die jeweiligen Signalisierungsinstrumente *eindeutig* einem Softwaretyp zugeordnet sind. Im Gegenteil, unmittelbar zielführend im Sinne der angestrebten Kaufhandlung ist vielmehr ein abgestimmtes *Ineinandergreifen* der einzelnen Instrumente. Um dies zu verdeutlichen, sind in Abbildung 4.23 am Beispiel der Softwaretypen A und B die einzelnen Signalisierungsinstrumente in ihren Wirkungszusammenhängen dargestellt. Daraus wird deutlich, daß der Weg von der Verkaufsofferte zum Auftrag insbesondere bei den Softwaretypen A und B regelmäßig über vertrieblich orientierte Informationsveranstaltungen und Produktdemonstrationen führt. Ohne diese Vertriebsveranstaltungen ist der Verkauf der Produkttypen A und B offenbar nur sehr schwer zu bewerkstelligen. In solchen Veranstaltungen ist es möglich, über die

Person (Referent) das erklärungsbedürftige Produkt i. w. S. zu verkaufen. Alle anderen genannten Instrumente können dies nicht leisten, sind aber sehr wohl, z. B. als flankierende Maßnahmen, in der richtigen Stufe des Signalisierungsprozesses von großem Nutzen für die Kundenwahrnehmung. So läßt sich ein Bewußtseins- bzw. Imageprogramm, in dem Indifferente sensibilisiert bzw. Sensibilisierte interessiert werden sollen, zweckmäßigerweise wohl nur mit entsprechender Anzeigenwerbung und flankierenden PR-Aktionen durchführen.

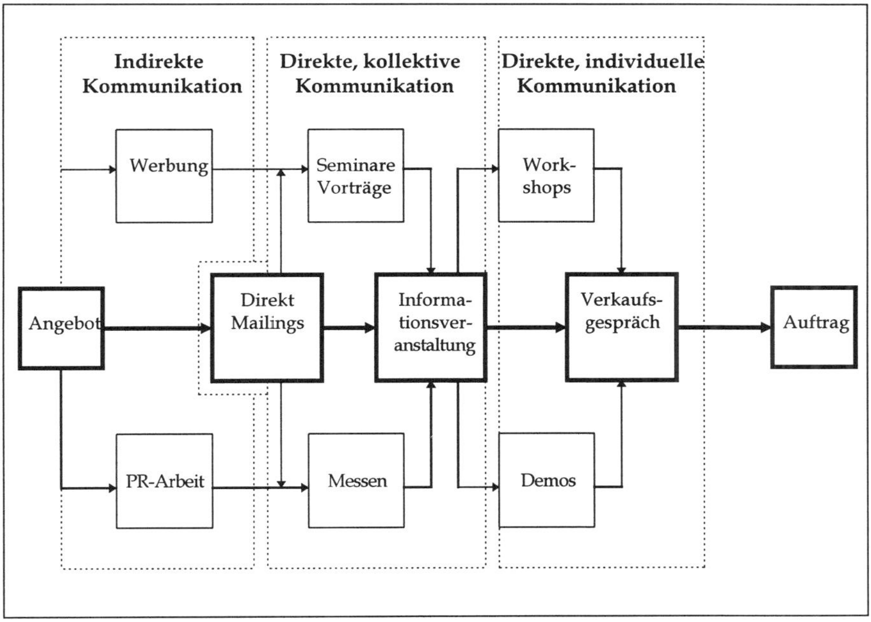

Abb. 4.23: Vom Angebot zum Auftrag - die Signalisierungskette für die Softwaretypen A und B

4.4 Distribution

4.4.1 Wesen und Ziel der Distribution

Die Distribution ist das vierte wichtige **Planungsobjekt** im Rahmen des Vermarktungsprozesses. Sie umfaßt im wesentlichen zwei Entscheidungskomplexe. Der eine betrifft die **Wahl der Distributionskanäle** und der jeweils einzuschaltenden Distributionsorgane *(channel policy)*, der andere bezieht sich auf die Frage der physischen Distribution *(Marketing Logistik)*.[1] Die Distribution zielt somit auf die Optimierung der **Kundenkontaktierung**. Die Notwendigkeit zur Optimierung der Kundenkontaktierung und damit zum Aufbau einer schlagkräftigen Vertriebsorganisation ergibt sich auf der einen Seite durch die *Ausweitung der Absatzmärkte* aufgrund neu entstandener Kundenkreise und auf der anderen Seite aus den *Erfolgsfaktoren für das Software-Produktgeschäft.*

Die dynamische Entwicklung der Mikrocomputertechnologie hat, wie bereits in Abschnitt 3.1.4 erwähnt, zu einer drastischen Verkleinerung und zur Verbilligung der Hardwaresysteme geführt. Für die Hersteller von Software für diese Hardwaresysteme ergibt sich daraus die Erfordernis, nicht nur Großunternehmen, sondern auch mittlere und kleinere Betriebe als ihre Zielgruppe anzusehen.[2] Die Ausweitung des potentiellen Kundenkreises führt zu dem Zwang, die Vertriebsorganisation entscheidend zu erweitern.

Hinter den Erfolgsfaktoren für das Software-Produktgeschäft steht vor allem die Erkenntnis, daß sich die hohen Entwicklungs- und Vermarktungskosten nur über entsprechende Stückzahlen amortisieren lassen.[3] Die hierzu erforderliche Vertriebsorganisation ist von den meisten Softwareunternehmen aber nicht aus eigener Kraft aufzubauen. Bereits

---

[1] Vgl. Bidlingmaier, J.: Marketing, Bd. 2, Reinbek bei Hamburg 1973, S. 328. Im folgenden werden die Begriffe *Distributionskanäle, Distibutionswege, Vertriebskanäle* und *Vertriebswege* synonym verwendet. Die physische Distribution ist für die Vermarktung von Software von untergeordneter Bedeutung und wird hier nicht näher behandelt.

[2] Vgl. Strothmann, K.-H./Kliche, M.: a. a. O., S. 17

[3] Vgl. Lippold, D.: Marketing als kritischer Erfolgsfaktor der Softwareindustrie, a. a. O., S. 232

der Aufbau und die Unterhaltung eines flächendeckenden Vertriebsnetzes in Deutschland überfordert die finanziellen Möglichkeiten vieler Softwarehäuser. Eine internationale Präsenz steht damit ohnehin außer Frage.[1]

Es reicht allerdings nicht, die Vertriebsorganisationen rein zahlenmäßig aufzustocken. Es ist vielmehr zusätzlich zu gewährleisten, daß die Vertriebsmitarbeiter den hohen Informations- und Beratungsansprüchen mit einem umfassenden Wissensstand und hinreichender **Qualifikation** entsprechen.[2] Damit ist neben der quantitativen Dimension, die sich durch die neu entstandenen Abnehmerkreise ergibt, auch das **Qualifikationsproblem** angesprochen.[3]

Aus diesen Ausführungen wird deutlich, daß die Distribution als Planungsobjekt insbesondere für Softwarehäuser, die die Softwaretypen B und C vermarkten, von existentieller Bedeutung ist.

4.4.2 Software-Distributionswege im Überblick

Insbesondere das traditionelle Mainframegeschäft und die damit verbundenen Anforderungen an die vertriebliche Qualifikation waren die Ursachen dafür, daß die Softwarehäuser - wenn es um den Vertrieb ging - in der Vergangenheit mehr geschoben werden mußten als daß sie hier ihre eigene Innovationsbereitschaft zeigten.[4] Mit dem Vordringen der kleineren Computer und des damit einsetzenden Mengengeschäfts schrumpften auch die entsprechenden Softwarepreise und Gewinnspan-

---

[1] Vgl. Vgl. Lippold, D.: Marketing als kritischer Erfolgsfaktor der Softwareindustrie, a. a. O., S. 232

[2] Vgl. Strothmann, K.-H./Kliche, M.: a. a. O., S. 17 f.

[3] Vgl. ebenda, S. 17. Zu den Anforderungen an die Qualifikation des Softwareverkäufers siehe Abschnitt 4.5.2.2 dieser Arbeit.

[4] Vgl. Jagoda, F./Besserer, F.: Auf der Suche nach neuen Vertriebswegen, in: Diebold Management Report Nr. 8/9 - 1993, S. 3

nen und somit auch „die Ergiebigkeit eines Verkaufsgesprächs".[1] Damit waren für viele Standardsoftwarelösungen die mit der eigenen Vertriebsorganisation erreichbaren Märkte nicht mehr groß genug, um die hohen Entwicklungskosten zurückzugewinnen.[2] Nach dem Vorbild der Hardwarehersteller sind dann viele Softwarehäuser dazu übergegangen, den **Direktvertrieb** auf die ganzheitliche Betreuung von Großkunden zu konzentrieren und den übrigen Kundenkreis **Vertriebspartnern** zu überlassen.[3]

Aus Sicht der software-entwickelnden Unternehmen gibt es neben dem direkten Vertrieb mehrere Optionen, Software zu distribuieren. Aufgrund der Komplexität und Erklärungsbedürftigkeit von Software sind die **indirekten Vertriebswege** vornehmlich durch *zwischenbetriebliche Kooperationen* gekennzeichnet. Eine **zwischenbetriebliche Kooperation** beruht auf einer vertraglich vereinbarten, freiwilligen Zusammenarbeit von rechtlich und wirtschaftlich selbständig bleibenden Unternehmen zum Zwecke der Ökonomisierung von unternehmerischen Teilaufgaben.[4] Eine so definierte Zusammenarbeit reicht also deutlich über die normalen *„funktionellen"*[5] Beziehungen, die zwischen Lieferanten und Abnehmern bestehen, hinaus.

Eine übersichtliche Einteilung von Kooperationen nach ihrer *Richtung* kann entsprechend ihrer Einordnung in die Wertschöpfungskette vorgenommen werden.[6] Bei der **vertikalen Kooperation** befinden sich die Partner auf zwei vor- bzw. nachgelagerten Wirtschaftsstufen, wie dies beispielsweise bei einem Softwarehaus und einem DV-Fachhändler der Fall ist. Eine **horizontale Kooperation** liegt vor, wenn sich die Part-

[1] Vgl. Jagoda, F./Besserer, F.: a. a. O., S. 3.

[2] Vgl. Abel, J.: a. a. O., S. 252

[3] Vgl. Jagoda, F./Besserer, F.: a. a. O., S. 6

[4] Vgl. Knoblich, H.: Zwischenbetriebliche Kooperation. Wesen, Formen und Ziele, in: ZfB, 39. Jg. (1969), S. 503

[5] Diese Bezeichnung des gegenseitigen Leistungs- und Zahlungsaustausches geht zurück auf Schäfer, E.: Die Unternehmung, 6. Aufl., Köln und Opladen 1966, S. 1 ff. und S. 78

[6] Vgl. Benedikter, W.: Strategische Allianzen im Softwaremarkt, in: Wimmer, F./Bittner, L. (Hrsg.): a. a. O., S. 75

ner auf der gleichen Wertschöpfungsebene befinden. Bieten die Partner im Rahmen einer horizontalen Vertriebspartnerschaft unterschiedliche, komplementäre Produkte an (z. B. Hardwarehersteller und Softwarehaus), so handelt es sich um eine **komplementäre Kooperation**. Steht das Angebot beider Partner (teilweise) im Wettbewerb zueinander, so liegt eine **konkurrierende Kooperation** vor. **Diagonale** bzw. **konglomerate Kooperationen** liegen vor, wenn die Partner weder der gleichen noch zweier benachbarter Wertschöpfungsebenen angehören. Hierzu zählt beispielsweise die Zusammenarbeit zwischen Softwarehäusern und Universitäten.[1]

Abbildung 4.24 gibt einen Überblick über die wichtigsten Distributionswege und Kooperationsformen im Software-Marketing.[2]

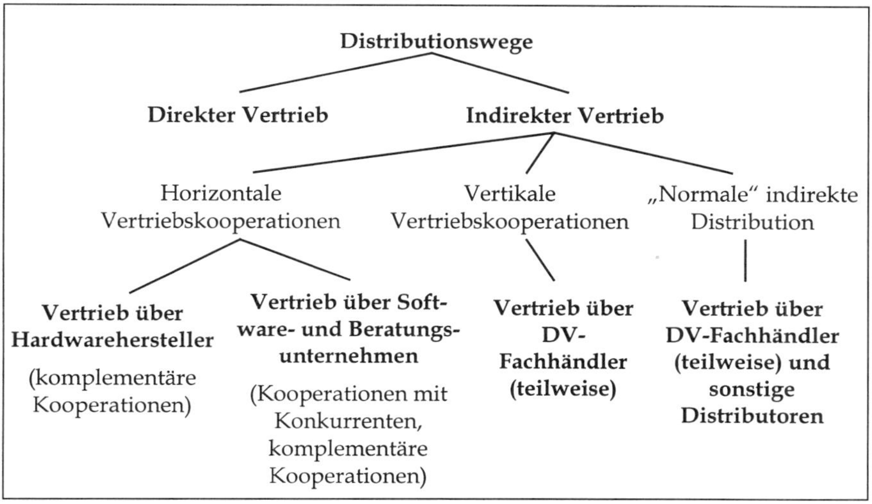

Abb. 4.24: Distributionswege und Kooperationsformen im Software-Marketing

[1] Zu den verschiedenen Kooperations*richtungen* im Software-Marketing vgl. auch Abel, J.: a. a. O., S. 96 ff.

[2] Zu einer ähnlichen Einteilung der Distributionsmöglichkeiten im Software-Marketing kommen auch Baaken, T./Launen, M.: a. a. O., S. 141 ff. In der Abbildung sind lediglich die *vertrieblich-orientierten* Kooperationen aufgeführt. Zu weiteren Gebieten der zwischenbetrieblichen Zusammenarbeit im Softwaregeschäft siehe insbesondere Abel, J.: a. a. O., S. 143 ff.

Welche indirekten Vertriebskanäle dabei derzeit von den Softwareanbietern besonders präferiert werden, zeigt eine Untersuchung der Unternehmensberatung Baumgartner & Partner, die dazu 123 Software- und Services-Anbieter in Deutschland befragt haben.[1] In Abbildung 4.25 sind den einzelnen Anbietergruppen die grundsätzlich möglichen Vertriebswege zugeordnet.[2]

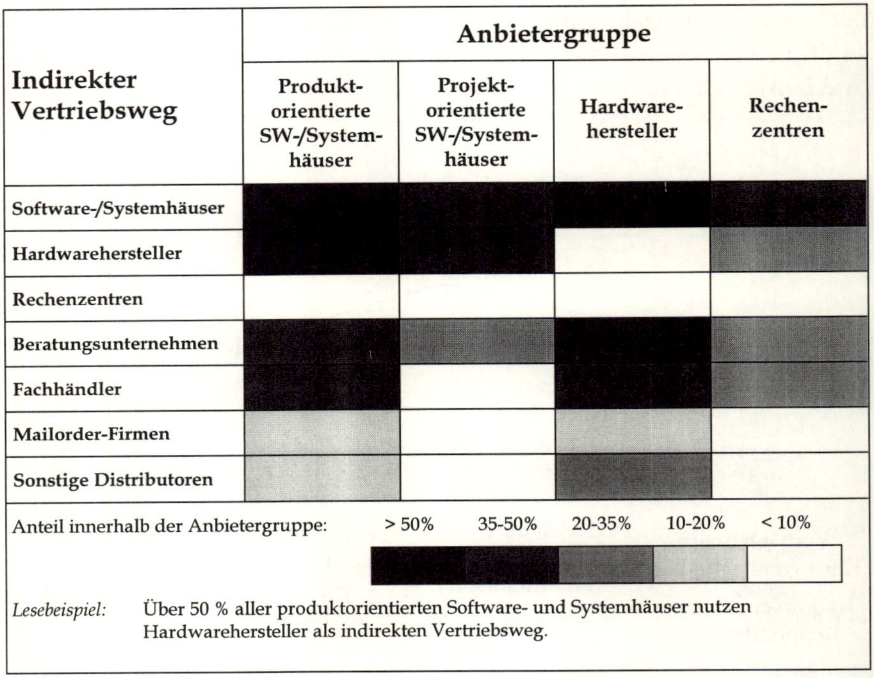

Abb. 4.25: Verwendung indirekter Vertriebswege von Software- und Systemhäusern nach Baumgartner & Partner

[1] Baumgartner & Partner (Hrsg.): Software-Branche im Umbruch - neue Anforderungen an Marketing und Vertrieb. Ergebnisse einer Befragung von Software- und Services-Anbietern in Deutschland, 24. Februar 1994

[2] Vgl. ebenda, S. 16

Hinsichtlich der Nutzung indirekter Vertriebskanäle und Vertriebskooperationen kommt die Studie zu folgenden zusammenfassenden Ergebnissen:[1]

- In allen Bereichen ist insgesamt in den letzten Jahren eine starke Zunahme der Nutzung indirekter Vertriebskanäle bzw. Vertriebskooperationen zu beobachten. Steigende Kosten des Direktvertriebs bei gleichzeitig stagnierenden Softwarepreisen sind dabei als Hauptgründe zu sehen.
- Die Verwendung indirekter Vertriebswege ist bei den produktorientierten Softwareanbietern (⇒ Softwaretyp C und teilweise B) am stärksten ausgeprägt.
- Im Geschäft mit hohen Stückzahlen (⇒ Softwaretyp C) gewinnen Mail-order-Firmen und sonstige Distributoren an Bedeutung.
- Selbst die Akquisition von Softwareprojekten (⇒ Softwaretyp A und teilweise B), eine Domäne des Direktvertriebs, erfolgt zunehmend auch über Vertriebspartnerschaften mit Hardwareherstellern und anderen Software- und Beratungsunternehmen. Dabei spielen „Systemintegrationsprojekte mit einer Generalunternehmerschaft - Sublieferantenbeziehung" eine wichtige Rolle.

Überträgt man die empirisch vorgefundenen Ergebnisse auf die für unsere Untersuchung besonders relevante Fragestellung, welche Vertriebswege sich für welche Softwaretypen besonders eignen, so ergibt sich der in Abbildung 4.26 dargestellte Zusammenhang.

[1] Vgl. Baumgartner & Partner (Hrsg.): a. a. O., S. 16

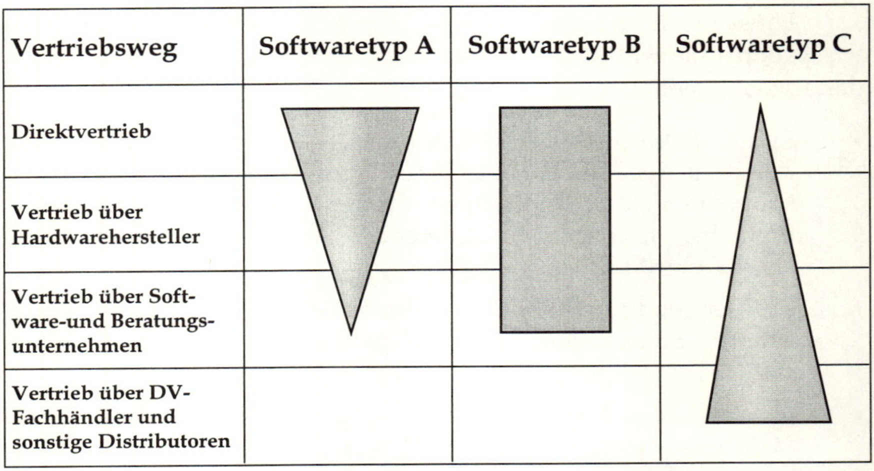

Abb. 4.26: Zusammenhang zwischen Softwaretyp und Vertriebswegen nach Schwerpunkten

Während beim Softwaretyp A immer noch der Direktvertrieb (allerdings bei zunehmender Tendenz von vertrieblich orientierten **Projektpartnerschaften** mit Hardwareherstellern und/oder Beratungsunternehmen) überwiegt, werden beim Typ B sowohl der Direktvertrieb als auch der Vertrieb über Hardwarehersteller und Softwarehäuser in gleicher Weise genutzt. Das Geschäft mit dem Softwaretyp C konzentriert sich bereits heute weitgehend auf indirekte Vertriebswege und hier insbesondere auf DV-Fachhändler und sonstige Distributoren.

4.4.3 Direkter Vertrieb

Aufgrund der hohen Anforderungen an die Qualifikation der Vertriebsmitarbeiter[1] ist der Vertrieb über die eigene Vertriebsorganisation immer noch stark verbreitet. Vertriebsmitarbeiter einer direkten Absatzorganisation treten dem potentiellen Anwender i. d. R. mit einem größeren Problemverständnis gegenüber als eine indirekte Vertriebsorganisation, deren Beratungsleistung häufig zu wünschen übrig läßt.[2] Anderer-

[1] Siehe hierzu Abschnitt 4.5.2.2 dieser Arbeit.

[2] Vgl. Baaken, T./Launen, M.: a. a. O., S. 141

seits läßt der hohe Fixkostenblock eines eigenen Vertriebsnetzes häufig nur zwei Möglichkeiten zu: entweder die Fokussierung auf Großfirmen oder eine regionale Konzentration.

Der hohe vertriebliche Beratungsbedarf und die ausschließliche Orientierung auf Großkunden und/oder eine starke regionale Ausrichtung ist charakteristisch für den Softwaretyp A. Insofern ist der direkte Vertrieb auch heute noch der vorherrschende Vertriebsweg für diesen Softwaretyp. Wesentlicher Vorteil des Direktvertriebs ist seine Akzeptanz als kompetenter Problemlöser, denn nur für die Vertriebsmitarbeiter der eigenen Organisation läßt sich ein umfassender Wissensstand und eine hinreichende Qualifikation sicherstellen. Ein weiterer Vorteil liegt darin, daß die Softwarelizenzerlöse vollständig im Unternehmen verbleiben. Diesem Vorzug steht - wie bereits erwähnt - die teilweise extrem hohe Fixkostenbelastung gegenüber.

Beim direkten Vertrieb für den Softwaretyp C haben sich die Gewichte verschoben: Die Aktionsfelder sind über den persönlichen Verkauf hinaus breiter geworden.[1] Insbesondere die verschiedenen Formen des **Direkt-Marketing** (insbesondere *Direkt-Mailing* und *Telefon-Marketing*) erfreuen sich zunehmender Beliebtheit[2], wenngleich über deren Wirksamkeit noch Unklarheit besteht.[3] Der **elektronische Verkauf** *(„Tele-Shopping“)*, der erst noch am Anfang seiner Entwicklung steht, läßt für PC-Programme ebenfalls enorme Zuwachsraten erwarten, denn „schließlich sind digitale Programme in besonderer Weise geeignet, digital angeboten, digital bestellt und digital geliefert zu werden“.[4] Da sich diese Form des Direktvertriebs nahezu ausschließlich an Privathaushalte

---

[1] Vgl. Bittner, L.: Innovatives Software-Marketing, a. a. O., S. 175

[2] Vgl. ebenda.

[3] Speziell bei den Softwaretypen A und B hat sich das Direkt-Mailing und das Telefon-Marketing bislang nur dann bewährt, wenn es sich um *akquisitionsanbahnende* Aktionen wie Einladungen (oder Nachfaßaktionen) zu Verkaufsveranstaltungen, Messen, Kongressen, Workshops etc. oder um gezielte Marktforschungsaktionen (Bedarfsanalysen) gehandelt hat. Deshalb sind die Formen des Direkt-Marketing im Rahmen dieser Arbeit auch den Signalisierungsinstrumenten zugeordnet worden (siehe Abschnitt 4.3.4).

[4] Vgl. Bittner, L.: Innovatives Software-Marketing, a. a. O., S. 175

wendet bzw. wenden wird, soll hier auf eine ausführliche Darstellung verzichtet werden.

4.4.4 Indirekter Vertrieb

Im folgenden sollen die drei wichtigsten indirekten Vertriebskanäle im Hinblick auf ihre Leistungsfähigkeit skizziert werden:

- Vertrieb über **Hardwarehersteller**,
- Vertrieb über **Software- und Beratungsunternehmen** und
- Vertrieb über **DV-Fachhändler** und **sonstige Distributoren**.

4.4.4.1 Vertrieb über Hardwarehersteller

Insbesondere für Softwarehäuser, die sich mit der Entwicklung und Vermarktung der Softwaretypen A und B befassen, zählt der Vertrieb über Hardwarehersteller zu den bevorzugten Distributionswegen. Da die Hardwarehersteller i. d. R. über eine wesentlich leistungsfähigere Vertriebsorganisation und über nahezu flächendeckende Kontakte zu allen potentiellen Anwenderunternehmen dieser beiden Softwaretypen verfügen, ist dieser Vertriebsweg für viele Softwareanbieter der ideale Distributionskanal.[1] In gleicher Weise versprechen sich die Hardwarehersteller von einer vertrieblichen Zusammenarbeit mit einem Softwarehaus eine Komplettierung und damit Attraktivierung ihres Angebots. Bei dieser Form der Zusammenarbeit handelt es sich um eine **horizontale Kooperation**, da die Partner der gleichen Wirtschaftsstufe (Wertschöpfungsebene) angehören und in gleichen oder verwandten Wirtschaftszweigen tätig sind.[2] Voraussetzung einer Partnerschaft zwischen Software- und Hardwarehersteller ist, daß die Software auf der entsprechenden Hardwarebasis lauffähig ist. Die Möglichkeiten des

---

[1] Einer Untersuchung von 1989 zur Folge verfügen 71 % aller Softwareunternehmen über regelmäßige Geschäftsbeziehungen zu Hardwareherstellern.Vgl Buschmann, E. et al: a. a. O., S. 107

[2] Vgl. Knoblich, H.: Zwischenbetriebliche Kooperation, a. a. O., S. 505 und Abel, J.: a. a. O., S. 96 ff. unter Bezugnahme auf Rasche, H.: Kooperation. Chance und Gewinn, Heidelberg 1970, S. 33

Softwarevertriebs über den Hardwarehersteller reichen von der reinen Vermittlung (i. S. von Empfehlung) bis hin zur vollständigen Übernahme und Vermarktung der Software unter dem Firmenlogo des Computerherstellers. In Abbildung 4.27 sind die wichtigsten Varianten aufgeführt.[1]

Kooperationsvariante	**Status des Hardwareherstellers**	**Umsatzaufteilung**
Hardwarehersteller fungiert als *Vermittler* der Software	Fremder Name - fremde Rechnung	Hardwarehersteller erhält *Vermittlungsprovision* vom Softwarehaus (10 - 20 % der Lizenzerlöse)
Hardwarehersteller verkauft Software unter der Produktbezeichnung des Softwarehauses *(Entwickler-Logo)*	Eigener Name - eigene Rechnung	*Lizenzerlösaufteilung* im Verhältnis 50:50 (auch 40:60 oder 60:40)
Hardwarehersteller verkauft Software unter seiner Produktbezeichnung *(Vendor-Logo)*	Eigener Name - eigene Rechnung	Softwarehaus erhält eine Einmalgebühr (vom Hardwarehersteller) sowie je Produktverkauf eine *Entwicklungsprovison* (10 - 20 % der Lizenzerlöse)

Abb. 4.27: Kooperationsformen beim Vertrieb über Hardwarehersteller

Die Geschäftsbeziehungen zwischen Softwareunternehmen und Computerhersteller sind zumeist keine Einbahnstraße sondern „interaktiv".[2] Ebenso wie Hardwarehersteller über den Softwarevertrieb den Einstieg in das Problemlösungsgeschäft und damit größere Wertschöpfungsanteile suchen, bieten die Computerbauer den Softwareunternehmen im Gegenzug eine (meist regional begrenzte) Vertriebspartnerschaft für ihre Hardwaresysteme an. Hiervon versprechen sich die Hardwarehersteller den Zugang zur regionalen Kundenbasis der Softwarehäuser, die als „autorisierte" Vertriebspartner nunmehr als Systemintegratoren fungieren können. Da sich die Produkt- und Leistungsan-

[1] Es muß darauf hingewiesen werden, daß in der Praxis eine wesentlich größere Anzahl von Kooperationsvarianten existieren. Die angegebenen Prozentzahlen bei der Umsatzaufteilung sind daher lediglich Anhaltspunkte für drei (wesentliche) Zwischenabstufungen.

[2] Vgl. Baaken, T./Launen, M.: a. a. O., S. 143

gebote beider Partner ergänzen, wird diese Form der horizontalen Kooperation auch als **komplementäre Kooperation** bezeichnet.[1]

Bei einer solchen Zusammenarbeit ergibt sich für Softwarehäuser gewöhnlich der Vorteil, daß sich der Hardwarehersteller sowohl bei der technischen Integration der Software in die Hardwareumgebung als auch bei der Entwicklung bestimmter Zusatzbausteine durch Zurverfügungstellung des benötigten Hardware-Equipments und/oder finanziell beteiligt.[2] Eine besonders intensive Zusammenarbeit kann sich bei der Vermarktung von Projekten ergeben, in denen der Softwaretyp A eingebunden ist. Hier kann die Initiative sogar vom Hardwarehersteller ausgehen, da für diesen bei vielen Projektausschreibungen nur dann Erfolgsaussichten bestehen, wenn neben der Hardware auch Konzepte und Partner für die Realisierung einer Gesamtlösung (also einschließlich Software und Dienstleistungen) angeboten werden können.[3] In solchen Fällen schließen sich Hard- und Softwareunternehmen zu einer projektbezogenen und damit zeitlich begrenzten Anbieterkoalition zusammen.[4]

Die Vorteile dieser Vertriebspartnerschaften lassen sich wie folgt zusammenfassen:[5]

- Partizipation an den vorhandenen Kundenbasen der Hardwarehersteller in Form von zusätzlichen Produktverkäufen;
- Zusatzaufträge für Einführungs- und Organisationsberatung sowie für Modifikationen und Software-Erweiterungen;
- Mitnahme von zusätzlichen Margen durch Hardwarevermittlung;
- Finanzielle Entlastung (bzw. kostenlose Hardwarenutzung) bei der Softwareentwicklung und -anpassung im Hinblick auf die Hardwareumgebung des Herstellers.

---

[1] Vgl. Abel, J.: a. a. O., S. 98 f. unter Bezugnahme auf Gerth, E.: Zwischenbetriebliche Kooperation, Stuttgart 1971, S. 81 f.

[2] Vgl. Abel, J.: a. a. O., S. 191

[3] Vgl. ebenda, S. 223 unter Bezugnahme auf Hasenbeck, M.: Um Kopf und Kragen, in: Wirtschaftswoche Special, Supplement Nr. 2 vom 4.3.1988, S. 5

[4] Vgl. Abel, J.: a. a. O., S. 223 f.

[5] Vgl. Baaken, T./Launen, M.: a. a. O., S. 143

Als Vorteile, die sich aus einer Vertriebspartnerschaft für die Computerhersteller ergeben, sind im wesentlichen zu nennen:

- Einstieg in das Problemlösungsgeschäft;
- Größere Attraktivität des Angebots und damit Differenzierungsmöglichkeiten gegenüber „reinen" Hardwareherstellern;
- Regional stärkere Durchdringung über autorisierte Vertriebspartnerschaften;
- Vergrößerung der Chancen bei Projektausschreibungen.

Nachteile bei dieser Form der Zusammenarbeit zwischen Hardware- und Softwareproduzenten lassen sich dagegen kaum ausmachen. Um so erstaunlicher ist, daß Vertriebspartnerschaften trotz dieser offensichtlichen und objektiven Vorteile in der Vergangenheit immer häufiger scheiterten. Ein wesentlicher Grund für das Scheitern ist sicherlich in den unterschiedlichen Erwartungshaltungen zu Beginn der Partnerschaften zu sehen. So verspricht sich beispielsweise ein Softwarehaus eine Vervielfältigung seiner Vertriebskontakte, während der Hardwarepartner das Gleiche erwartet, ohne daß beide jedoch entsprechende Maßnahmen zur Unterstützung des Partners vornehmen. Um überzogene Erwartungen gar nicht erst aufkommen zu lassen, muß die eigene Interessenlage dem Partner deutlich und offen - z. B. im Rahmen der Kooperationsvereinbarung - erklärt werden.[1]

Ein weiterer Grund für ein frühzeitiges Scheitern ist darin zu sehen, daß die Hardwarehersteller zu viele Softwarehäuser für den Vertrieb ihrer Hardware autorisieren, so daß sich der gewünschte Attraktivitätseffekt auf der Softwareseite neutralisiert. Ebenso übertragen („portieren") die Softwareunternehmen ihre Produkte auf zu viele Hardwareumgebungen, so daß die Vorhaltung der einzelnen Versionen in hohem Maße unwirtschaftlich wird.

---

[1] Vgl. Geffken, J.: Strategische Partnerschaften: Konzepte - Erfolgsfaktoren - Umsetzungserfahrungen, Vortrag beim 6. Berliner Software Unternehmer-Gepräch am 04./05.02.1993. Geffken spricht in diesem Zusammenhang von der „richtigen Erwartungshaltung als Erfolgsfaktor" einer zukünftigen Partnerschaft.

4.4.4.2 Vertrieb über Software- und Beratungsunternehmen

Die gleichen Voraussetzungen gelten in ganz besonderer Weise auch für den Vertrieb über Softwarehäuser. Da es sich hierbei um zwischenbetriebliche **Kooperationen mit Konkurrenten** handelt, bedarf es eines besonderen Vertrauensverhältnisses, um dem Wettbewerber Einblick in das eigene Unternehmen zu gewähren.[1] Ein bestehendes Wettbewerbsverhältnis läßt sich im Rahmen der Kooperation durch unterschiedliche Schwerpunkte der Leistungserstellung bzw. durch Spezialisierung aufheben.[2] Eine mögliche Form der Spezialisierung des Leistungsangebots zweier kooperierender Softwareunternehmen liegt beispielsweise vor, wenn das eine Unternehmen Standard-Anwendungssoftware entwickelt und anbietet, während der Kooperationspartner die notwendigen Anpassungsmaßnahmen an die individuellen Kundenbedürfnisse vornimmt.[3] Diese Form der Spezialisierung ist besonders häufig bei den Softwaretypen A und B anzutreffen.

Eine andere, ebenfalls sehr häufig praktizierte Spezialisierungsform ist die Konzentration auf bestimmte Absatzgebiete oder Kundengruppen. So sucht sich beispielsweise ein norddeutsches Softwarehaus ein Softwareunternehmen in Süddeutschland als Vertriebspartner für das von ihm entwickelte Anwendungssystem. Während sich das eine Softwarehaus auf die Weiterentwicklung des Systems und auf den Vertrieb in Nord- und Westdeutschland konzentriert, beschränkt sich das andere Unternehmen auf die Vermarktung und Einführung des Produkts in Süddeutschland.

Abbildung 4.28 gibt eine Übersicht über ein häufig praktiziertes Lizenzaufteilungsmodell. Danach erhält die Entwicklungsfirma grundsätzlich 50 % der erzielten Lizenzerlöse, unabhängig davon, ob die eige-

---

[1] Vgl. Abel, J.: a. a. O., S. 98 mit Hinweis auf Andrea, T.: Zwischenbetriebliche Kooperation als Marketingstrategie. Analyse und Gestaltung, Diss., St. Gallen 1976, S. 83

[2] Vgl. Abel, J.: a. a. O., S. 98 und 188 mit Hinweis auf Starke, U.: Absatzwirtschaftliche Kooperation zwischen Unternehmen der Konsumgüterindustrie, Diss., Erlangen-Nürnberg 1970, S. 56 ff. und Stuke, G.: Zwischenbetriebliche Kooperation im Absatzbereich von Industriebetrieben, Diss., Frankfurt am Main, Zürich 1974, S. 109

[3] Vgl. Abel, J.: a. a. O., S. 180

ne oder eine fremde Vertriebsorganisation das Produkt verkauft hat. 25 % des erzielten Produktumsatzes entfallen auf die erfolgreiche Vertriebsmannschaft, während die restlichen 25 % der Softwarelizenzen sowie alle übrigen Honorarerlöse (z. B. für Organisations- und Einführungsberatung, Schulung etc.) demjenigen Softwareunternehmen zustehen, das die Software beim Anwender einführt (⇒ Projektgeschäft).

Mit einer zwischenbetrieblichen Kooperation, die eine Spezialisierung auf bestimmte Absatzgebiete zum Gegenstand hat, kann ein Softwareunternehmen zweifellos schneller und kostengünstiger in einem neuen Markt Fuß zu fassen als dies einzelbetrieblich möglich wäre.[1] Besonders deutlich werden die Vorteile beim Eintritt in den Auslandsmarkt. Aufgrund der hohen Anstrengungen und Kosten, die bei der Erschließung ausländischer Märkte erforderlich sind, gibt es kaum eine wirtschaftliche Alternative zu einer ***internationalen* zwischenbetrieblichen Kooperation**.[2]

[1] Vgl. Abel, J.: a. a. O., S. 253 unter Bezugnahme auf Beyer, P.: Kooperationen und strategische Allianzen im Software-Markt. Chancen, Risiken, Erfolgskriterien, Vortrag beim 3. Berliner Software Unternehmer-Gespräch, 08./09.02.1990, S. 23 und Wolfmeyer, P.: Markterschließung durch grenzüberschreitende Kooperation. Serviceleistungen der EG-Beratungsstellen, in: Marktforschung & Management, 34. Jg. (1990), H. 1, S. 18

[2] Vgl. Abel, J.: a. a. O., S. 253

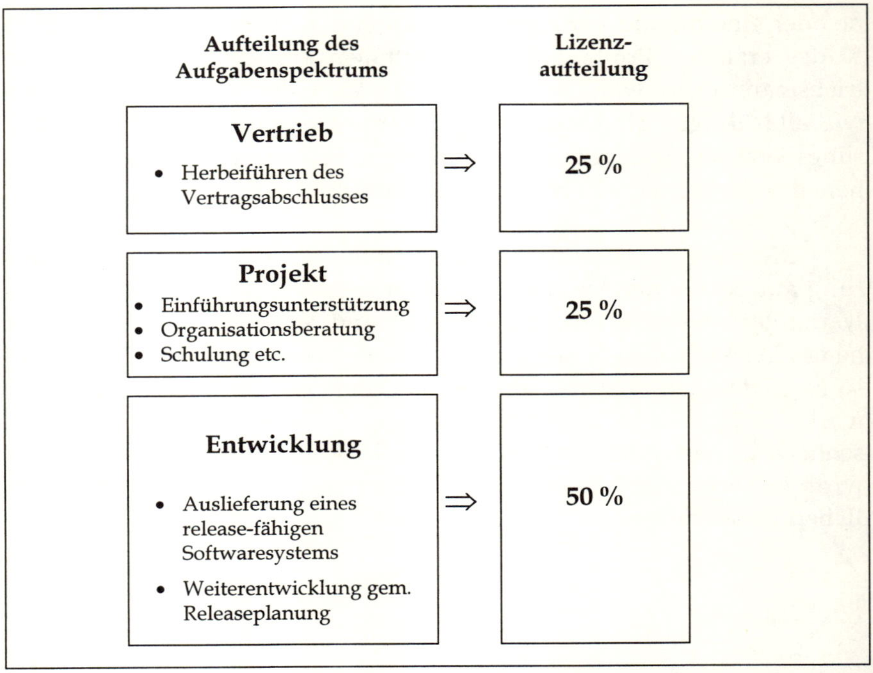

Abb. 4.28: Mögliche Lizenzaufteilung bei unterschiedlichem Produkt- und Projekt-Engagement

Spezialisierungskooperationen sowohl im Hinblick auf bestimmte Absatzgebiete als auch auf definierte Kundengruppen geht ein Großteil der Systemhauspartner von SAP für das R/3-System ein. So beschränkt sich der Absatzmarkt für die Systemhäuser auf das Gebiet der Bundesrepublik, wobei das Großkundengeschäft häufig ausgeklammert ist. Desweiteren behält sich SAP vor, bestimmte (spezialisierte) Systemhäuser nur für ausgewählte Branchen zu autorisieren. Der Softwarelizenzanteil, den ein SAP-Systemhaus-Logopartner erhält, liegt i. d. R. bei 40 % des R/3-Listenpreises. Der Partner erhält dabei den Status eines Vertragshändlers, d. h. er übernimmt die SAP-Software in Lizenz und bietet sie mit den zugehörigen Dienstleistungen auf eigenes Risiko und auf eigene Rechnung an. Darüber hinaus kann das Partnerunternehmen Zusatzsoftware für R/3 auf eigene Rechnung entwickeln und vertreiben, ohne von den Umsatzerlösen Anteile an SAP abführen zu müssen. Zur Vermeidung von Doppelentwicklungen sollte hierüber ein wechselseitiger Informationsaustausch stattfinden. Schließlich räumt SAP den Systemhäusern die Möglichkeit ein, Unterlizenzen an weitere, zumeist regional tätige Vertriebspartner zu vergeben.

Eine bessere, vor allem kostengünstigere Markterschließung und eine den jeweiligen Fähigkeiten entsprechende Arbeitsteilung sind letztlich die entscheidenden Vorteile einer zwischenbetrieblichen Kooperation zwischen Softwarehäusern bzw. zwischen Softwarehäusern und Unternehmensberatungen. Darüber hinaus können über die Erzielung von Synergie-Effekten folgende positiven Auswirkungen erwartet werden:[1]

- Unter dem Aspekt der Risikominimierung können gemeinsam auftretende Softwarehäuser für den potentiellen Kunden attraktiver sein.
- Softwarehäuser können an dem Image des jeweiligen Partners teilhaben.
- Häufig sind Softwareunternehmen erst durch Kooperationen in der Lage, größere Projekte zu bearbeiten.

4.4.4.3 Vertrieb über DV-Fachhändler und sonstige Distributoren

Der Vertrieb über DV-Fachhändler und sonstigen Distributoren ist, soweit er sich von den normalen Beziehungen unterscheidet, die zwischen Produzent und Handel bestehen, der **vertikalen zwischenbetrieblichen Kooperation** zuzurechnen (siehe Abbildung 4.24). Im Gegensatz zur horizontalen Kooperation zwischen konkurrierenden Unternehmen existiert bei dieser Form der Zusammenarbeit die schwierige Konkurrenzfrage nicht, andererseits kann die Ausgliederung einzelner Funktionen bei der vertikalen Kooperationen leicht zu Abhängigkeitsverhältnissen führen.[2]

Der indirekte Vertrieb ist für den Softwaretyp C von besonderer Bedeutung, weil der Handel vornehmlich solche Software vertreibt, bei

---

[1] Vgl. Beyer, P.: a. a. O., S. 18

[2] Vgl. Abel, J.: a. a. O., S. 99

denen der Serviceaufwand abschätzbar bleibt.[1] Dies ist regelmäßig nur beim Softwaretyp C (genauer: im PC-Bereich) der Fall. Da die Kundenstruktur in diesem Bereich besonders vielfältig ist, hat sich hier eine ganze Reihe unterschiedlicher Absatzwege etabliert, die nahezu identisch mit denen des Hardwarevertriebs sind. Denn je stärker Personal Computer auch in Privathaushalten Einzug hielten, desto mehr fächerten sich auch die Vertriebskanäle auf. [2] Und je stärker die PC-Durchdringung wurde, desto stärker verbreiteten sich auch die Vertriebswege für PC-Software[3], die letztlich einen Großteil des Softwaretyps C ausmacht. Die wohl umfassendste Systematik für die verschiedenen PC-Software-Vertriebs-wege, die heute mehr oder weniger intensiv genutzt werden, ist bei Bittner zu finden (siehe Abbildung 4.29).[4]

Da sich die Mehrzahl der in Abbildung 4.29 aufgeführten Vertriebswege nahezu ausschließlich an Privatkunden richtet, sollen hier nur jene Handelsformen skizziert werden, die für kommerzielle Anwender von Bedeutung sind.

Der Großhandel - bei Bittner auch mißverständlich als **Distributoren** im engeren Sinn bezeichnet - zählt zu den ältesten indirekten Vertriebswegen im Softwaregeschäft. Er beliefert den Fachhandel sowie zunehmend auch Systemhäuser und Consultingfirmen. Hatte er anfangs auch Werbung und Verkaufsförderung für den Softwarehersteller betrieben, so muß er sich heute - angesichts sinkender Margen auch im PC-Softwaregeschäft - auf die Optimierung der Software-Logistik bei Originalprogrammen und überproportional steigenden Updates bei den Altkunden konzentrieren.[5]

---

[1] Vgl. Baaken, T./Launen, M.: a. a. O., S. 144

[2] Zur Auffächerung der Vertriebswege im Personal Computer-Bereich siehe insbesondere Jagoda, F.: Computervertrieb: Die Effizienz steigern, in: Diebold Management Report Nr. 6 - 95, S. 16 - 20

[3] Vgl. Bittner, L.: Innovatives Software-Marketing, a. a. O., S. 173

[4] Vgl. ebenda, S. 174. Die dort aufgeführten Bezeichnungen sind vollständig übernommen, obwohl sie teilweise mißverständlich sind. Dies gilt insbesondere für die Begriffe „Distributoren" und „Integratoren".

[5] Vgl. ebenda, S. 175

Klassifikation		Deutsche Bezeichnung	Amerikanische Bezeichnung	Beispiele
Distributoren	Großhandel	Distributoren		Merisel/ Computer 2000
	Einzelhandel	Büromaschinen-Fachhandel	Value-Added-Reseller (VAR)	Diverse
		Elektro-/Foto-Fachhandel		Photo-Porst/Foto-Quelle/Ringfoto
		Warenhäuser/ Kaufhäuser	Box-Mover	Karstadt/Kaufhof/ Horten/Hertie
		Allrond-Großmärkte/ Supermärkte	Cash&Carry-Märkte/ Box-Mover	Metro/Meister/ Kaufmarkt
		Elektro-/Media-Großmärkte/Megastores	Cash&Carry-Märkte/ Box-Mover	Saturn/Tevi/Big Tech/Pro Markt
		Computershops/ Systemhändler	Value-Added-Reseller (VAR)	Schadt/ComTech
		PC-HW-Händler mit Handelsmarke	Original-Equipment-Manufacturer (OEM)	Vobis/Escom
	Versandhandel	Allround-/Elektronik-Versender	Mailorder	Quelle/Otto/ Elektronik-Conrad
		DV-Versender	Mailorder	Computer 2000/ Peacock/Macotron
		Mailbox-Betreiber/ Dienste-Anbieter		CompuServe/ Vobis/Escom
Integratoren		Systemhäuser	Value-Added-Reseller (VAR)	CAPdebis/CA/ EDS/PSI/SEMA/ CSC Ploenzke
		Beratungs-unternehmen	Value-Added-Reseller (VAR)	Andersen/A.D.Little Schitag Ernst&Young

Abb. 4.29: Indirekte Vertriebswege für PC-Software nach Bittner

Den mengenmäßig größten Vertriebskanal im PC-Softwaregeschäft stellt der traditionelle **Büromaschinen-Fachhandel**. Über 15.000 Händler in der Bundesrepublik Deutschland geben an, Software zu vertreiben; allerdings verdienen nur wenige davon das Prädikat „Fachhändler“, da es den meisten Handelsbetrieben nicht gelungen ist, ein fachgerechtes Serviceangebot aufzubauen.[1] Da sie nach wie vor den größten Teil ihres

[1] Vgl. Koll, T. U.: Trends und Entwicklungen im PC-Software-Vertrieb, in: Wimmer, F./Bittner, L. (Hrsg.): a. a. O., S. 260

Umsatzes mit Hardware bestreiten,[1] sind sie vom Margenverfall besonders hart betroffen.[2] Hinzu kommt ein erheblicher Wettbwerbsdruck durch die großen PC-Hardwarehändler wie Vobis und Escom, deren Endkundenpreise von vielen Fachhändlern nicht einmal als Einkaufspreise erreicht werden.[3] Aufgrund dieser Situation erleben wir in diesem Bereich seit einigen Jahren eine *Marktbereinigung*, die mit dem Niedergang der „Tante-Emma-Läden" im Lebensmittel-Einzelhandel verglichen werden kann.[4]

Mit dem **Elektro- und Foto-Fachhandel**, den **Waren- und Kaufhäusern**, den **Allround-, Elektro- Mediamärkten und Megastores** sowie mit den **Computershops und Systemhändlern** haben sich in den letzten Jahren Betriebsformen für den PC-Hard- und Softwarevertrieb herausgebildet, die sich vornehmlich auf das *Privatkundengeschäft* konzentrieren.[5]

Auch für den kommerziellen PC-Anwender zunehmend interessanter sind **PC-Hardwarehändler mit eigenen Handelsmarken**. Vobis, Escom, Aquarius und andere haben mit ihren überaus preisgünstigen Handelsmarken-PC's, die sie ohne Zwischenhandel in eigenen Ladenketten direkt vertreiben, zunächst den Markt der Privathaushalte erobert und erreichen jetzt auch immer mehr Firmenkunden, die aufgrund der allgemeinen wirtschaftlichen Situation kostenbewußter planen und ein-

---

[1] 70 % ihres Umsatzes erzielen die Fachhändler aus Hardwareverkäufen, 15 % aus dem Softwarevertrieb und 15 % entfällt auf Dienstleistungen. Vgl. Jagoda, F./Besserer, F.: a. a. O., S. 4

[2] Durch den Ende der 80er Jahre einsetzenden PC-Preiskrieg sind die Hardwaremargen teilweise unter 10 % gesunken. Vgl. Bittner, L.: Innovatives Software-Marketing, a. a. O., S. 175 f.

[3] Vgl. ebenda, S. 176

[4] 1991 schieden monatlich durchschnittlich 10 Büromaschinen-Fachhändler aus dem Wettbewerbsprozeß aus. Vgl. ebenda mit Hinweis auf Müller, P./Grabowski, R.: Die Entwicklung im PC-Markt: Die Kränze sind bestellt, in : Chip 2/92

[5] Zu einer ausführlichen Darstellung dieser Betriebsformen in Verbindung mit ihrem Serviceangbot siehe insbesondere Bittner, L.: Innovatives Software-Marketing, a. a. O., S. 177 ff., Hüskes, R.: Verkaufen, vertrösten, abwimmeln. Die prekäre Lage des Kunden in der PC-Branche, in: c't Heft 12/93, S. 52 - 54 und Koll, T. U.: a. a. O., S. 260 ff.

kaufen müssen.[1] Dieser Vertriebsweg ist für Softwarehäuser, die den Softwaretyp C entwickeln und vermarkten wollen, allerdings sehr begrenzt, da der OEM[2] seine Handelsmarke nur mit marktgängiger Software ausstatten bzw. ausliefern wird.

Während die **Allround- und Elektronik-Versender** entsprechend ihrer sonstigen Kundenstruktur ausschließlich im Privatkundenbereich tätig sind, wird das Angebot **spezialisierter Versender** wie z. B. Computer 2000 in sehr starkem Maße von kommerziellen Anwendern in Anspruch genommen.[3]

Heute noch weitgehend unbedeutend, aber stark im Aufblühen begriffen ist der Softwarevertrieb über Dienste-Anbieter und Mailbox-Betreiber (z. B. CompuServe), die ihren Kunden (vornehmlich professionellen Kleinanwendern) „ ... Software ohne Service mit einem Preisvorteil gegenüber dem Fachhandel bei gleichzeitiger schneller Lieferung der Ware auf dem Postweg" anbieten.[4]

4.4.5 Strategische Allianzen im Softwaregeschäft

Die Herausforderungen in allen Bereichen der Informationstechnologie sind derart komplex geworden, daß viele DV-Unternehmen - und dies gilt in besonderem Maße für die Softwarebranche - allein kaum noch in der Lage sind, sämtlichen Bedürfnissen der Kunden nachhaltig gerecht zu werden.[5] Daher sollte eine Prüfung der Arbeitsteilung sowohl in horizontaler als auch in vertikaler Richtung kontinuierlich erfolgen.[6] Als ein Ergebnis solcher Prüfungen können **strategische Allianzen** ge-

---

[1] Vgl. Bittner, L.: Innovatives Software-Marketing, a. a. O., S. 179 und Koll, T. U.: a. a. O., S. 263

[2] OEM = Original Equipment Manufacturer

[3] Vgl. Bittner, L.: Innovatives Software-Marketing, a. a. O., S. 179

[4] Vgl. Koll, T. U.: a. a. O., S. 262

[5] Vgl. Jagoda, F.: Strategische Allianzen: Der Phantasie keine Grenzen, in: Diebold Management Report Nr. 6 - 94, S. 14

[6] Vgl. Benedikter, W.: a. a. O., S. 72

sehen werden, deren Terminus wie viele andere Begriffe der modernen DV-Welt in der letzten Zeit allerdings arg überstrapaziert wurde.[1]

Strategische Allianzen sind dem Wesen nach nichts anderes als eine besondere Form, eine Untermenge der zwischenbetrieblichen Kooperation.[2] Die strategische Allianz ist eine besonders intensive Form der Kooperation mit der Zielsetzung einer langfristigen Steigerung der Rentabilität und Ertragskraft, wie zum Beispiel durch eine gemeinsame Markterschließung.[3] Insbesondere für international tätige Softwareunternehmen stellt sich angesichts der zunehmenden Globalisierung der Märkte die Frage, ob man künftig ein „Global Player" sein oder ob man sich auf bestimmte, durchaus einträgliche Nischen zurückziehen will; als „Global Player" wird man um strategische Allianzen nicht herumkommen.[4]

Beispiele für strategische Allianzen liefert die informationstechnische Branche im allgemeinen und die Softwarebranche im besonderen in ausreichender Anzahl. Ob bei der jeweiligen Verbindung das Attribut „strategisch" allerdings gerechtfertigt ist, darüber läßt sich durchaus streiten.[5] So sind viele Allianzen, die zu Beginn der Liaison selbst bei den fragwürdigsten Varianten als „strategisch" angekündigt wurden, zwischenzeitlich wieder vom Markt verschwunden.[6]

---

[1] Vgl. Steeb, H.: Strategische Allianzen: Neue Wege durch Wandel, Gastkommentar in: Computerwoche, 12. Juli 1991, S. 8. „Kaum ein Tag vergeht, an dem nicht Nachrichten über neue „strategische Allianzen" ins Haus flattern." Jagoda, F.: Strategische Allianzen: a. a. O., S. 14

[2] So auch Welge, der die strategische Allianz als eine „Kooperation im engeren Sinne" bezeichnet. Vgl. Welge, M. K.: Strategische Allianzen, in: Tietz, B./Köhler, R./Zentes, J. (Hrsg.): a. a. O., Sp. 2398. Steeb stellt die strategische Allianz „als eine festgefügte vertragliche Partnerschaft zweier Unternehmen dar, die in komplementärer Weise zusammenarbeiten und dabei synergetische Effekte erzielen". Vgl. Steeb, H.: a. a. O., S. 8

[3] Vgl. Benedikter, W.: a. a. O., S. 75.

[4] Vgl. Jagoda, F.: Strategische Allianzen: Der Phantasie keine Grenzen, a. a. O., S. 14

[5] Vgl. ebenda, S. 14

[6] Vgl. Steeb, H.: a. a. O., S. 8

Die Gefahr des Scheiterns von Allianzen ist immer dann besonders groß, wenn die gesteckten Ziele nicht erreicht werden oder wenn die jeweiligen Unternehmenskulturen oder die verantwortlichen Persönlichkeiten nicht harmonisieren.[1] Eine Partnerschaft muß von beiden Seiten „gelebt" und ernst genommen werden. Sie ist nicht zum „Nulltarif" zu bekommen und sollte immer wieder überprüft werden.[2] Generell können folgende Kriterien für eine erfolgreiche *vertriebsorientierte* strategische Allianz angeführt werden:[3]

- Es muß Konsens über die Beurteilung und Einschätzung der Marktsegmententwicklung (⇒ Chancen, Risiken) bestehen.
- Es ist ein ernsthaftes Engagement beider Partner zur gegenseitigen Unterstützung erforderlich (⇒ Vertriebsschulungen, Vertriebssupport).
- Die Marketing-Strategien beider Partner müssen mittel- und langfristig zusammenpassen oder sich ergänzen.
- Das gemeinsame Marktpotential muß erfolgversprechend sein.
- Synergien können genutzt und umgesetzt werden, d. h. eins plus eins muß größer als zwei werden.
- Qualität, Kompetenz und Anspruch beider Partner müssen übereinstimmen.

Darüber hinaus müssen klare **Kooperationsvereinbarungen** geschaffen werden. Zu den wichtigsten Punkten eines vertrieblich orientierten **Kooperationsvertrages** zählen:[4]

- eine klare Aufgaben- und Zieldefinition einerseits sowie eine ebenso deutliche Abgrenzung des angestrebten Zusammenwirkens, um mögliche Interessenkonflikte zu vermeiden;

---

[1] Vgl. Jagoda, F.: Strategische Allianzen: a. a. O., S. 18

[2] Geffken rät in diesem Zusammenhang zur Implementierung eines Frühwarnsystems. Vgl. Geffken, J.: a. a. O.

[3] Vgl. Lippold, D.: Marketing als kritischer Erfolgsfaktor der Softwareindustrie, a. a. O., S. 233

[4] Vgl. Steeb, H.: a. a. O., S. 8 und Jagoda, F.: Strategische Allianzen: a. a. O., S. 19

- eine genaue Festlegung und Abgrenzung der einzelnen Marktsegmente, denen sich der jeweilige Partner widmet;
- Regelungen über das vertriebliche Vorgehen bei Doppelkontakten;
- Regelungen über Provisions- und Lizenzaufteilungen bei gemeinsamen vertrieblichen Vorgehen;
- Schaffung gemeinsamer Kontrollgremien;
- Vertragsdauer, Vertragskündigung, Erwerb und Verkauf von Kapitalanteilen.

Es wird häufig sehr viel Zeit in die vertraglichen Vereinbarungen einer Vertriebspartnerschaft bzw. einer strategischen Allianz investiert. Insbesondere Provisions- und Lizenzaufteilungsmodelle werden sehr intensiv und teilweise akademisch verhandelt. Doch nur wenn neben der Sach-, Kultur- und Marktidentität auch der gute Wille aller Mitarbeiter auf Dauer vorhanden ist, werden beide Vertragsparteien Nutznießer der Vertriebsallianz sein - unabhängig davon, welche Lizenzaufteilungen vereinbart worden sind.[1]

[1] Vgl. Steeb, H.: a. a. O., S. 8 und Lippold, D.: Marketing als kritischer Erfolgsfaktor der Softwareindustrie, a. a. O., S. 233

4.5 Akquisition

4.5.1 Wesen und Ziel der Akquisition

Ist im Rahmen der Distribution eine weitgehend flächendeckende Kundenkontaktierung erreicht, so geht es in der *(persönlichen)* Akquisition darum, die vorhandenen Kundenkontakte zu qualifizieren und in Aufträge umzumünzen.[1] Die Akquisition, das fünfte elementare **Planungsobjekt** der Softwarehäuser, zielt damit auf die Optimierung der *Kundenakzeptanz*. Wie bereits im Abschnitt 4.3.4.3 erwähnt, zählt der **persönliche Verkauf**[2] zu den wirksamsten, aber zugleich auch zu den teuersten Kommunikations- bzw. Signalisierungsinstrumenten.

Bei der Systematisierung der Instrumentalbereiche des Marketing bestehen zwischen der persönlichen Akquisition als Instrument der Kommunika-tionspolitik und der Distributionspolitik Abgrenzungsprobleme.[3] Ebenso ließe sich die persönliche Akquisition im Rahmen des hier vorgestellten Vermarktungsprozesses (⇒ Marketing-Gleichung) durchaus im Zusammenhang mit der *Signalisierung* oder mit der *Distribution* behandeln. Nicht um dieser Abgrenzungsschwierigkeit aus dem Weg zu gehen, sondern um der besonderen Bedeutung des persönlichen Verkaufs bei der Vermarktung von erklärungs- und beratungsbedürftigen Produkten und Leistungen gerecht zu werden, wird die *Akquisition* als eigenständiges Element der Marketing-Gleichung behandelt.[4]

Dabei sollen im wesentlichen folgende Fragen behandelt werden:[5]

---

[1] Vgl. Lippold, D.: Marketing als kritischer Erfolgsfaktor der Software-Industrie, a. a. O., S. 233

[2] Die Begriffe *persönlicher Verkauf* und *persönliche Akquisition* werden im folgenden synonym verwendet.

[3] Zu dieser Abgrenzungsproblematik vgl. auch Knoblich, H: Absatzpolitik. Arbeitsbuch zu den Vorlesungen Absatzpolitik I und II, 4. Aufl., Göttingen 1994, S. 157, S. 221 ff. und S. 260 sowie Abel, J.: a. a. O., S. 248

[4] Schließlich geht es in dieser Phase des Vermarktungsprozesses um das eigentliche Ziel des Software-Marketing, nämlich den Verkaufsabschluß zu erreichen.

[5] Vgl. auch Nieschlag, R./Dichtl, E./Hörschgen, H.: Marketing, 15., überarb. u. erw. Aufl., Berlin 1988, S. 426

- Welche Anforderungen sind an die Qualifikation eines Softwareverkäufers[1] zu stellen, d. h. über welche Kompetenz soll der Vertriebsbeauftragte im Softwaregeschäft verfügen?
- Wie läßt sich die Effizienz des persönlichen Softwareverkaufs steigern?
- Für welche Marketing-Aktivitäten sollte dieses relativ teure Instrument eingesetzt werden?
- Wie läßt sich die Abschlußquote erhöhen?
- Wie kann der Akquisitionszyklus von Software verkürzt werden?

4.5.2 Der persönliche Verkauf im Software-Marketing

4.5.2.1 Aufgaben des persönlichen Verkaufs

Die wesentliche Aufgabe des persönlichen Verkaufs im Softwaregeschäft besteht darin, den anwenderseitig verlaufenden Auswahl- und Entscheidungsprozeß so zu beeinflussen, daß am Ende des Entscheidungsprozesses ein **Vertragsabschluß** erzielt wird.[2] Um den angestrebten Auftrag zu erhalten, steht der Verkäufer häufig mit mehreren Personen des prospektiven Kunden im Kontakt. Die Wahrscheinlichkeit mit einem Entscheidungsgremium (**„Buying Center"**)[3] und nicht mit einem einzelnen Entscheidungsträger konfrontiert zu sein, ist bei der Ver-

[1] Für den an Verkaufsgesprächen verantwortlich Beteiligten werden in der Softwarebranche verschiedene Bezeichnungen verwendet: Vertriebsbeauftragter, Verkaufsberater, technischer Verkäufer, Außendienstmitarbeiter.

[2] Vgl. Strothmann, K.-H./Kliche, M.: a. a. O., S. 127

[3] Zur Funktion und Zusammensetzung des Buying Center siehe Abschnitt 4.1.5.2 dieser Arbeit.

marktung von komplexeren Systemen (⇒ Softwaretyp A und B) besonders groß.

Eine zweite Aufgabe des persönlichen Verkaufs besteht in der **Pflege bestehender Kundenbeziehungen.**[1] Damit berührt dieses Instrument nicht nur Aspekte der *Signalisierung*, sondern ist auch eine wichtige Komponente der *Betreuung*. Dies hat für den Softwareanbieter deshalb eine besondere Bedeutung, weil der bereits erbrachte Nachweis der Leistungsfähigkeit sowohl für das **Folgegeschäft** als auch für das sog. **Referenz-Selling** eine verkaufsauslösende Wirkung hat.[2] Der Nachweis von Referenzunternehmen wird damit ein aktiver Bestandteil des Software-Marketing.

Schließlich obliegt dem persönlichen Verkauf auch die Aufgabe, Informationen zu gewinnen.[3] Der (potentielle) Kunde ist als Informationsquelle für die Marktforschung von besonderer Bedeutung. Ob es sich dabei um Informationen über Produkte, Leistungen, Aktionen und Vorgehen der wichtigsten Wettbewerber, um die Aufnahme spezifischer Anwenderanforderungen oder um Informationen über bestimmte technologische Ausrichtungen der Anwender handelt, in jedem Fall bietet das Verkaufsgespräch eine Fülle von Ansatzpunkten für die eigene Entwicklungsabteilung. In diesem Zusammenhang kann dem Verkäufer auch die Aufgabe übertragen werden, jene Anwender herauszufinden, die möglicherweise als **Frühadopter** für die Aufnahme eines neuen Produkts oder eines neuen Teilsystems in Frage kommen.[4]

4.5.2.2 Anforderungen an die Qualifikation des Softwareverkäufers

Die aufgezählten Aufgaben machen nur ansatzweise deutlich, welche vergleichsweise hohen Anforderungen an die Qualifikation des

---

[1] Vgl. Baaken, T./Launen, M.: a. a. O., S. 156

[2] Siehe hierzu auch die Ausführungen in Abschnitt 4.6.1 dieser Arbeit.

[3] Vgl. Meffert, H.: Marketing, a. a. O., S. 482

[4] Vgl. Steffenhagen, H.: Industrielle Adoptionsprozesse als Problem der Marketingforschung, in: Meffert, H. (Hrsg.): Marketing heute und morgen, Wiesbaden 1975, S. 116

Softwarevertriebs zu stellen sind. Im komplexen Systemgeschäft (Softwaretyp A und teilweise auch B) ist neben dem erforderlichen **Anwendungswissen** auch ein sehr fundiertes **systemtechnisches Know-how** erforderlich, das vor allem Kenntnisse über Hardwareumgebungen, Datenbanken und Netze mit einschließt. Daher werden nur solche Verkäufer als kompetente Gesprächspartner akzeptiert, die ein umfassendes **Systemverständnis** haben, technische Details einzelner Softwarekomponenten beherrschen „ ... und in Verkaufsgesprächen eine erste Idee von der jeweils angebrachten Systemkonfiguration entwickeln können".[1] Da derartige Ansprüche meist schon zu Beginn des Kontaktes an den Verkäufer gestellt werden, müssen die Anbieter vom Softwaretyp A (und teilweise auch B) darauf bedacht sein, daß gleich zu Beginn des Auswahl- und Entscheidungsprozesses die Kompetenz des Verkäufers eine Assoziation zur Leistungsstärke des Unternehmens auf dem Gebiet der nachgefragten Software auslöst.[2]

Soweit es um die Vermarktung von unternehmensintegrierenden Softwaresystemen geht, muß sich der Softwarevertrieb nicht nur mit *einer* organisatorischen Einheit, sondern mit *mehreren* Ebenen der Anwenderorganisation auseinandersetzen. So sind alle Funktionsbereiche eines Unternehmens und die darin mitwirkenden Verantwortlichen, die in den bevorstehenden Systemimplemetierungsprozeß eingebunden werden sollen, auch daran interessiert, in dem entsprechenden Entscheidungsgremium mitzuwirken. Gute organisatorische Kenntnisse sind daher eine wesentliche Voraussetzung für den verkäuferischen Erfolg funktionsübergreifender Software.[3]

Da in den Entscheidungsgremien sowohl Befürworter als auch Opponenten für die angebotene Softwarelösung zusammenwirken, „ ... bedarf es eines hohen verkaufspsychologischen Geschicks, auf der-

---

[1] Vgl. Strothmann, K.-H./Kliche, M.: a. a. O., S. 131

[2] Vgl. ebenda. In diesen Zusammenhang ist auch die Erfahrung einzuordnen, daß der Verkäufer die Sache zunächst immer über die Person verkauft.

[3] Vgl. ebenda, S. 132. Diese Anforderung gewinnt auch deshalb an Bedeutung, weil künftig auf dem Gebiet der Anwendungssoftware vor allem *prozeßorientierte* (und damit *funktionsübergreifende*) Systeme nachgefragt werden.

artige Konstellationen erfolgreich einzuwirken".[1] Die damit geforderte **Verkaufspsychologie** geht einher mit besonderen Anforderungen an Flexibilität und Anpassungsfähigkeit, aber auch an die Glaubwürdigkeit des Verkäufers.

Im Geschäft mit unternehmensintegrierenden Produkten, zu denen in erster Linie der Softwaretyp A zählt, kommt es außerdem darauf an, zusätzliche Leistungen in die Zeit der Vorbereitung auf die Systemimplementierung einzubringen.[2] Zu diesen Leistungen im Vorfeld der Softwareeinführung zählen im Softwarebereich die Einsatzberatung und -unterstützung, die Organisations- und Fachberatung sowie die Schulungs- und Einführungsplanung. Der Verkäufer wird damit vor die Aufgabe gestellt, das Konzept eines umfassenden Dienstleistungsangebotes zu entwickeln und in die Diskussion einzubringen.[3]

Zu dem fachlichen Informationsanspruch, den die Entscheidungsgremien auf der Anwenderseite an den Softwarevertrieb stellen, kommen noch die typischen *kaufmännischen Gesprächsthemen* wie Preise, Fertigstellungs- und Installationstermine, Zahlungsmodalitäten bis hin zu juristischen Feinheiten der Angebots- und Vertragsgestaltung.[4] Eine besondere Anforderung, die in diesem Zusammenhang an die Qualifikation des erfolgreichen Verkäufers zu stellen ist, betrifft seine **Abschlußsicherheit**. Da ganz offensichtlich die Dauer der Auswahl- und Entscheidungsprozesse mit der Komplexität der einzusetzenden Lösung zunimmt, droht häufig die Gefahr, daß sich die Prozesse schier endlos und für beide Seiten unbefriedigend hinziehen. Probe- und Testinstallationen oder die Installation von Teilsystemen im Rahmen eines stufenweisen Einführungsplanes können in solchen Fällen bereits zu einer Beschleunigung der endgültigen Entscheidung beitragen.

---

[1] Vgl. Strothmann, K.-H./Kliche, M.: a. a. O., S. 132

[2] Strothmann/Kliche bezeichnen die Leistungen, die ein Anbieter im Vorfeld der Systemimplementierung einzubringen vermag, als *„präparationspolitische Leistungen"*. Vgl. Strothmann, K.-H./Kliche, M.: a. a. O., S. 95 ff.

[3] Vgl. ebenda, S. 132 f.

[4] Vgl. ebenda, S. 127

Allen oben genannten Anforderungen kann der Softwareverkäufer keinesfalls mit gleicher Qualität entsprechen. Häufig ist es dann die **Geschäftsführung** selbst, die evtl. vorhandene Defizite im Qualifikationsprofil durch ihre hierarchische Stellung wettmachen kann. Eine weitere Möglichkeit ist darin zu sehen, dem Vertriebsmanagement (z. B. Vertriebsleiter) Spezialisten, z. B. für systemtechnische oder konzeptionelle Fragen, an die Seite zu stellen. Mit dieser **Teambildung** kann man dem vielfältigen Informationsanspruch der Einkaufsseite ein entsprechendes Gewicht auf der Verkaufsseite gegenüberzustellen. Diese multipersonale Form des Verkaufsteams wird auch als **Selling Center** bezeichnet.[1] Teammitglieder im Softwarevertrieb können Verkäufer, Key Account Manager, System- und Anwendungsspezialisten, Juristen und/oder Finanzierungsfachleute sein. In Abbildung 4.30 sind die Teammitglieder des Buying Center den entsprechenden Vertriebsrepräsentanten des Selling Center beispielhaft gegenübergestellt.[2] Die Darstellung kann als typisch für die meisten größeren Akquisitionsprozesse des Softwaretyps A angesehen werden. Im Gegensatz zum Buying Center gibt es u. E. bislang noch keine Untersuchungen über die verschiedenen Rollenträger im Selling Center eines Softwarehauses.[3] Ähnlich dem Buying Center dürfte sich Größe und Zusammensetzung des Selling Center durch einen *„hohen Grad an Situationsspezifität"*[4] auszeichnen.

---

[1] Zu Aufbau und Wirkungsweise des Selling Center im Investitionsgüterbereich siehe ausführlicher Backhaus, K.: a. a. O., S. 79 ff. unter Bezugnahme auf Heger, G.: Anfragenbewertung im industriellen Anlagengeschäft, Berlin 1988, S. 64 ff.

[2] Abbildung in Anlehnung an Dallmer, H.: Direct Marketing, in: Tietz, B./Köhler, R./Zentes, J. (Hrsg.): a. a. O., Sp. 483

[3] Bauer weist darauf hin, daß der Lieferant sein Selling Team derart zusammensetzen sollte, „ ... daß die Absatzrepräsentanten den jeweiligen Rolleninhabern des Buying Center in bezug auf hierarchische Stellung, Status und Persönlichkeitsmerkmale weitgehend ähneln." Vgl. Bauer, H. H.: Selling Center, in: Diller, H. (Hrsg.): Marketing Lexikon, a. a. O., S. 1042

[4] Backhaus, K./Büschken, J.: Organisationales Kaufverhalten, in: Tietz, B./Köhler, R./Zentes, J. (Hrsg.): a. a. O., Sp. 1957 f.

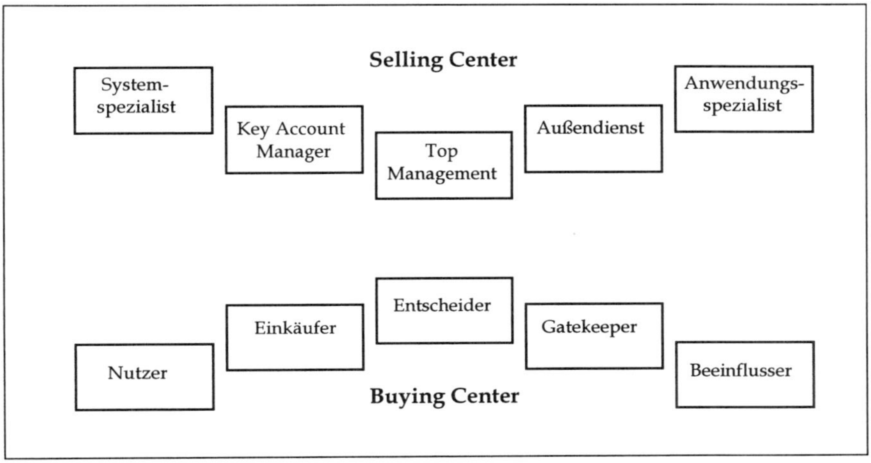

Abb. 4.30: Gegenüberstellung von Buying Center und Selling Center

Eine etwas vereinfachte Form des Selling Center ist die Bildung eines Tandems, bestehend aus einem Kunden- und einem Konzeptmanager oder aus einem anwendungsorientierten und einem systemorientierten Verkäufer.[1] Der Vorteil einer solchen *Tandemlösung* liegt in der Einsparung von Kosten unter Aufrechterhaltung eines arbeitsteiligen Vorgehens.

4.5.2.3 Das Verkaufsgespräch

Während die Instrumente der indirekten und der direkten, kollektiven Kommunikation eher pauschalere Argumente transportieren können, ist der Verkäufer im persönlichen Gespräch „ ... in der Lage, diese werblich vorgetragenen Argumente auszudifferenzieren und damit beweiskräftiger zu machen."[2] Es kann sogar davon ausgegangen werden,

---

[1] Strothmann/Kliche ordnen der Tandemlösung einen Spezialisten für das Neu-Kunden-Geschäft und einen Fachmann für die nachfolgende Kundenbetreuung zu. Vgl. Strothmann, K.-H./Kliche, M.: a. a. O., S. 136

[2] Vgl. ebenda, S. 130. Zum „Zusammenspiel" zwischen Werbung und persönlicher Akquisition siehe ausführlich Lazer, W.: Marketing Management. Systems Management, New York u. a. 1971, S. 378 f.

daß ohne ein Verkaufsgespräch überhaupt kein Kauf für die Softwaretypen A und B zustande kommt. Aber auch für den Vertrieb des Softwaretyps C, der sich aus wirtschaftlichen Gründen vornehmlich auf die Gewinnung und Betreuung von Großkunden („**Key Accounts**") konzentrieren sollte, ist das erfolgreiche Verkaufsgespräch nach wie vor von existentieller Bedeutung.

Für das richtige Verhalten des Verkäufers beim Verkaufsgespräch liegen nach Nieschlag/Dichtl/Hörschgen im wesentlichen vier Erklärungsansätze vor:[1]

(1) Das Verkaufsgespräch ist eine Abfolge von Reiz (Stimulus) und Reaktion (Response). Der erfolgreiche Verkaufsabschluß stellt sich dann ein, wenn es dem Verkäufer gelingt, den „richtigen" Reiz zu finden.

(2) Die zweite Hypothese besagt, daß eine strenge Orientierung an den Erwartungen des Käufers am ehesten zum Ziel führt. Es gilt also jene Eigenschaften des Produkts besonders hervorzuheben, die zur Problemlösung am meisten beitragen.

(3) Der dritte Erklärungsansatz teilt den Verkaufsvorgang in mehrere Phasen ein, die im Verkaufsgespräch durchlaufen werden müssen (z. B. Vorbereitungsphase, Kontaktaufnahmephase, Gesprächseröffnungsphase, Argumentationsphase, Abschlußphase, Nachabschlußphase)[2].

(4) Der Verkäufer ist dann besonders erfolgreich, wenn es ihm gelingt, eine positive Einstellung beim Käufer gegenüber dem angebotenen Produkt herzustellen und das vom Gesprächspartner wahrgenommene Risiko zu reduzieren.

Ob diese Erklärungsversuche grundsätzlich gleichrangig nebeneinander stehen, soll hier nicht untersucht werden. Um den Erfolg des

---

[1] Vgl. Nieschlag, R./Dichtl, E./Hörschgen, H.: Marketing, 17. Aufl., a. a. O., S. 485 f. unter Bezugnahme auf Schoch, R.: Der Verkaufsvorgang als sozialer Interaktionsprozeß, Winterthur 1969, S. 33 ff. und Bauer, H. H.: Die Entscheidung des Handels über die Aufnahme neuer Produkte, Berlin 1980, S. 398 f.

[2] Vgl. Weis, H. C.: Persönlicher Verkauf, in: Tietz, B./Köhler, R./Zentes, J. (Hrsg.): a. a. O., Sp. 1981

persönlichen Verkaufs beim Softwarevertrieb abschätzen zu können, scheint das Phasenkonzept und der damit verbundene Einsatz von Gesprächstechniken eine gewisse Sonderstellung im Hinblick auf das richtige Verhalten beim Verkaufsgespräch einzunehmen.

4.5.2.4 Ausrichtung der Verkäuferschulung

Die hohen Anforderungen an die Qualifikation der Softwareverkäufer erfordern ebenso hohe Anforderungen an Verkäuferschulung und -training. Neben der notwendigen Wissensvermittlung in funktionaler und systemtechnischer Hinsicht liegt ein besonderer Ausbildungsschwerpunkt in der Vermittlung von Kenntnissen über den Verkaufsprozeß und den Einsatz von Verkaufstechniken.

Ein umfassendes Trainings- und Schulungsprogramm sollte also auf der einen Seite das Verständnis für den Anwendungs- und Implementierungsprozeß vermitteln. Dieses Verständnis ist für die Rolle des Verkäufers als Fachmann, Problemlöser und Berater von Bedeutung. Auf der anderen Seite müssen ihm Hinweise im Hinblick auf Kleidung, Blickkontakt, Körpersprache etc. gegeben werden, um seine Verkaufschancen zu erhöhen.[1] Hinzu kommen **Gesprächstechniken**, die den Verkäufer hinsichtlich Gesprächsvorbereitung, Gesprächseröffnung, Gesprächsführung und Gesprächsabschluß unterstützen sollen. Von besonderer Bedeutung insbesondere für den Verkauf der Softwaretypen A und B ist darüber hinaus die Beherrschung von **Moderations-** und **Präsentationstechniken**.

Während das fach- und systemorientierte Training eher *intern* durchgeführt wird, hat sich bei der Vermittlung von Kenntnissen über den Einsatz von Verkaufs- und Kommunikationstechniken die Zusammenarbeit mit *externen* Verkaufs- und Verhaltenstrainern bewährt.

---

[1] Vgl. Weis, H. C.: Persönlicher Verkauf, in: Tietz, B./Köhler, R./Zentes, J. (Hrsg.): a. a. O., Sp. 1987

4.5.3 Möglichkeiten der Effizienzsteigerung im persönlichen Verkauf

4.5.3.1 Verkürzung des Akquisitionsprozesses

Besonderes Merkmal von stark erklärungs- und unterstützungsbedürftigen Produkten ist ein relativ langer **Akquisitionszyklus**.[1] „Je größer die Entscheidungstragweite und je höher das Entscheidungsrisiko, desto längere Zeiträume nehmen die produkt- und herstellergerichteten Entscheidungsprozesse in Anspruch und um so besser lassen sich die empirisch ermittelten Prozeßverläufe aus empirischen Daten nachzeichnen."[2] Neben Entscheidungstragweite und -risiko dürfte die Länge des Akquisitionszyklus auch von der Anzahl der am Entscheidungsprozeß beteiligten Personen (bzw. von der Größe des Buying Center) abhängen. So muß ein Anbieter des Softwaretyps A regelmäßig mehr Personen auf der Anwenderseite in den jeweiligen Akquisitionsprozeß einbinden als ein Softwarehaus, das den Typ C vermarktet.

Um eine Beschleunigung bzw. Verkürzung des Akquisitionsprozesses zu erreichen, sollte sich der Softwarevertrieb allerdings nicht ausschließlich auf die Entscheidungsebene beim Anwender konzentrieren. Vielmehr können Anwendergruppen, die fach- oder systembezogen die Entscheidung vorbereiten, eine ebenso gewichtige Rolle einnehmen, wie die eigentlichen Entscheider.[3]

Um den Akquisitionszyklus zu verkürzen, sollte das Interessentenpotential durch eine entsprechende Qualifizierung selektiert und damit die wirklich ernstzunehmenden Kontakte herausgefiltert werden.[4] Der mangelhafte Erfolg vieler Vertriebsorganisationen im Softwaregeschäft ist nämlich ganz offensichtlich darauf zurückzuführen, daß ein

---

[1] Vgl. D. Lippold: Marketing als kritischer Erfolgsfaktor der Softwareindustrie, a. a. O., S. 233. Als *Akquisitionszyklus* soll die Länge des Akquisitionsprozesses von der Kontaktaufnahme bis zum Kaufabschluß bezeichnet werden.

[2] Strothmann, K.-H./Kliche, M.: a. a. O., S. 40

[3] Vgl. D. Lippold: Marketing als kritischer Erfolgsfaktor der Softwareindustrie, a. a. O., S. 233

[4] Vgl. ebenda.

Großteil der teuren Vertriebsressourcen mit der Verfolgung sog. *„Luftnummern"* vergeudet wird. Nur durch eine gezielte **Qualifizierung der Kontakte**, in der bewußt Schwellenwerte gesetzt werden, lassen sich Akquisitionen kostengerechter und damit rentabel gestalten.[1] Eine gute Möglichkeit für eine Qualifizierung von Kontakten ist die **ABC-Analyse**, die in Abbildung 4.31 beispielhaft dargestellt ist.[2]

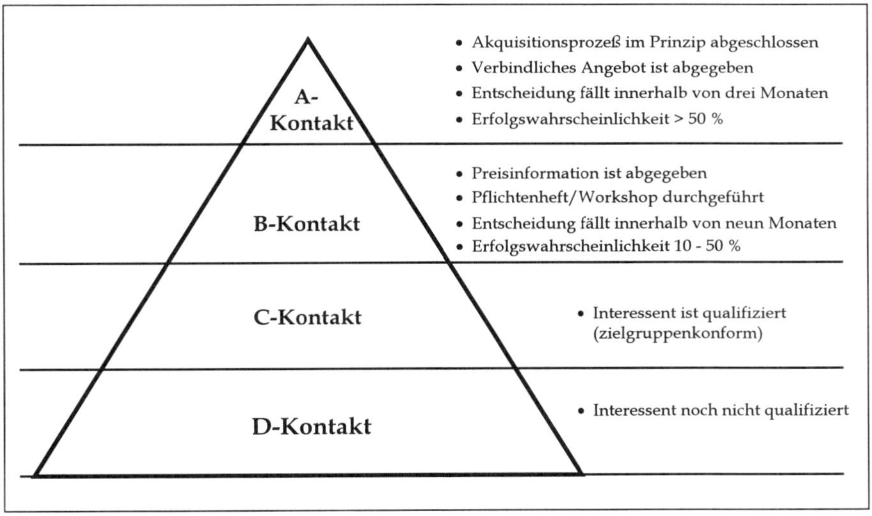

Abb. 4.31: ABC-Analyse bestehender Kundenkontakte

In dem Beispiel dienen der Status des Akquisitionsprozesses, das voraussichtliche Datum der Auftragserteilung und die Einschätzung der eigenen Chancen als Kriterien und damit als Schwellen für die jeweilige

---

[1] Vgl. D. Lippold: Marketing als kritischer Erfolgsfaktor der Softwareindustrie, a. a. O., S. 233

[2] Normalerweise ist die ABC-Analyse ein Instrument zur Klassifizierung der relativen Bedeutung von Kunden, wie z. B. A = Schlüsselkunden, B = Gute Kunden, C = Normale Kunden, D = Kleinkunden. Vgl. Plinke, W.: Kundenanalyse, in: Tietz, B./Köhler, R./Zentes, J. (Hrsg.): a. a. O., Sp. 1333. In unserem Beispiel geht es aber nicht um eine Rangordnung *bestehender* Kunden, sondern ganz bewußt um eine Einschätzung der Auftragswahrscheinlichkeit vorhandener Kontakte (= *potentielle* Kunden) unter besonderer Berücksichtigung bestimmter Parameter des Akquisitionsprozesses.

Bewertung und Einstufung der Kontakte. Darüber hinaus besteht auch im Verkaufsgespräch die Möglichkeit, solche **Akquisitionsschwellen** zu verifizieren. Mögliche Fragen in diesem Zusammenhang können sein:[1]

- Stimmt das Anforderungsprofil des Anwenderunternehmens grundsätzlich mit dem Leistungsprofil der angebotenen Softwarelösung überein?
- Wann ist die Einführung der Software wirklich geplant?
- Ist überhaupt ein Budget (und wenn ja, welches) für die Einführung der Produktlösung geplant?
- Wer entscheidet letztendlich über die Vergabe des Auftrags, d. h. wird in der Endphase des Akquisitionsprozesses auch mit dem richtigen Ansprechpartner verhandelt?

Sollten keine zufriedenstellenden Antworten auf diese oder ähnliche Fragen gegeben werden, so ist die Ernsthaftigkeit des Vertriebskontaktes mehr als in Frage gestellt. Gegebenenfalls ist der Kontakt aus der Auftragserwartung zu streichen.[2]

Ein nach der Fristigkeit der wahrscheinlichen Auftragserteilung[3] geordnetes und entsprechend den obengenannten Fragen reduziertes Interessentenpotential (⇒ Auftragserwartungen) dient zugleich als Grundlage zur Berechnung der **Abschlußquote**, die das reziproke Verhältnis zwischen der Zahl der konkreten Interessenten und den tatsächlich erzielten Abschlüssen (⇒ Aufträgen) angibt.[4] Gelingt es beispielsweise, die Abschlußquote auf das Zweifache (z. B. von 1/8 auf 1/4) zu erhöhen, so läßt sich auch der entsprechende Umsatz (rein rechnerisch) verdoppeln.

---

[1] Vgl. D. Lippold: Marketing als kritischer Erfolgsfaktor der Softwareindustrie, a. a. O., S. 233

[2] Vgl. ebenda.

[3] Zur Auffächerung der (potentiellen) Kunden nach der Auftragswahrscheinlichkeit siehe auch Link, J.: Database Marketing: Welche Kunden rechnen sich? in: absatzwirtschaft 10/95, S. 108

[4] Vgl. ebenda, S. 234

Ohnehin zählt die Liste der **Auftragserwartungen** zu den wichtigsten Informationen der Vertriebsleitung eines Softwarehauses. Auf ihrer Grundlage müssen die Verantwortlichen Entscheidungen über mögliche Investitionen wie Ausbau von Geschäftsfeldern, Richtungsänderungen in der Weiterentwicklung, Verstärkung oder Abbau der Vertriebsmannschaft, Ausbau der Serviceabteilungen u. a. treffen. Angesichts solch grundlegender Entscheidungen wird deutlich, welche immens wichtige Bedeutung der richtigen Einschätzung von Vertriebskontakten zukommt.

4.5.3.2 Akquisitionscontrolling

Der Außendienst zählt zweifellos zu den bedeutendsten Kostenfaktoren im Softwaregeschäft. Straffung der administrativen Abläufe, Förderung der Zusammenarbeit zwischen Innen- und Außendienst, Vereinfachung des Berichtswesens und Abbau von Hierarchieebenen sind Ansatzpunkte, um die Wirtschaftlichkeit im Softwarevertrieb zu steigern.[1]

Es wurde bereits darauf hingewiesen, daß die teuren Vertriebsressourcen sehr häufig mit der Verfolgung von „Luftnummern" vergeudet werden. Jede Stunde, die der Softwareverkäufer mit vertrieblich unproduktiven Tätigkeiten verbringt, fehlt für die qualifizierten Vertriebsaufgaben.[2] Abbildung 4.32 führt die Ergebnisse einer Untersuchung zusammen, die das Software- und Beratungsunternehmen ADV/ORGA Mitte der 80er Jahre durchführte und zum Anlaß nahm, seine Vertriebsorganisation grundlegend neu zu strukturieren.

Eine weitere Möglichkeit zur Steigerung der Wirtschaftlichkeit im Softwarevertrieb ist im Einsatz von Informations- und Kommunikationstechnologien zu sehen. Während sich in den 80er Jahren die Nutzung von Computern im Außendienst auf den Einsatz von Datenterminals zur Aufnahme von Auftragsdaten beschränkte, haben sich heute

---

[1] Vgl. Bittner, L.: Innovatives Software-Marketing, a. a. O., S. 180 f.

[2] Vgl. ebenda, S. 181

mobile Computer (Laptops) mit entsprechender Software auch im Softwarevertrieb durchgesetzt. Für diesen Anwendungsbereich hat sich der Begriff **Computer Aided Selling** (CAS) durchgesetzt.[1]

	Ist ca.	**Ziel** ca.
Vertrieblich unproduktive Tätigkeiten • Administration • „Luftnummern" verfolgen • Vertriebsunterstützung disponieren • Reklamationen bearbeiten • Teilnahme an internen Meetings	**50 %**	**10 %**
Vertriebliche Basisarbeit • Pflichtenhefte bearbeiten/koordinieren • Termine abstimmen • Informationen zusammenstellen • Nachfaßaktionen durchführen • Adressenpflege • Angebote/Verträge erstellen	**20 %**	**20 %**
Qualifizierter Vertrieb • Kundenkontakte vor Ort wahrnehmen • Präsentationen/Demos durchführen • Vertriebsveranstaltungen durchführen • Vertragsverhandlungen führen	**30 %**	**70 %**

Abb. 4.32: Tätigkeiten eines Vertriebsbeauftragten

Neben der Computerunterstützung im Verkaufsinnendienst, wie z. B. die computergestützte Angebots- und Auftragsabwicklung, die Gewinnung, Verarbeitung und Bereitstellung von Informationen für den Außendienst[2], liegt der Nutzen von **CAS-Systemen** vor allem in der

---

[1] Vgl. Hermanns, A.: Computer-Aided-Selling (CAS), in: Tietz, B./Köhler, R./Zentes, J. (Hrsg.): a. a. O., Sp. 366

[2] Siehe hierzu ausführlich o. V.: Wettbewerbsfaktor Informationsmanagement. Informationstechnik in der Vertriebsorganisation, Manuskriptauszug des VDI, Fachbereich Technischer Vertrieb, Düsseldorf 13.11.1989

Unterstützung der Vorbereitung, Durchführung und Nachbereitung von Kundenbesuchen. Bei der **Vorbereitung des Kundenbesuchs** geht es vornehmlich um die Verfügbarkeit kundenspezifischer Informationen wie Branche, Wettbewerber, Umsatz, Anzahl der Beschäftigten, Ansprechpartner bzw. Mitglieder des Entscheidungsgremiums, Historie der Kundenbeziehung, Argumentationshilfen u. ä.[1] Der Softwareverkäufer ist gut beraten, wenn er diese „Kundenstammdaten" unmittelbar nach jedem Kundenbesuch in seinem Computer aktualisiert.

Auch bei der **Durchführung des Kundenbesuchs** spielt der Laptop eine zunehmend wichtigere Rolle. So besteht die Möglichkeit, das Softwareprodukt als Demosystem jederzeit zu präsentieren, die einzelnen Bausteine des gewünschten Gesamtsystems anwenderindividuell zu konfigurieren und zu bepreisen. Auch die relevanten Angebots- und Vertragsbausteine können bereits „vor Ort" diskutiert und ggf. modifiziert werden. Durch den gezielten Einsatz von CAS-Systemen wird es also generell möglich, „ ... vollständigere, transparentere und präzisere Informationen über die eigenen qualitativen, quantitativen, preislichen und terminlichen Leistungsmöglichkeiten zu geben."[2]

4.5.4 Preis- und Vertragsgestaltung

Aufgrund der besonderen **Rechtsschutzproblematik** von Software hebt sich auch die Preis- und Vertragsgestaltung zum Teil sehr deutlich von herkömmlichen Investitionsgütern und Dienstleistungen ab. Da es sich bei Software um Produkte handelt, die *urheberrechtlich* geschützt sind,[3] wenn sie eine gewisse Mindestkomplexität und einen eigenen

---

[1] Vgl. Hermanns, A.: a. a. O., Sp.371

[2] Vgl. Link, J./Hildebrandt, V.: Database Marketing und Computer Aided Selling, München 1993, S. 113

[3] Computerprogramme sind seit 1986 im Katalog der durch das Urheberrecht geschützten Werke ausdrücklich genannt. Damit soll die Lücke im Rechtsschutz überbrückt werden, da Datenverarbeitungsprogramme dem *Patentschutz* nicht zugänglich sind. Vgl. Häußer, E.: Rechtsschutz für Computerprogramme, in: Schneider, H. J. (Hrsg.): Lexikon der Informatik und Datenverarbeitung, 3., aktualisierte und wesentl. erw. Aufl., München, Wien 1991, S. 665. Der urheberrechtliche Schutz verbietet zwar das Kopieren von Programmen, „ ... nicht aber eine unabhängige

schutzfähigen Gedanken enthalten,[1] wird Software in aller Regel *nicht verkauft*, sondern gegen Entgelt zur **Nutzung** überlassen. Die Überlassung erfolgt entweder zeitlich unbegrenzt gegen Zahlung einer einmaligen Vergütung (Nutzungsgebühr, Lizenzgebühr) oder auf unbestimmte Zeit gegen laufende (z. B. monatliche) Vergütungszahlungen (Miete).[2]

In der Praxis haben sich für Software typische **Vertragsformen** durchgesetzt:[3]

- Auf die Übertragung von Nutzungsrechten (Lizenzen), d. h. auf den Erwerb von **Standardsoftware** ist *Kaufrecht* anzuwenden.
- **Individualsoftware** wird dagegen nach *Werkvertragsrecht* erstellt.
- Die **Software-Wartung** (Pflege) unterliegt dem *Dienstvertragsrecht*, sofern einfache, regelmäßig folgende Funktionsprüfungen geschuldet sind, dagegen dem *Werkvertragsrecht*, wenn festgestellte Mängel behoben werden müssen.
- Ebenso wird **DV-Beratung** *dienstvertraglich* oder *werkvertraglich* geregelt, je nachdem, ob nur allgemeine Informationen und begleitende Hilfestellungen (z. B. Installationsunterstützung) geschuldet sind oder ob die Beratung helfen soll, vorgegebene Ziele (z. B. die Umstellung auf ein neues Betriebssystem) zu erreichen.

Nahezu alle Softwareanbieter verwenden für diese Vertragsformen vorformulierte (d. h. in Form von fertigen Textbausteinen verfügbare) bzw. vorgedruckte Vertragsmuster, die **Allgemeine Geschäftsbedingungen (AGB)** darstellen.[4] Darüber hinaus hat die öffentliche Hand mit

---

Neuentwicklung im Sinne einer Nachahmung". Vgl. Baaken, T./Launen, M.: a. a. O., S. 146

[1] Vgl. Koch, F. A.: Computer-Vertragsrecht. Praxis-Handbuch für Kauf, Miete und Leasing von Hard- und Software, Freiburg 1985, S. 198

[2] Vgl. Zahrnt, C.: Vertragsrecht für Datenverarbeiter, 2., völlig überarb. Aufl., München 1992, S. 185

[3] Vgl. Koch, F. A.: a. a. O., S. 116. Bartl bestätigt in diesem Zusammenhang, daß die zivilrechtliche Einordnung von EDV-Verträgen als hinreichend geklärt betrachtet werden kann. Vgl. Bartl, H.: Software-Recht aktuell: Neue Richtlinien und Rechtsprechungen, die Sie kennen sollten, Vortrag beim 6. Berliner Software Unternehmer-Geprãch am 04./05.02.1993

[4] Vgl. ebenda, S. 238

der Formulierung **Besonderer Vertragsbedingungen (BVB)** Vertragsmuster geschaffen, die als Allgemeine Geschäftsbedingungen den spezifischen Belangen der öffentlichen Auftraggeber Rechnung tragen.[1]

Als vertragsrechtliche Konsequenz des Urheberrechtsschutzes für Softwareprogramme ist der Umfang der Nutzungsrechte genau zu spezifizieren. Hierbei kann unterschieden werden zwischen Unternehmens-, Betriebsstätten-, Geräte-, Einzelplatz-, und Netz-Lizenz sowie zwischen einer fallbezogenen und einer zeitbezogene Lizenz.[2] Während die Unternehmens- und Betriebsstätten-Lizensierung bei den Softwaretypen A und B üblich ist, beschränken sich die übrigen Lizenzformen vornehmlich auf den Softwaretyp C.

Hinsichtlich der **Preisgestaltung** muß in besonderer Weise zwischen den drei verschiedenen Softwaretypen unterschieden werden. Dies hängt damit zusammen, daß - wie bereits in Abschnitt 4.2.4.1 dargelegt - bei den Softwaretypen unterschiedliche Preisbestimmungsprinzipien vorherrschen. So geht es beim Vertrieb des Softwaretyps A (⇒ kostenorientierte Preisbestimmung) und des Softwaretyps B (⇒ konkurrenzorientierte Preisbestimmung) vornehmlich darum, *„Preisdurch-*

---

[1] Zur Systematik der BVB siehe Bartl, H.: Software-Recht aktuell: Insider-Informationen zu aktuellen juristischen Fragen, Vortrag beim 5. Berliner Software Unternehmer-Gepräch am 06./07.02.1992. Für den Softwarebereich zu unterscheiden sind im einzelnen:
- Besondere Vertragsbedingungen für die Überlassung von DV-Programmen *(BVB-Überlassung)*
- Besondere Vertragsbedingungen für das Erstellen von DV-Programmen *(BVB-Erstellung)*
- Besondere Vertragsbedingungen für die Pflege von DV-Programmen *(BVB-Pflege)*
- Besondere Vertragsbedingungen für die Planung von DV-gestützten Verfahren *(BVB-Planung)*

[2] Zu einer ausfürlichen Darstellung und Bewertung dieser Lizenzformen siehe Bittner, L.: Innovatives Software-Marketing, a. a. O., S. 110 ff. sowie Dornheim, K.: Lizenzpolitik als Marketing-Instrument, Vortrag auf der Tagung „Überleben im Softwaremarkt. Neue Konzepte für die Software-Industrie" des Institute for International Research am 28./29.04.1993 in München

setzungspotential" zu erschließen.[1] Die Preisdurchsetzung verspricht dann den größten Erfolg, wenn die Preisgespräche erst in einer späteren Phase des Akquisitionsprozesses stattfinden, weil mit der Argumentation der Produktvorteile und der Stärken des Anbieters zuerst die „ ... Rechtfertigungsbasis für den zu fordernden Preis gelegt ..." werden muß.[2]

Die Chancen, Preisdurchsetzungspotential zu erschließen, sind zweifellos beim Softwaretyp C (⇒ nachfrageorientierte Preisbestimmung) am geringsten. Hier hat sich in den letzten Jahren ein dramatischer Preisverfall entwickelt. Die Ursache hierfür ist ganz offensichtlich in dem harten Preiswettbewerb der großen internationalen Softwarehäuser wie Microsoft, Borland, Lotus u. a. zu suchen, denen es wohl vornehmlich um eine rasche Marktbereinigung geht.[3]

---

[1] Vgl. Strothmann, K.-H./Kliche, M.: a. a. O., S. 127, die dort betonen, daß es *stets* Aufgabe des Technischen Verkäufers sei, im Verkaufsgespräch Preisdurchsetzungspotential zu erschließen.

[2] Vgl. Strothmann, K.-H./Kliche, M.: a. a. O., S. 128

[3] Vgl. Bittner, L.: Innovatives Software-Marketing, a. a. O., S. 126

4.6 Betreuung

4.6.1 Wesen und Ziel der Betreuung

Im Rahmen der hier vorgelegten Arbeit ist die Betreuung das sechste und letzte wichtige **Planungsobjekt** von Softwareunternehmen. Die Komponente *Betreuung* unterscheidet sich in sofern von den übrigen Elementen der Marketing-Gleichung, weil sie erst *nach* der Auftragsvergabe zur Wirkung gelangt. Innerhalb des Vermarktungsprozesses von Software ist sie der **Post-Sales-Phase** zuzuordnen.[1] Da die Marketingaktivitäten eines Softwareunternehmens nicht mit dem Auftragseingang enden, zielt die Betreuung auf die Optimierung der **Kundenzufriedenheit** beim Einsatz der Software bzw. der vertraglich zugesicherten Leistungen. Das Planungsobjekt *Betreuung* wird hier deshalb als eigenständiges Element der Marketing-Gleichung behandelt, weil ihm in zweifacher Hinsicht eine besondere Bedeutung zukommt:[2]

Zum einen ist die vorhandene Kundenbasis immer dann das am leichtesten zu erreichende Absatzpotential für das **Folgegeschäft**, wenn gelingt, die bisherige Beziehung zur Zufriedenheit des Anwenders zu gestalten.[3] Dies ist regelmäßig dann der Fall, wenn die Einführung der Software zeit- und aufwandsgerecht durchgeführt wird, der Funktionsumfang dem früheren Nutzenversprechen entspricht und der Benutzer auch nach der erfolgreichen Implementierung das Gefühl hat, jederzeit kompetent (und bevorzugt) betreut zu werden. Mit den daraus resultierenden Folgeaufträgen wächst das Softwareunternehmen mit seinem Kunden.

---

[1] Siehe in diesem Zusammenhang auch die Ausführungen zum *Kundenprogramm* im Abschnitt 4.3.3.4 dieser Arbeit.

[2] Vgl. Lippold, D.: Marketing als kritischer Erfolgsfaktor der Softwareindustrie, a. a. O., S. 234

[3] Siehe in diesem Zusammenhang auch Kunz, H.: Kunden binden statt Kunden finden, in: ATAG Ernst & Young (Hrsg.): Praxis 4/96, S. 12 - 17

Zum zweiten ist ein gut betreuter Kunde in idealer Weise auch immer eine **Referenz** für das Neugeschäft, d. h. zur Gewinnung neuer Kunden. Gerade die hiermit angesprochenen *Referenzbesuche* sind in einem Markt, dessen Entscheidungsprozesse entscheidend von dem Kaufmotiv *Sicherheit* geprägt sind, in vielen Fällen ein wesentlicher Schritt zur Absicherung der Entscheidung. Mit einer Referenz verbindet der interessierte Anwender die Nutzenvorstellung einer stabilen, im praktischen Einsatz („Echtbetrieb") bewährten Softwarelösung.

4.6.2 Das akquisitorische Potential im Kundenstamm

Insbesondere in ihrer Gründungs- und Wachstumsphase[1] messen viele Softwareunternehmen dem akquisitorischen Potential im Kundenstamm nicht die gleiche Bedeutung wie dem Neugeschäft bei. Erst wenn sich das Wachstum verlangsamt, das Innovationspotential erlahmt oder der Wettbewerb bereits eine neue Softwaregeneration einführt, wenden sich Softwarehäuser verstärkt dem Folgegeschäft in der eigenen Kundenbasis zu.[2] Das Absatzpotential bei bestehenden Kunden ist wiederum in zweierlei Hinsicht von strategischer Bedeutung:

Zum einen besteht die Möglichkeit, im Rahmen der bereits installierten Softwarelösung zusätzliche Leistungen wie Ergänzungsbausteine, Organisationsberatung u. ä. m. zu verkaufen. Diese Vorgehensweise bietet sich immer dann an, wenn der Kunde zunächst lediglich ein Basissystem oder nur bestimmte Teilkomponenten erworben hat. Insbesondere bei den Softwaretypen A und B wird sehr häufig eine Produkt- und Entwicklungspolitik verfolgt, die eine Aufteilung der potentiellen Gesamtlösung in ein (oder mehrere) Basissystem(e) sowie in entsprechende Ergänzungsbausteine vorsieht. Häufig geht die Entwicklung dieser

---

1 Zum Lebenszyklus von Softwarehäusern siehe auch Abschnitt 3.2.2 dieser Arbeit.

2 Besonders ausgeprägt ist diese Erscheinung im Hardwarebereich zu beobachten. Insbesondere in den 70er und 80er Jahren, der Wachstumsphase vieler Computerhersteller, zählte hier nur das Neugeschäft. So war ein Großteil der vertrieblichen Anreizsysteme im Hardwarebereich ausschließlich auf die *Gewinnung von Neukunden* ausgerichtet.

Komponenten mit der Installation bei einem Großteil der Anwender zeitlich einher. Ein solches Vorgehen bietet sich immer dann an, wenn das Entwicklungsvolumen für die Erstellung des potentiellen Gesamtsystems so groß ist, daß es nur sukzessiv in einzelnen Teilschritten abgearbeitet werden kann.

Desweiteren bietet der aktuelle Kundenkreis eine ideale Basis, um in dieser Zielgruppe die nächste **Softwaregeneration** zu akquirieren. Da sich eine neue Softwaregeneration i. d. R. weniger durch gravierende organisatorische sondern mehr durch technologische Neuerungen auszeichnet, läßt sie sich innerhalb dieser Zielgruppe wesentlich leichter, d. h. ohne große Eingriffe in die bestehende Aufbau- und Ablauforganisation, einführen. Naturgemäß reicht das Absatzpotential im bestehenden Kundenstamm für sich genommen nicht aus, als Plattform für die Ausweitung auf neue Segmente und Zielgruppen sowie zur Überbrükkung schwerfälliger Anlaufphasen ist es aber sehr gut geeignet.

4.6.3 Instrumente im Post-Sales-Geschäft

Zu den wichtigsten Instrumenten, die im Rahmen der Post-Sales-Phase für das Softwaregeschäft sinnvoll und nützlich sind, zählen

- die Zusammenarbeit mit **Benutzergruppen**,
- die Organisation von **Benutzertreffen** sowie
- die Organisation von **Referenzbesuchen**.

4.6.3.1 Zusammenarbeit mit Benutzergruppen

Verfügen Softwareprodukte über eine hinreichend große Installationszahl und darüber hinaus über einen entsprechend großen (strategischen) Stellenwert bei den Anwenderunternehmen, so kommt es häufig zur Bildung von Benutzergruppen (User-Groups). Dabei geht es zunächst um einen informellen Informations- und Erfahrungsaustausch unter Fachleuten der Anwenderunternehmen, die in regelmäßigen Zeitabständen zusammentreffen.[1] Im Zusammenhang mit der Systemeinführung wird in diesen Gruppen vor allem auch erörtert, „ ... inwieweit die Hersteller ihren werblichen und verkaufspolitischen Versprechungen gerecht geworden sind und ob Hard- und Software applikationsgerecht funktionieren."[2] Die damit vorgenommene Bewertung des Anbieterunternehmens kann dessen Image u. U. erheblich beeinflussen. Softwareunternehmen sind somit vor die Entscheidung gestellt, ob sie die User-Groups zum Gegenstand ihres Marketing machen sollen oder nicht.[3]

Gegen eine derartige Mitwirkung des Softwareunternehmens könnte zwar die dann eingeschränkte Unabhängigkeit der Benutzergruppe sprechen, aus Marketingsicht bietet sich aber in jedem Fall eine aktive und konstruktive Mitarbeit in diesen Anwendergremien an.[4] Daher gehen immer mehr Software- und DV-Beratungsunternehmen dazu über - eine entsprechende Marktbedeutung ihrer Software vorausgesetzt -, Benutzergruppen zu initiieren und zu etablieren.[5] Sie nutzen die Zusammenkünfte der Anwender zur Information, indem beispielsweise kompetente Referenten für Fachvorträge abgestellt werden und damit zum Abbau der kognitiven Dissonanz beitragen.[6] Insofern bietet die Benutzergruppe einerseits eine ideale Möglichkeit für den Absatz evtl. Zusatzleistungen (Erweiterungsmodule, Ergänzungsbausteine, Beratungsleistungen) und andererseits dient sie als Referenz zur Gewinnung neuer Kundenpotentiale.

Die Einrichtung einer User-Group muß allerdings nicht nur positive Wirkung auf das Anbieter-Image haben, sondern kann durchaus auch

---

[1] Vgl. Strothmann, K.-H./Kliche, M.: a. a. O., S. 119. In der Vergangenheit haben sich solche Anwenderzirkel aus der Notwendigkeit heraus gebildet, um „ ... gegenüber den Herstellern eine Marktmacht in Form eines Nachfragerkonsortiums aufzubauen". Vgl. Baaken, T./Launen, M.: a. a. O., S. 168

[2] Vgl. Strothmann, K.-H./Kliche, M.: a. a. O., S. 119

[3] Vgl. ebenda.

[4] Vgl. ebenda.

[5] Vgl. Baaken, T./Launen, M.: a. a. O., S. 168

[6] Vgl. ebenda.

Gefahren für das Softwareunternehmen in sich bergen.[1] So kann der Einfluß der Benutzer durchaus dazu führen, daß der Softwareanbieter seine Entwicklungspolitik entgegen den ursprünglichen Planungen verändern muß. U. U. müssen eliminierungswürdige Teilsysteme (Module) auf Druck der User in der Produktpalette verbleiben oder bestimmte Softwarefunktionen ins Angebot aufgenommen werden, ohne daß jemals eine Amortisierung der Entwicklungskosten in Aussicht steht.[2]

Besonders hinzuweisen ist schließlich auf die Möglichkeit, sich mit der Etablierung einer Benutzergruppe zugleich auch eine wichtige Informationsquelle zu erschließen, die für das Gebiet der Marktforschung von erheblichem Wert ist.[3] Erhebungen innerhalb der Anwenderschaft können nicht nur wichtige Hinweise für die Weiterentwicklung des Produktes liefern, sondern auch evtl. Unzulänglichkeiten in der Einführungsphase oder in der Funktionalität aufzeigen. Werden diese Informationen systematisch aufgenommen und entsprechend verarbeitet, so ist eine rechtzeitige Eliminierung dieser Defizite möglich.[4]

Abschließend kann festgestellt werden, daß sich User-Gruppen vornehmlich bei den Softwaretypen B und C einer immer größer werdenden Beliebtheit erfreuen.[5] Benutzervereinigungen, die von Softwareherstellern initiiert werden, sind eine „Form neuer Offenheit, die vom Software-Nutzer honoriert wird."[6]

4.6.3.2 Organisation von Benutzertreffen

Unabhängig davon, ob für ein Softwareprodukt eine Benutzervereinigung existiert oder nicht, in jedem Fall bietet sich zur Intensivierung

---

[1] Vgl. Baaken, T./Launen, M.: a. a. O., S. 168

[2] Vgl. ebenda, S. 169

[3] Vgl. ebenda, S. 121

[4] Vgl. Strothmann, K.-H./Kliche, M.: a. a. O., S. 121

[5] Beim Softwaretyp A wird die sehr starke Individualität der Lösung nur höchst selten zu einer Anwendergruppierung führen. Vgl. dazu auch Baaken, T./Launen, M.: a. a. O., S. 169

[6] Vgl. ebenda.

der Kundenbetreuung die periodische Organisation und Durchführung von Benutzertreffen an. In diesen Veranstaltungen bietet sich für den gastgebenden Softwareproduzenten die Möglichkeit, sein gesamtes Marketing-Instrumentarium gezielt und ohne Streuverluste einzusetzen. Der Veranstaltungserfolg hängt entscheidend von der *Programmgestaltung* ab. Themen- und Referentenauswahl sind dabei ebenso wichtig wie Organisation und Inhalte des Rahmen- und Beiprogramms. Insbesondere durch das Angebot themen- bzw. problembezogener Workshops, die den Benutzern die Möglichkeit zum Informations- und Erfahrungsaustausch bieten, kann es dem Veranstalter gelingen, eine besonders starke Bindung zum Anwender herzustellen.

Zweifellos sind Benutzertreffen neben ihrer Funktion als Informationsbörse zugleich auch immer **Verkaufsveranstaltungen**. So sind Vorträge über die künftige Unternehmens- und Entwicklungsstrategie ebenso fester Programmbestandteil wie die Präsentation neuer Programmbausteine oder die Vorstellung eines Kooperationspartners mit seinem ergänzenden Produkt- und Leistungsangebot. Darüber hinaus kann ein Benutzertreffen in ähnlicher Form der Informationsbeschaffung dienen wie eine User-Group. Entsprechend konzipierte Fragebögen, die im Rahmen der Veranstaltung ausgeteilt werden, können dabei wichtige Aufschlüsse über zukünftige Benutzeranforderungen und damit über Teilaspekte der einzuschlagenden **Entwicklungsstrategie** geben.

4.6.3.3 Organisation von Referenzbesuchen

Insbesondere im Geschäft mit den Softwaretypen A und B gehört der Nachweis von Referenzen zu einem der wichtigsten Marketing-Bestandteile überhaupt. [1] Als Referenzen werden Kunden bezeichnet, bei denen ein Softwareprodukt erfolgreich und zur Zufriedenheit der Benutzer installiert wurde. Die Nachfrage nach Referenzen drückt in besonderem Maße das hohe Sicherheitsbedürfnis des potentiellen Anwenders bei der Beschaffung von Software aus. Grundsätzlich ist zu unterscheiden zwischen *aktiver* und *passiver* Form des Referenznachweises.

---

[1] Vgl. Strothmann, K.-H./Kliche, M.: a. a. O., S. 122

Eine **aktive Referenzpolitik** liegt dann vor, wenn auf Referenzunternehmen bereits hingewiesen wird, ohne daß ein darauf gerichtetes Kundeninteresse erkennbar ist. Die aktive Form des Referenznachweises setzt voraus, daß der Softwareproduzent über eine hinreichend große Anzahl von Kunden verfügt, bei denen die Software zur Zufriedenheit der Benutzer eingeführt wurde und die *jederzeit bereit sind,* Auskunft über die Tauglichkeit des Softwaresystems - auch gegenüber möglichen Wettbewerbern - zu geben.[1]

Wird bei der Angabe von Referenzen Zurückhaltung geübt und werden Referenzadressen nur dann genannt, wenn der potentielle Kunde darauf besteht, so wird von einer **passiven Referenzpolitik** gesprochen.[2] Die passive Form des Referenznachweises ist in der Praxis wesentlich häufiger anzutreffen, weil die meisten Anwender (trotz allgemeiner Zufriedenheit mit der installierten Software) i. d. R. nicht bereit sind, einem Dritten ohne entsprechende „Vorwarnung" durch den Softwareanbieter Auskunft über die Installation zu geben. Trotzdem müssen sich Softwareunternehmen, insbesondere wenn sie die Softwaretypen A oder B vermarkten, darauf einstellen, daß ihnen Referenzadressen abgefordert werden.

Besonders wirkungsvoll sind Referenzanwender, die ihre Räumlichkeiten zur *Besichtigung* oder zum *Test* der bei ihnen installierten Software durch den potentiellen Kunden zur Verfügung stellen. Ein solcher Besichtigungstermin sollte jedoch sehr gut vorbereitet sein, da Komplikationen bei der Vorführung das Entscheidungsrisiko der potentiellen Investoren nicht gerade abbauen hilft.[3]

Dies alles setzt voraus, daß sich Softwareanbieter eine Datei von potentiellen Referenzanwendern aufbauen.[4] In dieser **Referenzdatei** sollten alle Funktionsbausteine, die der jeweilige Anwender im Einsatz

---

[1] Vgl. Strothmann, K.-H./Kliche, M.: a. a. O., S. 122

[2] Vgl. ebenda.

[3] Vgl. Baaken, T./Launen, M.: a. a. O., S. 170

[4] Vgl. Strothmann, K.-H./Kliche, M.: a. a. O., S. 124

hat, aufgeführt sein. Desweiteren sollten technische Daten, wie Hardware und Betriebssystem, sowie Strukturmerkmale, wie Unternehmensgröße und Branchenzugehörigkeit, in der Datei festgehalten werden.[1] In der Systematik der Referenzdatei spiegeln sich somit im Prinzip nichts anderes wider als die *Segmentierungsdimensionen*, die der Festlegung des relevanten Marktausschnittes dienen. Eine solche Systematik ist insbesondere deshalb von Bedeutung, weil viele potentielle Kunden bei einem Referenzbesuch besonderen Wert auf eine Systemumgebung legen, die der ihrigen vergleichbar ist. Der Referenznehmer verspricht sich davon den Vorteil, den Systemeinsatz unter ähnlichen Bedingungen zu erleben.[2]

Unter dem Gesichtspunkt unterschiedlicher Branchenanforderungen kommt der Etablierung eines **Lead User** pro Branche eine besondere Bedeutung zu. Als Lead User werden Referenzkunden bezeichnet, „ ... die den Innovationsprozeß aktiv mitgestalten und somit Einfluß auf das Entwicklungsergebnis nehmen."[3] Besonders wichtig bei der Auswahl des Lead User ist die Forderung, daß dieser ein *typischer* Vertreter seiner Branche ist und über einen „entsprechend großen, positiv besetzten Bekanntheitsgrad" verfügt.[4] Ohnehin ist bei der Auswahl der Referenzkunden mit besonderer Sorgfalt vorzugehen. Es ist sicherzustellen, daß grundsätzlich nur solche Referenzen nachgewiesen werden, die eine positive Wirkung auf den Interessenten erwarten lassen.[5]

4.6.4 Software-Wartung als zentrale Betreuungskomponente

Eine wesentliche Betreuungsfunktion ist die Software-Wartung, die dem *Erhalt der Produktionsfähigkeit* der installierten Software dient. Der hohe Stellenwert der Wartung für den Softwareanbieter wird darin

---

[1] Vgl. Strothmann, K.-H./Kliche, M.: a. a. O., S. 124

[2] Vgl. ebenda.

[3] Vgl. Baaken, T./Launen, M.: a. a. O., S. 170 unter Bezugnahme auf von Hippel, E.: Lead Users: A Source of Novel Product Concepts, in: Management Science, 32 (July 1986), S. 791 - 805

[4] Vgl. Baaken, T./Launen, M.: a. a. O., S. 170

[5] Vgl. Strothmann, K.-H./Kliche, M.: a. a. O., S. 122

deutlich, daß bis zu 70 % des Softwarebudgets eines Unternehmens allein für die Wartung vorhandener Programme ausgegeben werden.[1] Dieser Prozentsatz ist auch deshalb so bemerkenswert hoch, weil die Wartung im Softwaregeschäft neben der permanenten **Fehlerbereinigung** auch die Lieferung verbesserter Release-Stände umfaßt. Die Software-Wartung stellt also nicht nur die reine Reparaturtätigkeit (wie bei Maschinen), sondern darüber hinaus auch die **Produktverbesserung** dar.[2] Diese *Besonderheit im Wartungsumfang* ist vornehmlich damit zu begründen, daß zum Erhalt der Produktionsfähigkeit neben der Fehlerbeseitigung beispielsweise auch Programmänderungen gehören, die durch Gesetzesänderungen oder durch Betriebssystemwechsel notwendig werden. Software unterliegt im Gegensatz zum Maschinenpark keinem physischen Verschleiß, sondern einer wirtschaftlichen Veralterung, die durch die stetige technologische Weiterentwicklung (Hardware, Betriebssystemsoftware) sowie durch gesetzliche Änderungen bedingt ist.[3]

Übernimmt der Softwareanbieter die Wartung für ein Programmsystem, so wird neben dem Nutzungsvertrag regelmäßig auch ein Wartungsvertrag (Pflegevertrag)[4] abgeschlossen. Dieser Vertrag tritt erst nach Ablauf der Gewährleistungsdauer (im Regelfall sechs oder zwölf Monate nach Installation der Software) in Kraft.[5] Er regelt im wesentlichen den Geltungsbereich, Umfang und Dauer der Wartungsleistungen sowie die Wartungsgebühren.

Die periodisch (monatlich, quartalsweise, halbjährlich oder jährlich) zu entrichtenden **Wartungsgebühren** sind zumeist als fester Prozentsatz des jeweils gültigen Preises für die zeitlich unbegrenzte Nut-

---

[1] Vgl. Sneed, H.: Hohe Wartungskosten kommen nicht von ungefähr. Anpassungen und Erweiterungen erfordern ständig steigenden Aufwand, in: Computerwoche, 17 Jg., 1990, Nr. 27, S. 13 zitiert bei Baaken, T./Launen, M.: a. a. O., S. 136

[2] Vgl. Baaken, T./Launen, M.: a. a. O., S. 135

[3] Vgl. ebenda, S. 138

[4] Im PC-Bereich wird der Wartungsvertrag auch als *Update-Vertrag* bezeichnet. Vgl. hierzu die ausführliche Darstellung bei Bittner, L.: Innovatives Software-Marketing, a. a. O., S. 133 ff.

[5] Vgl. ebenda, S. 136

zung der Software festgelegt. Hinsichtlich des **Wartungsumfangs** lassen sich drei Grundformen unterscheiden:

- **Variante 1:** Gewartet wird nur die Standardversion der dem An wender überlassenen Software;
- **Variante 2:** Gewartet wird sowohl das Standardsystem als auch die anwenderindividuellen Anpassungen, wobei hin sichtlich der Wartungsgebühren eine getrennte Be trachtung erfolgt;
- **Variante 3:** Gewartet wird das Gesamtsystem, wobei hinsichtlich der Wartungsgebühren keine getrennte Betrachtung zwischen Standardsystem und Modifikationen er folgt.

Die erste Variante ist charakteristisch für die Wartung des Softwaretyps C. Aufgrund der Vielzahl der installierten Systeme ist es aus Sicht der Anbieter ökonomischer, lediglich *eine* Version für alle Wartungsnehmer vorzuhalten. Da auch die Standardversion im Zeitablauf unterschiedliche Releasestände aufweisen wird, schränken die meisten Softwarehäuser ihren Leistungsumfang auf die Wartung der jeweils jüngsten Fassung dieser Standardversion ein.

Anwenderindividuelle Anpassungen, die vornehmlich bei den Softwaretypen A und B immer wieder vorgenommen werden (müssen), werden nach Aufwand dem jeweiligen Releasestand des Standards angepaßt. Die Wartungsgebühren setzen sich also zusammen aus einem festen Betrag (als Prozentsatz vom Listenpreis der Standardversion) und aus einem variablen Betrag, der von Art und Umfang der Modifikationen abhängt und der zu Beginn der jeweiligen Wartungsperiode nicht vollständig kalkulierbar ist.

Da insbesondere Anwender des Softwaretyps A nicht bereit sind, dieses Kalkulationsrisiko alleine zu tragen, bieten Softwarehäuser die Wartung des Gesamtsystems zu einem *Pauschalpreis* an, der sich dann als fester Prozentsatz vom Gesamtpreis des Softwaresystems errechnet (Variante 3). Diese **Pauschalwartung** setzt einen erhöhten organisatorischen Aufwand beim Softwareunternehmen voraus, da es sämtliche im Einsatz befindlichen Kundenversionen vorhalten muß.[1]

	Variante 1	Variante 2	Variante 3
Standard	Wartungsgebühr (als Prozentsatz des Listenpreises des Standards)		Pauschale Wartungsgebühr für das Gesamtsystem
Modifikationen	keine Wartung	Wartungsgebühr, die von Art und Umfang der Modifikationen abhängt	
Schwerpunktmäßiger Einsatz:	⇑ **Typ C**	⇑ **Typ B**	⇑ **Typ A**

Abb. 4.32: Zusammenhang zwischen Wartungsumfang und Wartungsgebühr

Wichtig ist bei alledem, daß die Software-Wartung als Betreuungskomponente einige nennenswerte Vorteile für den Softwareanbieter mit sich bringt, die hier zusammenfassend aufgeführt werden:[2]

- Da der Anbieter im Rahmen des Wartungsvertrages bei aktuellen Schwierigkeiten als kompetenter Problemlöser auftritt, wächst das *Vertrauen* in seine Leistung und damit die Chance für evtl. Folgegeschäfte.
- Durch die Wartung wird der *Kontakt zum Kunden* aufrecht erhalten, der sonst mit erheblichem Mehraufwand im Rahmen der Vertriebsaktivitäten durchgeführt werden müßte.
- Die Software-Wartung besitzt einen stark *kommunikativen* Charakter, der zu einer höheren Kundenzufriedenheit beiträgt.

---

[1] Entsprechend hoch ist auch der vertraglich vereinbarte Prozentsatz, der für diese Leistung genommen wird. Während jährlich 10 - 15 % des Preises des Standardprogramms im Fall 1 üblich ist, dürfte im Fall 2 die Wartungsgebühr 15 - 25 % des Preises für das installierte und modifizierte Gesamtsystem betragen.

[2] Vgl. Baaken, T./Launen, M.: a. a. O., S. 137

- Die Software-Wartung stellt für das Softwareunternehmen eine wesentliche *Ertragsquelle* dar.[1]

[1] Software-Experten verfolgen die These, daß die Summe aller Wartungseinnahmen, die im Zeitablauf für eine bestimmte Softwaregeneration erzielt werden, die jeweils nachfolgende Softwaregeneration finanzieren sollte.

5. Geltungsbereiche der Marketing-Gleichung und weitere Schlußfolgerungen

5.1 Geltungsbereiche der Marketing-Gleichung

Im Kapitel 4 wurden die für alle drei Softwaretypen gleichermaßen relevanten Merkmalsausprägungen und ihre Auswirkungen auf die Anwendung der Marketing-Gleichung dargestellt. Der Verlauf der Arbeit hat gezeigt, daß es wesentliche, z. T. strukturelle Unterschiede zwischen den Softwaretypen gibt. Diese Unterschiede beruhen vornehmlich auf den spezifischen Besonderheiten von **Individualsoftware** (⇒ ausschließlich Softwaretyp A) und **Standardsoftware** (⇒ Softwaretyp B und C sowie teilweise Typ A). Um diesen Überlegungen Rechnung zu tragen, werden in diesem Kapitel die jeweiligen Besonderheiten herausgearbeitet und deren Konsequenzen für die Anwendung der Marketing-Gleichung dargestellt. Da die Einteilung in Individual- und Standardsoftware, die auf das *„Erstellungsprinzip von Software“* [1] zurückgeht, mit der hier verwendeten Softwaretypologie nicht identisch ist, wird der Zusammenhang zwischen Individual- und Standardsoftware einerseits und den drei Softwaretypen andererseits in Abbildung 5.01 verdeutlicht.

Aufgrund der sich abzeichnenden Entwicklung, daß Großrechner und damit auch Großrechner-Software mehr und mehr an Bedeutung verlieren,[2] wird künftig auch das Angebot an Standardsoftware für diese Hardwareplattform zurückgehen. Insofern wird sich auch der Softwaretyp A mittelfristig ausschließlich in Richtung Individualsoftware (unabhängig von der Hardwareplattform) entwickeln, so daß sich eine Kongruenz zwischen Typ A und Individualsoftware ergeben wird.

---

[1] Siehe hierzu die grundlegenden Ausführungen in Abschnitt 2.1.1 dieser Arbeit sowie ergänzend Baaken, T./Launen, M.: a. a. O., S. 9 ff. und S. 195

[2] Vgl. hierzu Abschnitt 3.1.3 dieser Arbeit sowie ausführlicher Wendel, D.: a. a. O., S. 12 - 16

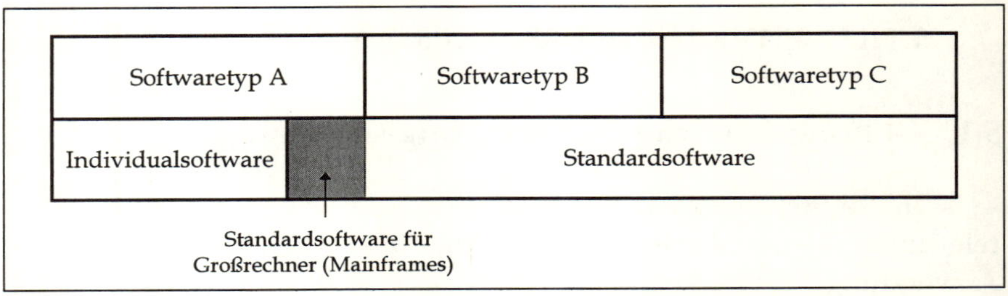

Abb. 5.01: Zuordnung von Individual- und Standardsoftware zu den Softwaretypen

5.1.1 Geltungsbereich Individualsoftware (Softwaretyp A)

Generell sind es zwei Merkmale, die Individualsoftware von Standardsoftware strukturell unterscheiden und damit ihre Vermarktung wesentlich beeinflussen:[1]

(1) Im Gegensatz zur Standardsoftware kann der potentielle Abnehmer von Individualsoftware bei der Auftragsvergabe nicht auf ein fertiges Produkt zurückgreifen.

(2) Bei Individualsoftware ist der Nachfrager in den Software-Erstellungsprozeß integriert *(⇒* **externer Faktor**[2]*)*, denn ohne seine Mitwirkung ist eine erfolgreiche Lösung kaum denkbar. Bei Individualsoftware ist der Anwender also Auftraggeber und Mitproduzent gleichzeitig.

Für den Anbieter von Individualsoftware ergibt sich daraus eine veränderte *Risikobetrachtung* gegenüber einem Anbieter von Standardsoftware:[3] Zum einen steigt für ihn in gewisser Weise das **Produktent-**

---

[1] Vgl. Baaken, T./Launen, M.: a. a. O., S. 195 ff. Zu weiteren Unterscheidungsmerkmalen siehe die ausführliche Darstellung in Abschnitt 2.1.1 dieser Arbeit.

[2] Zur Integration des externen Faktors siehe Abschnitt 2.2.4 dieser Arbeit.

[3] Vgl. Baaken, T./Launen, M.: a. a. O., S. 197 und Engelhardt, W. H.: Dienstleistungsorientiertes Marketing. Antwort auf die Herausforderung der neuen Technologien, in: Adam, D./Backhaus, K./Meffert, H./Wagner, H. (Hrsg.): Integration und Flexibilität. Eine Herausforderung für die Allgemeine Betriebswirtschaftslehre, Wiesbaden 1990, S.281

wicklungsrisiko, da er gegenüber dem externen Faktor i. d. R. keine Weisungsbefugnis besitzt. Zum anderen sinkt das **Vermarktungsrisiko**, da die Kaufentscheidung *vor* dem Leistungserstellungsprozeß liegt und damit i. d. R. eine Übernahme der Software durch den Auftraggeber sichergestellt ist. Um jedoch sicherzustellen, daß man als Anbieter von Individualsoftware von vornherein in den Auswahl- und Entscheidungsprozeß mit einbezogen wird, ist das Vorgehen gemäß der Marketing-Gleichung mit dem besonderen Schwerpunkt der (persönlichen) *Akquisition* von erheblicher Bedeutung. Hierbei spielt vor allem die Argumentation von risikoabbauenden Faktoren eine wesentliche Rolle. Neben Hinweisen auf vergleichbare (Referenz-) Projekte *(⇒ Betreuung)* zählen dazu auch Nachweise hinsichtlich der technischen Realisierbarkeit und Wirtschaftlichkeit einer anstehenden Investition.[1] Im Rahmen der *Segmentierung* und *Positionierung* muß auf eine entsprechende Eingrenzung der Zielsegmente hingewirkt werden, damit bei der Qualifizierung der Kunden Anforderungsprofil und Leistungsprofil zur Deckung gebracht und Kundenvorteile herausgearbeitet werden können. Bei der *Signalisierung* schließlich geht es um die glaubwürdige Darstellung von Realisierungs- und Umsetzungskompetenz auf den nachgefragten Gebieten vornehmlich im Rahmen von Imageprogrammen.

5.1.2 Geltungsbereich Standardsoftware (Softwaretyp B und C)

Bei der Standardsoftware kann der Anbieter im Gegensatz zur Individualsoftware auf ein bereits bestehendes Produkt verweisen. Generell sind es zwei Phasen, in denen sich Erfolg oder Mißerfolg von Standardsoftware entscheiden: Die **Entwicklungsphase** und die **Vermarktungsphase**. Somit stellt sich die Frage, für welches *Reifestadium* der Standardsoftware die Marketing-Gleichung überhaupt angewendet werden kann. Hinsichtlich des Entwicklungs- und Reifegrades von Softwareprodukten ist zu unterscheiden zwischen

- Produkten, deren Entwicklungsphase abgeschlossen ist und die sich bereits voll im **Vermarktungsprozeß** befinden (⇒ Kategorie 1 - aktuelles Produkt- und Leistungsangebot),

---

[1] Vgl. Baaken, T./Launen, M.: a. a. O., S. 198

- Produkten, die sich noch in der **Entwicklungsphase** befinden (⇒ Kategorie 2 - in Entwicklung befindliche Produkte),
- Produkten, die sich noch in der Planung befinden und damit am **Anfang der Entwicklung** stehen (⇒ Kategorie 3 - geplante Entwicklungsvorhaben).

5.1.2.1 Aktuelles Produkt- und Leistungsangebot

Bei den Produkten der Kategorie 1 versteht es sich von selbst, das Gleichgewicht zwischen dem fachlich/technischen Wettbewerbsvorteil und dem vom Markt honorierten Wettbewerbsvorteil im Rahmen der Marketing-Gleichung herzustellen. Das Ergebnis dieses Prozesses schlägt sich nieder in konkreten Marketing-Aktionsplänen.

Bei der Anwendung der Marketing-Gleichung auf das aktuelle Produkt- und Leistungsangebot kann sich noch ein weiterer Effekt ergeben: Stellt sich bei der Analyse der Zielmärkte, Zielgruppen und Wettbewerber heraus, daß das Marktpotential für bestimmte Produkte nicht mehr ausreicht, um zumindest mittelfristig Gewinne zu erwirtschaften, so muß ernsthaft über eine Bereinigung des Produktprogramms nachgedacht werden. Stößt man auf solche bereinigungsverdächtigen Produkte, so sind - bevor endgültige Entscheidungen getroffen werden - Detailanalysen (z.B. Umsatz- und Stückzahlanalysen, Altersstruktur sowie ergänzende Produktanalysen auf Basis von Teilkostenrechnungen, Cash-Flow-Betrachtungen oder Lebenszyklus-Prognosen) durchzuführen.[1] Ferner ist zu prüfen, ob von einer **Produkteliminierung** nicht negative Auswirkungen auf das akquisitorische Potential des Gesamtunternehmens ausgehen, ob also nicht Rücksichtnahme auf die Wünsche der Kunden z. B. aufgrund bestehender Wartungsverträge die weitere Vermarktung erfordert.

Ist nach Abwägen aller Vor- und Nachteile eine Produkteliminierung unausweichlich, so sollte die Bereinigung nicht hinausgezögert werden, da in solche Produkte erfahrungsgemäß oft noch erhebliche

---

[1] Vgl. Bidlingmaier, J.: a. a. O., Bd. 2, S. 270 ff.

Mittel eingesetzt werden. Üblicherweise besteht im Management Abneigung gegen eine solche Maßnahme, die zumeist rein emotional begründet ist, weil es diesen (eliminierungsreifen) Produkten den bisherigen Erfolg verdankt.[1] Die Erfahrung - gerade im Softwarebereich - zeigt hingegen immer wieder, daß eine Produktbereinigung in vielen Fällen langfristig mehr gebracht hat als eine Produktdiversifikation.

5.1.2.2 In Entwicklung befindliche Produkte

Für die Produkte der Kategorie 2 muß die Marketing-Gleichung kurzfristig aufgestellt werden, um in der anschließenden Vermarktung keine unliebsamen Überraschungen zu erleben. Gerade der Übergang von der Entwicklungs- zur Vermarktungsphase fordert High-Tech-Unternehmen besonders heraus. Insbesondere müssen die Fragen nach der anzusprechenden Zielgruppe, nach der Nutzenvorstellung des Anwenders, nach dem erreichbaren Segmentpotential, nach den Hauptwettbewerbern und nach den Alleinstellungsmerkmalen überprüft und ggf. neu beantwortet werden. Ergibt die Überprüfung eine Änderung der bisherigen Segmentierung und Positionierung, so sind der Medieneinsatz, das Vertriebspartnerkonzept, die Vertriebsaktionen und u. U. auch das geplante Betreuungskonzept den neuen Erkenntnissen anzupassen.

5.1.2.3 Geplante Entwicklungsvorhaben

Wichtig sind Teile der Marketing-Gleichung aber auch für Produkte der Kategorie 3, also für geplante Entwicklungsvorhaben. Um die Wirtschaftlichkeit solcher Vorhaben abschätzen zu können, empfiehlt sich die Einführung einer **Marketing-Entwicklungsplanung**. Dieses Steuerungsinstrument betrachtet die Produktentwicklung unter dem besonderen Aspekt der späteren Vermarktung. Im Rahmen der Marketing-Entwicklungsplanung werden also Teile der Marketing-Gleichung gedanklich vorweggenommen. Besonders wichtig dabei ist die Einbeziehung der Zielvariablen *Segmentierung* und *Positionierung*, denn ohne eine

---

[1] Vgl. Knoblich, H.: Absatzpolitik, a. a. O., S. 42

Bestimmung der Zielmärkte, Zielgruppen und möglicher Wettbewerber ist eine Abschätzung des Marktpotentials und damit des Planumsatzes nicht möglich. In dieser Phase ist auch eine frühzeitige Einbeziehung potentieller Kunden anzustreben, um bereits zu Beginn der Produktentwicklung über Pilotanwender zu verfügen. Aus einer Zusammenarbeit mit Pilotanwendern kann neben der größeren Sicherheit für die spätere Vermarktung auch der Vorteil einer Beteiligung an den Entwicklungskosten erwachsen. Andererseits sollte das Softwareunternehmen streng darauf achten, daß die Entwicklung nicht ausschließlich auf die spezifischen Belange des Pilotanwenders zugeschnitten ist, da sonst eine Individuallösung entsteht, die nicht weiter vermarktungsfähig ist.

Neben dem Entwicklungsplan, dem Kapazitäten- und Ressourcenplan beinhaltet die Marketing-Entwicklungsplanung also auch eine Abschätzung des Marktpotentials und daraus abgeleitet einen entsprechenden Umsatzplan. Nur unter Einbeziehung des Marktes ist es schließlich möglich, den Break-Even-Punkt einer Neuentwicklung zu bestimmen und damit eine **Wirtschaftlichkeitsanalyse** (das eigentliche Ziel der Marketing-Entwicklungsplanung) durchzuführen. Abbildung 5.02 gibt einen Überblick über die einzelnen Komponenten, die im Rahmen der Marketing-Entwicklungsplanung berücksichtigt werden sollten.

Bei der Durchführung der Marketing-Entwicklungsplanung muß allerdings angemerkt werden, daß es für Neuheiten (Innovationen) schon wegen der fehlenden Vergleichsinformationen nur sehr schwer möglich ist, gesicherte Marktvolumina und mögliche Absatzmengen zu bestimmen. Je höher der Neuheitswert einer Produktentwicklung ist, desto schwieriger wird die Markteinschätzung.

Der Unterschied zwischen der herkömmlichen Entwicklungsplanung und der Marketing-Entwicklungsplanung liegt also darin, daß sich die Neuproduktplanung voll an den Nachfragetrends und den Wettbewerbsbedingungen, also generell an den Anforderungen des Marktes orientiert. Schließlich verlangt die Entwicklung und Vermarktung von Standardsoftware erhebliche Vorlaufinvestitionen, die es abzusichern gilt.

Die Tatsache, daß ein späterer Rückfluß der investierten Mittel nicht garantiert ist, stellt das Management von Softwarehäusern heutzutage vor eine ungewohnte Herausforderung. Bislang waren die Softwareunternehmen daran gewöhnt, daß ihre Kunden die Aufträge erteilten und ihnen damit die Entwicklung einer eigenen Unternehmensstrategie ersparten. Nunmehr wird von den Softwarehäusern verlangt, daß sie den zukünftigen Bedarf ihrer Kunden abschätzen, technisch realisierbare Produkte planen, in einem wirtschaftlich vertretbaren Zeitraum entwickeln und in gewinnbringender Stückzahl vermarkten.[1] Zur Bewältigung dieser Aufgabenstellung ist die Durchführung einer Marketing-Entwicklungsplanung eine wesentliche Voraussetzung; sie schließt die Lücke zwischen der Entwicklungs- und der Vermarktungsphase.

[1] Vgl. Strunz, H.: a. a. O., S. 283

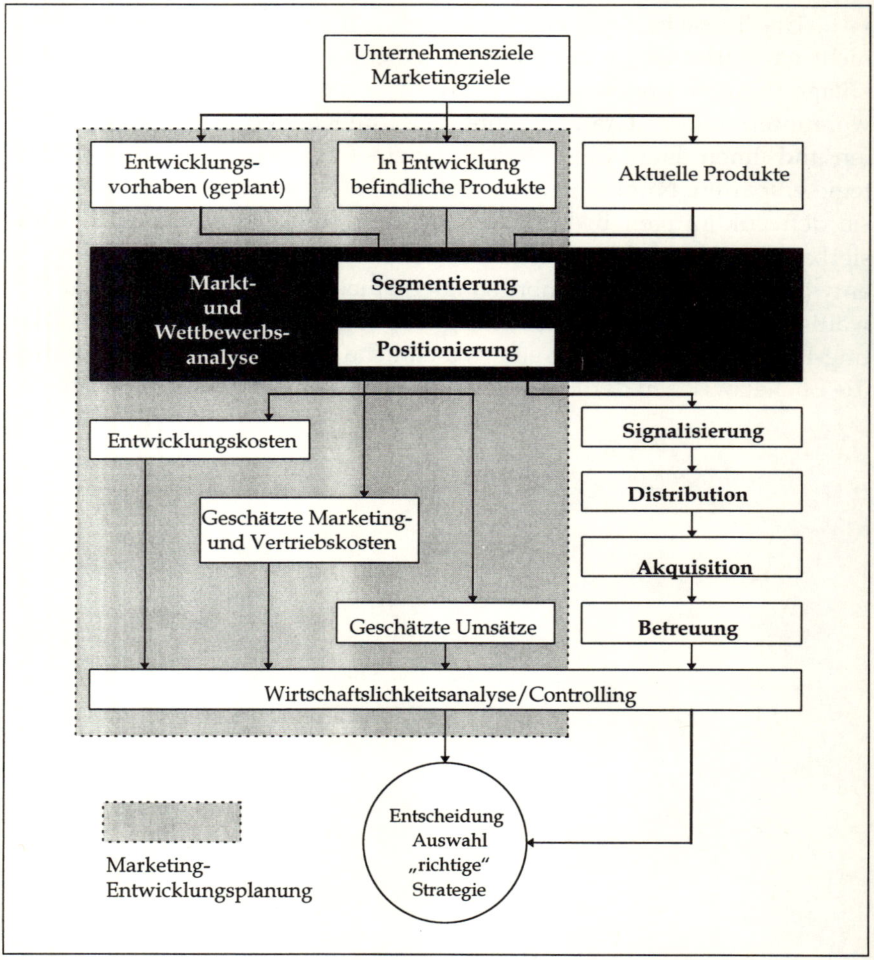

Abb. 5.02: Die Marketing-Gleichung als Element der Marketing-Entwicklungsplanung

5.2 Hypothetische Beziehungen zwischen Individualitätsgrad der Software und Rentabilität des Softwareunternehmens

Im vorangegangenen Abschnitt wurde der Nachweis erbracht, daß die Elemente der Marketing-Gleichung in gleicher Weise sowohl für Individualsoftware als auch für Standardsoftware angewendet werden können. Darüber hinaus wurde deutlich, daß die *extremen Skalapositionen* der diskutierten Merkmalsausprägungen entweder nur dem Softwaretyp A oder nur dem Softwaretyp C zugeordnet werden können. Auf den Softwaretyp B dagegen entfällt jeweils immer nur eine intensitätsmäßige (Zwischen-)Abstufung der entsprechenden Merkmalsausprägung.

Aufgrund dieser Beobachtung und einer Vielzahl praktischer Beispiele aus dem Softwaregeschäft liegt die Vermutung nahe, daß der Vermarktungsprozeß bei den („reinrassigen") Softwaretypen A und C effizienter verläuft als beim Softwaretyp B. Der aus dem Einsatz der Marketing-Gleichung resultierende strategische und operative Handlungsrahmen ist im Falle der Vermarktung von Typ A und C offensichtlich erheblich *homogener* als bei der Vermarktung von Typ B. Diese These wird noch dadurch unterstützt, wenn man zwei Merkmale miteinander kombiniert:

In Abbildung 5.03 ist der *Individualisierungsgrad* (standardisiert vs. individuell) dem *Interaktionsgrad* (interaktionsunabhängig vs. interaktionsintensiv) der angebotenen Software gegenübergestellt.[1] Die „reinrassigen" Softwaretypen (standardisiert und interaktionsunabhängig sowie individuell und interaktionsintensiv) lassen sich dabei recht eindeutig den beiden (extremen) Geschäftstypen **Komponentenhersteller** einerseits und **Systemintegrator** andererseits zuordnen.

---

[1] Darstellung in Anlehnung an Meffert, H.: Dienstleistungsmarketing, a. a. O., Sp. 456 ff.

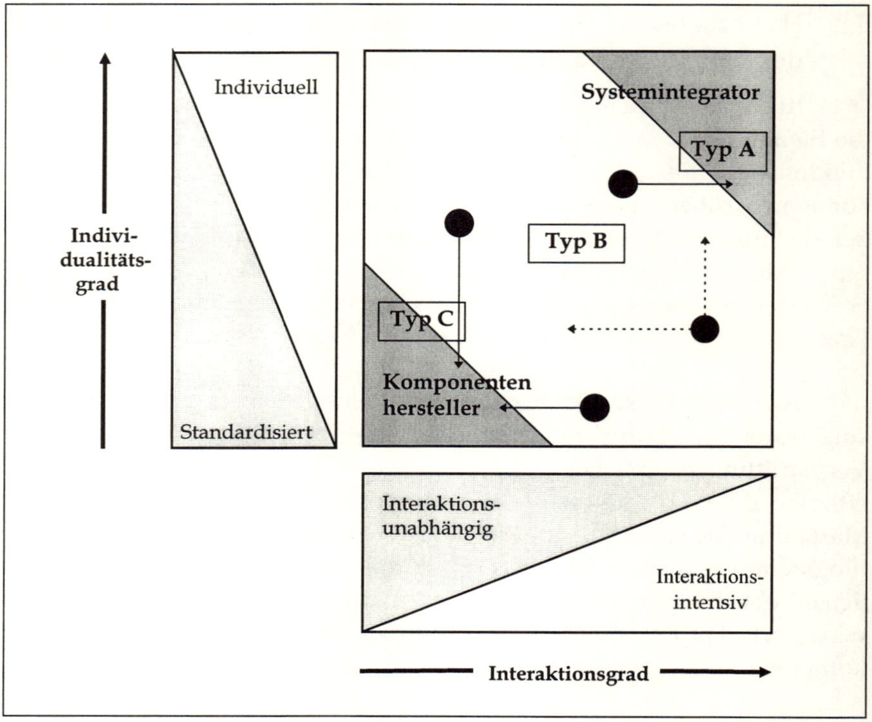

Abb. 5.03: Kombination von Individualitätsgrad und Interaktionsgrad

Gleichzeitig kann festgestellt werden, daß nur diese beiden Geschäftstypen über *eindeutige*, aus der Marketing-Gleichung abgeleitete Handlungsoptionen verfügen. Die beiden Geschäftstypen können als Extremfälle und damit als Untermenge des Produkt- bzw. des Projektgeschäfts angesehen werden. Da das Produkt- bzw. Projektgeschäft wiederum eine Teilmenge des Geschäfts mit den Softwaretypen A und C ist, ergibt sich der in Abbildung 5.04 dargestellte Zusammenhang.

Folgt man diesen Überlegungen, so läßt sich die These aufstellen, daß sich jeder Softwareanbieter mittelfristig entscheiden muß, ob er künftig *ausschließlich* den Softwaretyp A oder den Softwaretyp C vermarkten will.[1] Ein weiteres Festhalten am Softwaretyp B würde eine Position „zwischen den Stühlen“ bedeuten.

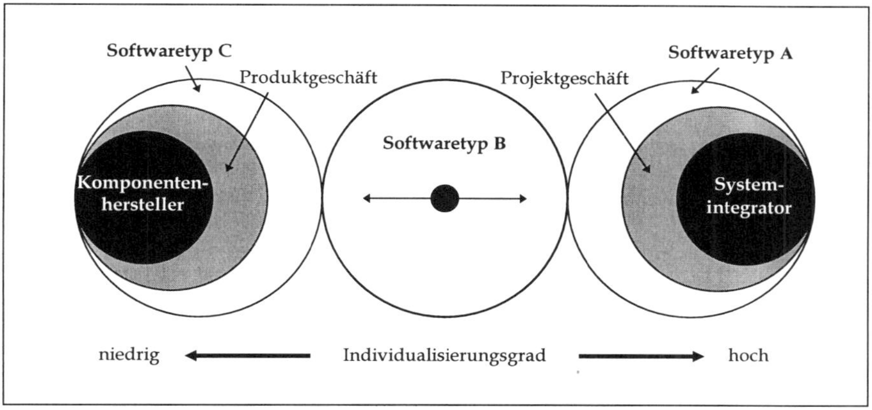

Abb. 5.04: Softwaretypen und Software-Geschäftsarten im Zusammenhang

Die Entwicklung der deutschen Softwarebranche ist sehr stark geprägt von Softwareunternehmen, die zu lange - zugegebenermaßen unbewußt - an der „Position zwischen den Stühlen“ festgehalten haben. ADV/ORGA, SCS und mpb, in den 70er und zu Beginn der 80er Jahre Marktführer in ihren Segmenten, sind die prominentesten Beispiele hierfür. SAP und Software AG hingegen haben sich ausschließlich auf das Produktgeschäft konzentriert, die entsprechenden Erfolgsfaktoren berücksichtigt und ein homogenes Marketing praktiziert. Auf der anderen Seite der Skala sind es heute die DV-Beratungsabteilungen der großen Wirtschaftsprüfungs- und Steuerberatungsgesellschaften, die das individuelle Software- und Beratungsgeschäft nahezu perfekt beherrschen.

Aus dieser Beobachtung läßt sich die These ableiten, daß Softwareunternehmen entweder dann überdurchschnittlich erfolgreich sind, wenn sie sich voll (d. h. zu 100 %) auf das Produktgeschäft oder voll auf

[1] In den Abbildungen 5.03 und 5.04 ist grafisch angedeutet, daß sich ein Anbieter des Softwaretyps B entweder auf die Position als Anbieter des Typs A oder des Typs C bewegen muß.

das Projektgeschäft konzentrieren.[1] Softwarehäuser dagegen, die sowohl dem Produkt- als auch dem Projektgeschäft nachgehen und daher auch einen (halbherzigen) Mix aus Produkt- und Dienstleistungsmarketing betreiben, weisen mittel- und langfristig eine unterdurchschnittliche Rentabilität aus. In Abbildung 5.05 ist die hypothetische Beziehung zwischen **Individualitätsgrad** und **Rentabilität** dargestellt. Sie darf als eine mögliche Erklärung für die Marketing-Schwäche der deutschen Softwarebranche gelten.[2]

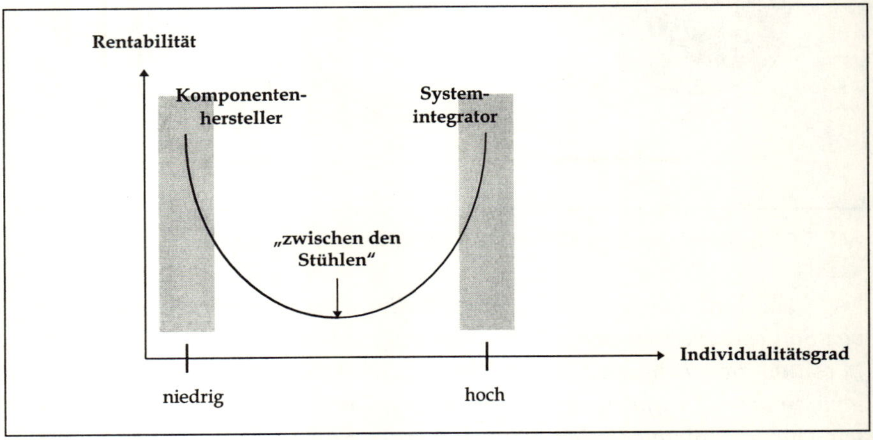

Abb. 5.05: Hypothetischer Zusammenhang zwischen Individualitätsgrad und Rentabilität

---

[1] In diesem Sinne auch Steeb, der eine künftige Zweiteilung des Softwaremarktes sieht: „ ... Aufgrund immer günstigerer Preis-Leistungs-Relationen bei Hardware wie Software [ist] mit einer Teilung der Anbieterwelt in „Komponentenlieferanten" und „Systemintegratoren" zu rechnen." Steeb, H.: a. a. O., S. 8

[2] Zur Darstellung siehe auch Becker, J.: a. a. O., S. 318, der die Position zwischen den Stühlen in einem anderen Zusammenhang als „Weder-noch-Strategie" bezeichnet.

LITERATURVERZEICHNIS

Aaker, D. A.: Strategic Market Management, New York u. a. 1984

Abel, J.: Kooperationen als Wettbewerbsstrategien für Software-Unternehmen, Diss., Frankfurt/M. 1992

Abell, D. F.: Defining the Business. The Starting Point of Strategic Planning, Englewood Cliffs, N. J. 1980

ADV/ORGA-Research (Hrsg.): Softwaretrends '84. Ergebnisse einer Marktbeobachtung und Anwenderbefragung im Herbst 1983, ADV/ORGA-Research-Studie 1, Wilhelmshaven 1984

ADV/ORGA-Research (Hrsg.): Softwaretrends '86. Ausstattung deutscher Großunternehmen mit kommerzieller Anwendungssoftware in Verbindung mit dem PC-Einsatz, ADV/ORGA-Research-Studie 5, Wilhelmshaven 1986

Andrea, T.: Zwischenbetriebliche Kooperation als Marketingstrategie. Analyse und Gestaltung, Diss., St. Gallen 1976

Apitz, K./Benad, G./Poth, L.: Imageprofil '86, Landsberg am Lech 1987

AWF (Hrsg.): Integrierter EDV-Einsatz in der Produktion: CIM - Computer Integrated Manufacturing. Begriffe, Definitionen, Funktionszuordnungen, Ausgabe November 1985

Baaken, T.: Technologiestudien als innovatives Marketing-Instrument im Investitionsgütermarketing. Ergebnisse einer empirischen Studie, in: Marktforschung und Management 4/91, S. 164 - 169

Baaken, T./ Launen, M.: Software-Marketing, München 1993

Backhaus, K.: Auftragsplanung im industriellen Anlagengeschäft, Stuttgart 1980

Backhaus, K.: Investitionsgütermarketing, 2., neubearb. Aufl., München 1990

Backhaus, K./Büschken, J.: Organisationales Kaufverhalten, in: Tietz, B./Köhler, R./Zentes, J. (Hrsg.): Handwörterbuch des Marketing, 2., vollst. überarb. Aufl., Stuttgart 1995, Sp. 1954 - 1966

Bain, J. S.: Barriers to New Competition, Cambridge/Mass. 1956

Balderjahn, I.: Bedürfnis, Bedarf, Nutzen, in: Tietz, B./Köhler, R./Zentes, J. (Hrsg.): Handwörterbuch des Marketing, 2., vollst. überarb. Aufl., Stuttgart 1995, Sp. 179 - 190

Barth, H.: Der deutsche Beratungs- und Software-Markt einmal anders betrachtet, in: online 08/97, S. 10 - 13

Bartl, H.: Software-Recht aktuell: Insider-Informationen zu aktuellen juristischen Fragen, Vortrag beim 5. Berliner Software Unternehmer-Gepräch am 06./07.02.1992

Bartl, H.: Software-Recht aktuell: Neue Richtlinien und Rechtsprechungen, die Sie kennen sollten, Vortrag beim 6. Berliner Software Unternehmer-Gepräch am 04./05.02.1993

Bauer, E.: Marktsegmentierung als Marketing-Strategie, Berlin 1976

Bauer, H.: Wettbewerbsvorteile im Markt für Software und Service. Wo und wie von der Konkurrenz abheben?, Vortrag auf der 2. Tagung „Software- und Service-Marketing“ der Nürnberger Akademie für Absatzwirtschaft am 03./04.05.1993

Bauer, H. H.: Die Entscheidung des Handels über die Aufnahme neuer Produkte, Berlin 1980

Bauer, H. H.: Selling Center, in: Diller, H. (Hrsg.): Marketing Lexikon, München 1992, S. 1042

Bauer, H. H.: Strategische Erfolgsfaktoren im Software-Marketing, in: Heinrich, L./Pomberger, G./Schauer, R. (Hrsg.): Die Informationswirtschaft in Unternehmen, Linz 1991, S. 223 - 251

Baumgartner & Partner (Hrsg.): Software-Branche im Umbruch - neue Anforderungen an Marketing und Vertrieb. Ergebnisse einer Befragung von Software- und Services-Anbietern in Deutschland, 24. Februar 1994

Becker, J.: Marketing-Konzeption. Grundlagen des strategischen Marketing-Management, 5. Auflage, München 1993

Benedikter, W.: Strategische Allianzen im Softwaremarkt, in: Wimmer, F./Bittner, L. (Hrsg.): Software-Marketing: Grundlagen, Konzepte, Hintergründe, Wiesbaden 1993, S. 71 - 79

Beyer, P.: Kooperationen und strategische Allianzen im Software-Markt. Chancen, Risiken, Erfolgskriterien, Vortrag beim 3. Berliner Software Unternehmer-Gespräch, 08./09.02.1990

Bidlingmaier, J.: Marketing, Bd. 1, Reinbek bei Hamburg 1973

Bidlingmaier, J.: Marketing, Bd. 2, Reinbek bei Hamburg 1973

Biethahn, J.: Einführung in die EDV für Wirtschaftswissenschaftler auf der Basis von PASCAL, 7., völlig überarb. und erw. Auflage, München, Wien 1992

Biethahn, J./Mucksch, H./Ruf,W.: Ganzheitliches Informationsmanagement, Bd. I: Grundlagen, 4. Aufl., München, Wien 1996

Biethahn, J./Mucksch, H./Ruf,W.: Ganzheitliches Informationsmanagement, Bd. II: Daten- und Entwicklungsmanagement, München, Wien 1991

Bittner, L.: Innovatives Software-Marketing, Landsberg/Lech 1994

Bittner, L.: Ursachen und Folgen der steigenden Bedeutung des DV-Service, in: Wimmer, F./Bittner, L. (Hrsg.): Software-Marketing: Grundlagen, Konzepte, Hintergründe, Wiesbaden 1993, S. 159 - 189

Böcker, F.: Marketing, 4. Aufl., Stuttgart, New York 1991

Böcker, J.: Marketing für Leistungssysteme, Diss. Wiesbaden 1995

Böhler, H.: Methoden und Modelle der Marktsegmentierung, Stuttgart 1977

Breidler, H.: SNI's Strategie für offene Systeme, Vortrag bei den SNI-Informationstagen für den BDU, Fachgruppe Informationstechnik, am 05.-07.04.1992 in Dresden

Bürger, J. H.: PR - Gebrauchsanleitungen für praxisorientierte Öffentlichkeitsarbeit, Landsberg am Lech 1989

Buschmann, E.; et al: Der Softwaremarkt in der Bundesrepublik Deutschland, GMD-Studie Nr. 167, St. Augustin 1989

Cerf, V.: Testimony before the US House of Representatives (Committee on Space), in: Science and Technology, No. 3/93

Chroust, G.: Modelle der Software-Entwicklung, München/Wien 1992

Curtis, B./Krasner, H./Iscoe, N.: A Field Study of the Software Design Process for Large Systems, Comm ACM vol. 31 (1988) no. 11, S. 1268 - 1298

Dallmer, H.: Direct Marketing, in: Tietz, B./Köhler, R./Zentes, J. (Hrsg.): Handwörterbuch des Marketing, 2., vollst. überarb. Aufl., Stuttgart 1995, Sp. 477 - 492

David, W.: Die Abgrenzung materieller und immaterieller Güter im Jahresabschluß und ihre Konkretisierung am Beispiel der Software, in: DBW-Depot Nr. 172 (Manuskripte aus dem Institut für Betriebswirtschaftslehre der Universität Kiel) o. J.

Davidow, W. H.: High Tech Marketing. Der Kampf um den Kunden - Erfahrungen und Rezepte eines Insiders, Frankfurt/Main 1987

Diruf, G.: Entscheidungsmodell für die Auswahl von Computersystemen, Diss., München 1971

Diebold (Hrsg.): Der Markt für Informationstechnologie: Der Markt für Softwareprodukte in der Bundesrepublik Deutschland, Frankfurt/M. 1977

Dietz, P.: Aufbruchsjahre. Das goldene Zeitalter der deutschen Computerindustrie, Bonn - Fribourg - Ostrava 1995

Diller, H.: Kommunikationspolitik, in: Diller, H. (Hrsg.): Marketing Lexikon, München 1992, S. 546 - 548

Dobschütz, L./von Prautsch, W.: Hohe DV-Kosten: Immer ein schlechtes Zeichen?, in: Harvard manager, 1/92, S. 118-125

Dornheim, K.: Lizenzpolitik als Marketing-Instrument, Vortrag auf der Tagung „Überleben im Softwaremarkt. Neue Konzepte für die Software-Industrie" des Institute for International Research am 28./29.04.1993 in München

Eigner, M./Lippold, D.: Wege zu neuen PPS-Systemen, Gastkommentar in: Computerwoche 04.03.1994, S. 8

Eigner, M./Hiller, C./Schindewolf, S./Schmich, M.: Engineering Database. Strategische Komponente in CIM-Konzepten, München, Wien 1991

Engelhardt, W. H.: Dienstleistungsorientiertes Marketing. Antwort auf die Herausforderung der neuen Technologien, in: Adam, D./Backhaus, K./Meffert, H./Wagner, H. (Hrsg.): Integration und Flexibilität. Eine Herausforderung für die Allgemeine Betriebswirtschaftslehre, Wiesbaden 1990, S.269 - 288

Engelhardt, W.H./Günter, B.: Investitionsgüter-Marketing. Anlagen, Einzelaggregate,Teile, Roh- und Einsatzstoffe, Energieträger, Stuttgart, Berlin, Köln, Mainz 1981

Engelhardt, W. H./Schwab, W.: Die Beschaffung von investiven Dienstleistungen, in: Die Betriebswirtschaft (DBW), 42. JG. (1982), S. 503 ff.

Englert, G.: Marketing von Standard-Anwendungssoftware, München 1977

European Information Technology Observatory (EITO): European Information Technology Observatory 93, Frankfurt 1993

European Information Technology Observatory / European Economic Interest Group (EITO): European Information Technology Observatory 94, Frankfurt 1994

European Information Technology Observatory / European Economic Interest Group (EITO): European Information Technology Observatory 95, Frankfurt 1995

European Information Technology Observatory / European Economic Interest Group (EITO): European Information Technology Observatory 96, Frankfurt 1996

European Information Technology Observatory / European Economic Interest Group (EITO): European Information Technology Observatory 97, Frankfurt 1997

Festinger, L.: Theory of Cognitive Dissonance, Stanford, Cal. 1957

Fink & Fuchs High-Tech Marketing (Hrsg.): Public Relations der Computerindustrie, Wiesbaden 1991

Forschner, G.: Investitionsgüter-Marketing mit funktionellen Dienstleistungen. Die Gestaltung immaterieller Produktbestandteile im Leistungsangebot industrieller Unternehmen, Diss., Berlin 1988

Forschungsinstitut für Rationalisierung (FIR) an der Rheinisch-Westfälischen Technischen Hochschule Aachen (Hrsg.): Das morphologische Merkmalsschema, Sonderdruck 1/90

Frank, J.: Standard-Software. Kriterien und Methoden zur Beurteilung und Auswahl von Software-Produkten, Köln-Braunsfeld 1977

Freter, H.: Marktsegmentierung, Stuttgart 1983

Freter, H.: Marktsegmentierung, in: Tietz, B./Köhler, R./Zentes, J. (Hrsg.): Handwörterbuch des Marketing, 2., vollst. überarb. Aufl., Stuttgart 1995, Sp. 1802 - 1814

Fritz, W.: Erfolgsfaktoren im Marketing, in: Tietz, B./Köhler, R./Zentes, J. (Hrsg.): Handwörterbuch des Marketing, 2., vollst. überarb. Aufl., Stuttgart 1995, Sp. 594 - 607

Geffken, J.: Strategische Partnerschaften: Konzepte - Erfolgsfaktoren - Umsetzungserfahrungen, Vortrag beim 6. Berliner Software Unternehmer-Gepräch am 04./05.02.1993

Gerisch, M./Schumann, J.: Software Entwurf, Köln 1988

Gerth, E.: Zwischenbetriebliche Kooperation, Stuttgart 1971

GMD (Hrsg.): Der Markt für Anwendungssoftware in der Bundesrepublik Deutschland, in: Der GMD-Spiegel, Sonderheft November 1979

Grobe, H.-J.: Wege zum Aufschwung, in: Diebold Management Report Nr. 5 - 94, S. 3 - 5

Gröne, A.: Marktsegmentierung bei Investitionsgütern, Wiesbaden 1977

Große-Oetringhaus, W.: Die Bedeutung des strategischen Marketings für den Vertrieb, Siemens-interne Vortragsunterlage, München 1986

Grunert, K. G./Ellegard, C.: The Concept of Key Success Factors: Theory and Method, in: Baker, M. J. (Hrsg.): Perspectives of Marketing Management, Vol. 3, New York et al. 1993, S. 245 - 274

Haas, R. W.: Industrial Marketing Management - Text and Cases, 3. Aufl., Boston 1986

Hahn, J. H.: Die Software-Dokumentation als Instrument der Qualitätssicherung und des Marketing, in: Wimmer, F./Bittner, L. (Hrsg.): Software-Marketing: Grundlagen, Konzepte, Hintergründe, Wiesbaden 1993, S. 133 - 158

Hamel, W.: Zieländerungen im Entscheidungsprozeß, Tübingen 1974

Hansen, H. R.: Arbeitsbuch Wirtschaftsinformatik I. EDV-Begriffe und Aufgaben, 3. erw. Aufl., Stuttgart 1987

Hansen, H. R.: Wirtschaftsinformatik I. Einführung in die betriebliche Datenverarbeitung, 6., neubearb. und stark erw. Aufl., Stuttgart 1992

Hansen, H. R./Amsüss, W. L./Frömmer, N. S.: Standardsoftware. Beschaffungspolitik, organisatorische Einsatzbedingungen und Marketing, Berlin - Heidelberg - New York - Tokyo 1983

Hansen, U./Leitherer, E.: Produktpolitik, 2. Aufl., Stuttgart 1984

Hargesheimer, E.: Software aus den USA, in: Computer Magazin, H. 7/8, 1985, S. 20 - 26

Hasenbeck, M.: Um Kopf und Kragen, in: Wirtschaftswoche Special, Supplement Nr. 2 vom 4.3.1988, S. 4 - 9

Haug, R.: Normierte Programmierung oder das Baukastenprinzip für Software, in: Zeitschrift für Datenverarbeitung, 2, 1972, S. 97 f.

Häußer, E.: Rechtsschutz für Computerprogramme, in: Schneider, H. J. (Hrsg.): Lexikon der Informatik und Datenverarbeitung, 3., aktualisierte und wesentl. erw. Aufl., München, Wien 1991, S. 665 - 666

Head, R. V.: A Guide to Packaged Systems, New York - London - Sydney - Toronto 1971

Heger, G.: Anfragenbewertung im industriellen Anlagengeschäft, Berlin 1988

Hermanns, A.: Computer-Aided-Selling (CAS), in: Tietz, B./Köhler, R./Zentes, J. (Hrsg.): Handwörterbuch des Marketing, 2., vollst. überarb. Aufl., Stuttgart 1995, Sp. 365 - 376

Hilke, W.: Grundprobleme und Entwicklungstendenzen des Dienstleistungs-Marketing, in: Dienstleistungs-Marketing, Bd. 35, Wiesbaden 1989

Hinterhuber, H. H.: Strategische Unternehmensführung, Berlin-New York 1977

Hirschberger-Vogel, M.: Die Akzeptanz und die Effektivität von Standardsoftwaresystemen, Berlin 1990

Horvàth, P./Petsch, M./Weihe, M.: Standard-Anwendungssoftware für das Rechnungswesen. Marktübersicht, Auswahlkriterien und Produkte für Finanzbuchhaltung und Kosten- und Leistungsrechnung, München 1986

Hüskes, R.: Verkaufen, vertrösten, abwimmeln. Die prekäre Lage des Kunden in der PC-Branche, in: c't Heft 12/93, S. 52 - 54

IBM (Hrsg.): Das IBM Kommunikationsmodell. IBM Enzyklopädie der Informationsverarbeitung, Stuttgart 1984

IDC (Hrsg.): Die Zukunft der deutschen Software-Branche vor der Herausforderung des Europäischen Binnenmarktes. Eine Untersuchung für den Bundesminister für Wirtschaft, Abschlußbericht, Oktober 1991

IDC (Hrsg.): European Software & Services Report 1992

Infratest (Hrsg.): Profil und Profilierung der Software-Industrie 1984, München 1984

Infratest (Hrsg.): Profil und Profilierung der Software-Industrie 1986, München 1986

Jagoda, F.: Brennpunkt Software-Markt. Das Diebold-Szenario zur aktuellen Situation des DV-Marktes und den Perspektiven der deutschen Software-Industrie, Vortrag beim 5. Berliner Software Unternehmer-Gespräch am 06./07. 02. 1992

Jagoda, F.: Software-Markt-Szenario '93. Marktzahlen - Marktstrukturen - Marktentwicklungen, Vortrag beim 6. Berliner Software Unternehmer-Gepräch am 04./05.02.1993

Jagoda, F.: Strategische Allianzen: Der Phantasie keine Grenzen, in: Diebold Management Report Nr. 6 - 94, S. 14 - 19

Jagoda, F.: Computervertrieb: Die Effizienz steigern, in: Diebold Management Report Nr. 6 - 95, S. 16 - 20

Jagoda, F./Besserer, F.: Auf der Suche nach neuen Vertriebswegen, in: Diebold Management Report Nr. 8/9 - 93, S. 3 - 6

Jensen, R. W./Tonies, C. C. (Hrsg.): Software Engineering, Prentice Hall 1979

Kinnebrock, W.: Marketing mit Multimedia. Neue Wege zum Kunden, Landsberg/Lech 1994

Kirsch, W./Börsig, C./Englert, G.: Standardisierte Anwendungssoftware in der Praxis. Empirische Grundlagen für Gestaltung und Vertrieb, Beschaffung und Einsatz, Berlin 1979

Kliche, M./Pörner, R.: Qualifizierung und Personalschulung als Instrumente des Technologie-Marketing. Ansatzpunkte auf dem Wege zu einer Integrationspolitik, in: Baaken,T./Simon, D. (Hrsg.): Abnehmerqualifizierung als Instrument des Technologie-Marketing. Personalentwicklung beim Kunden - eine Herausforderung für Anbieter innovativer Technologien, Berlin 1987, S. 237 - 250

Knoblich, H.: Betriebswirtschaftliche Warentypologie, Bd. 32 der Beiträge zur Betriebswirtschaftlichen Forschung, Köln und Opladen 1969

Knoblich, H.: Zwischenbetriebliche Kooperation. Wesen, Formen und Ziele, in: ZfB, 39. Jg. (1969), S. 497 - 514

Knoblich, H.: Besonderheiten der Absatzmärkte für Produktivgüter, in: VDI-Zeitschrift, Nr. 24, Dezember 1969, S. 1740 - 1743

Knoblich, H.: Die typologische Methode in der Betriebswirtschaftslehre, in: WiSt - Wirtschaftswissenschaftliches Studium, H. 8, August 1972, S. 141 - 147

Knoblich, H.: Warenorientierte Absatztheorie, in: Handwörterbuch der Absatzwirtschaft (HdA), Stuttgart 1974, Sp. 167 - 179

Knoblich, H.: Warentypologie, in: Handwörterbuch der Absatzwirtschaft (HdA), Stuttgart 1974, Sp. 2175 - 2184

Knoblich, H.: Die Typologie als Methode der Marktforschung, in: Marktforscher, 21. Jg., H. 3/1977, S. 63 - 66

Knoblich, H.: Produkttypologie, in: Diller, H. (Hrsg.): Marketing Lexikon, München 1992, S. 964 - 967

Knoblich, H: Absatzpolitik. Arbeitsbuch zu den Vorlesungen Absatzpolitik I und II, 4. Aufl., Göttingen 1994

Knoblich, H.: Gütertypologien, in: Tietz, B./Köhler, R./Zentes, J. (Hrsg.): Handwörterbuch des Marketing, 2., vollst. überarb. Aufl., Stuttgart 1995, Sp. 838 - 850

Knoblich, H./Oppermann, R.: Dienstleistung - ein Produkttyp. Eine Erfassung und Abgrenzung des Dienstleistungsbegriffs auf produkttypologischer Basis, in: der markt 1996/1, 35. Jg., Nr. 136, S. 13 - 22

Koch, F. A.: Computer-Vertragsrecht. Praxis-Handbuch für Kauf, Miete und Leasing von Hard- und Software, Freiburg 1985

Koll, T. U.: Trends und Entwicklungen im PC-Software-Vertrieb, in: Wimmer, F./Bittner, L. (Hrsg.): a. a. O., S. 259 - 265

König, M. M.: Das Computerprogramm im Recht. Technische Grundlagen, Urheberrecht und Verwertung, Überlassung und Gewährleistung, Diss., Köln 1991

Kotler, P.: Marketing-Management. Analyse, Planung und Kontrolle, Stuttgart 1977

Kotler, P./Blümel, F.: Marketing-Management. Analyse, Planung, Umsetzung und Steuerung, 7., vollst. neu bearb. und für den dt. Sprachraum erw. Aufl., Stuttgart 1992

Koppelmann, U.: Produktmarketing. Entscheidungsgrundlagen für Produktmanager, 3., neubearb. Aufl., Stuttgart u. a. 1989

Kühn, R.: Markteintritts- und Marktaustrittsstrategien, in: Tietz, B./Köhler, R./Zentes, J. (Hrsg.): Handwörterbuch des Marketing, 2., vollst. überarb. Aufl., Stuttgart 1995, Sp. 1756 - 1768

Kütz, M.: Organisatorische Veränderungen im Unternehmen durch den Einsatz von Standard-Software, Vortrag anläßlich des Computerwoche-Forum SAP, am 01./ 02. 10.1992 in München

Kunz, H.: Kunden binden statt Kunden finden, in: ATAG Ernst & Young (Hrsg.): Praxis 4/96, S. 12 - 17

Kupsch, P.: Unternehmungsziele, Stuttgart - New York 1979

Lancaster, K. J.: Consumer Demand. A New Approach, New York 1971

Lazer, W.: Marketing Management. Systems Management, New York u. a. 1971

Lehman, M. M./Belady, L. A. (Hrsg.): Program Evolution - Process of Software Change, APIC Studies in Data Proc. No. 27, Academic Press 1985

Link, J.: Database Marketing: Welche Kunden rechnen sich? in: absatzwirtschaft 10/95, S. 108 - 110

Link, J./Hildebrandt, V.: Database Marketing und Computer Aided Selling, München 1993

Lippold, D.: Vorsprung durch Information. Zur Verbesserung der Wettbewerbsposition durch Anwendungssoftware, in: Office Management 3/1988, S. 20 - 22

Lippold, D.: Informatik-Aus- und -Weiterbildung bei der ADV/ORGA F. A. Meyer AG, in: Handbuch der modernen Datenverarbeitung (HMD), Heft 143 (Aus- und Weiterbildung), September 1988, S. 121 - 128

Lippold, D.: Softwaretechnologien zukunftssicher gestalten, in: Handelsblatt, 17.11.1988, S. B3 - B4

Lippold, D.: Die Chance zur Reorganisation. Der zielorientierte Ansatz beim Einsatz von Anwendungssoftware, in: Die Computer Zeitung, 14.12.1988, S. 19

Lippold, D.: Großes Gefälle nicht in Sicht. Unterschied für Standard-Anwendungssoftware von großen zu kleineren Firmen? in: Die Computer Zeitung, 22.02.1989, S.14

Lippold, D.: Häufig Schwächen im Marketing und eine zu geringe Ausstattung mit Eigenkapital, in: Handelsblatt, 11.01.1993, S. 16

Lippold, D.: Jedes dritte Softwarehaus in einer gefährlichen Sackgasse, Gastkommentar in: Computerwoche 28.06.1991, S. 5

Lippold, D.: Marketing als kritischer Erfolgsfaktor der Softwareindustrie, in: Arnold, U./Eierhoff, K. (Hrsg.): Marketingfocus: Produktmanagement (Festschrift zum 60. Geburtstag von H. Knoblich), Stuttgart 1993, S. 223 - 236

Leidecker, J. K./Bruno, A. V.: Identifying and Using Critical Success Factors, in: LRP 1984, No. 1, S. 23 - 32

Leue, G./Herbold, R.: Unbundling - Neue preispolitische Aspekte auf dem Computermarkt, in: Elektronische Datenverarbeitung, Heft 3 (1970), S. 127 - 131

Lünendonk, T.: Gute Geschäfte mit IT-Consulting in Deutschland, in: Computerwoche Verlag (Hrsg.): Beratung. Informationstechnologie, Management, Personal, München 1997

Lünendonk, T./Streicher, H.: Die 50 größten DV-Beratungs- und Software-Unternehmen in Deutschland. Relationen, Strukturen, Tendenzen, München 1996

Maenner, U.: Der deutsche Software-Markt und die internationale Wettbewerbsfähigkeit deutscher Anbieter, Hamburg 1986

Maisberger, P.: High-Tech-Marketing der neunziger Jahre. Vortrag im Rahmen der Veranstaltung „High-Tech-Marketing" des Institute for International Research in Sindelfingen am 15./16.10.1991

Maleri, R.: Grundzüge der Dienstleistungsproduktion, Berlin/Heidelberg/New York 1973

Meffert, H.: Marketing. Grundlagen der Absatzpolitik, 7., überarb. u. erw. Auflage, Wiesbaden 1986

Meffert, H.: Dienstleistungsmarketing, in: Tietz, B./Köhler, R./Zentes, J. (Hrsg.): Handwörterbuch des Marketing, 2., vollst. überarb. Aufl., Stuttgart 1995, Sp. 454 - 469

Meffert, H./Lamneck, S.: High-Tech-Marketing. Branchenspezifische Trends und Strategien für die 90er Jahre, Düsseldorf 1991

Mellerowicz, K.: Allgemeine Betriebswirtschaftslehre. 1. Bd., 13. durchges. Aufl., Berlin 1969

Meyer, A.: Dienstleistungsmarketing, 2. Aufl., Augsburg 1992

Möller, H.-W.: Die Wettbewerbsverhältnisse auf dem Markt für Datenverarbeitungsprogramme, Frankfurt/M. Bern 1981

Müller, W.: Geschäftsfeldplanung, in: Tietz, B./Köhler, R./Zentes, J. (Hrsg.): Handwörterbuch des Marketing, 2., vollst. überarb. Aufl., Stuttgart 1995, Sp. 760 - 785

Naur, P./Randell, B. (Hrsg.): Software Engineering, Proc. NATO Working Conference Oct. 1968

Neugebauer, U./Marock, J./Bujara, G.: Der Markt für Software, Systeme und DV-bezogene Dienstleistungen in der Bundesrepublik Deutschland, GMD-Studien Nr. 74, Dezember 1983

Neugebauer, U.: Das Software-Unternehmen. Empirische Untersuchung des Unternehmensverhaltens und der Faktoren des Unternehmenserfolgs, München, Wien 1986

Nieschlag, R./Dichtl, E./Hörschgen, H.: Marketing, 15., überarb. u. erw. Aufl., Berlin 1988

Nieschlag, R./Dichtl, E./Hörschgen, H.: Marketing, 17., neu bearb. Aufl., Berlin 1994

Noack, H.: Der Aufbau eines elektronischen Datenverarbeitungssystems als rationale Investitionsentscheidung. Alternativen automatisierter Datenverarbeitung und Entscheidungshilfen für die Systemwahl in der Praxis, Berlin 1969

Nomina (Hrsg.): ISIS Engineering Report 1-97

Nomina (Hrsg.): ISIS Personal Computer Report 1-97

Nomina (Hrsg.): ISIS Software Report 1-97

Nomina (Hrsg.): ISIS Unix Report 1-97

O.V.: Anbieter von Software kämpfen um Märkte, in: Frankfurter Allgemeine Zeitung, 13. Juni 1994

O.V.: Dynamik im Softwaremarkt. Konjunkturtrends in der Informatik-Industrie, in: Diebold Management Report Nr. 10, 1989, S. 2

O.V.: Heißes Pflaster, in: highTech 10/89, S. 72-76

O.V.: IT-Branche steht vor drei Krisenjahren, in: Die Computer Zeitung 17.12.1992, S. 1

O.V.: Konzentration bei freien Rechenzentren. Starke Diversifizierung der Arbeitsfelder. Nur noch 100 Unternehmen, in: Blick durch die Wirtschaft, 02.01.1991, S. 8

O.V.: Lünendonk-Liste 1993: Für deutsche Softwerker brechen harte Zeiten an, in: Computerwoche, 17. Juni 1994, S. 1-2

O.V.: Sanfte Stolpersteine, in: highTech 6/89, S. 31ff.

O.V.: Softwaremanagement statt Flickschusterei. Der strategischen Bedeutung des Faktors Software wird zu wenig Rechnung getragen, in: Diebold Management Report Nr. 8/9, 1989, S. 1-7

O.V.: Wettbewerbsfaktor Informationsmanagement. Informationstechnik in der Vertriebsorganisation, Manuskriptauszug des VDI, Fachbereich Technischer Vertrieb, Düsseldorf 13.11.1989

O.V.: Wie gut geht es den Software-Häusern?, in: Online 5/89, S. 36

Pärli, H. G.: Beobachtungen zur Entwicklung der Software-Branche, in: Seibt, D./Szyperski, N./Hasenkamp, H. (Hrsg.): Angewandte Informatik, Braunschweig 1985, S. 267 - 277

Pfeiffer, W.: Zur Notwendigkeit strategischer Vorsteuerung von Innovationsprozessen, in: Franke, J. (Hrsg.): Betriebliche Innovation als interdisziplinäres Problem, Stuttgart 1985, S. 124 - 133

Plinke, W.: Kundenanalyse, in: Tietz, B./Köhler, R./Zentes, J. (Hrsg.): Handwörterbuch des Marketing, 2., vollst. überarb. Aufl., Stuttgart 1995, Sp. 1328 - 1340

Polzer, H. G.: Innovation der Information. Europäische Managementkonzepte und Organisationsformen im Wandel der Informationstechnologie, Weinstadt 1996

Preiß, F. J.: Strategische Erfolgsfaktoren im Software-Marketing. Ein Konzept zur Erfassung und Gewichtung strategischer Erfolgsfaktoren mit Hilfe quantitativer Verfahren, Frankfurt/M. - Bern - New York - Paris 1992

Preiß, F. J.: Strategische Erfolgsfaktoren im Software-Marketing, in: Wimmer, F./Bittner, L. (Hrsg.): Software-Marketing: Grundlagen, Konzepte, Hintergründe, Wiesbaden 1993, S. 45 - 69

Rappaport, A. S./Halevi, S.: Chip- und Softwaredesign. Das Eldorado der Computerbauer, in: Harvard Manager, 2/92, S. 105 - 117

Rasche, H.: Kooperation. Chance und Gewinn, Heidelberg 1970

Redaktionsbüro Lünendonk (Hrsg.): Lünendonk-Liste 1997, Unteregg/-Allgäu, Juni 1997

Reichert, E.: IT-Vision der 90er Jahre: SNI-System- und Marketingstrategie in einer offenen Welt. Siemens/Nixdorf (SNI)-Vortragsunterlagen zu den Informationstagen für den BDU, Fachgruppe Informationstechnik, vom 5. - 7.4.1992 in Dresden

Remmerbach, K. U.: Markteintrittsentscheidungen, Schriftenreihe Unternehmensführung und Marketing, Bd. 21, Wiesbaden 1988

Remmerbach, K. U.: Integrierte Markteintrittsplanung, in: Marketing-ZFP, 11 (1989), H. 3, S. 173-186

Ries, A./Trout, J.: Marketing generalstabsmäßig, Hamburg 1986

Rohr, S./Streicher, H.: Marketing und Vertrieb in der DV. Praxis - Beispiele - Empfehlungen, in: Computerwoche-Edition, München 1994

Roth, G./Wimmer, F.: Software-Marktforschung als Grundlage der Produktgestaltung, in: Wimmer, F. /Bittner, L. (Hrsg.): Software-Marketing: Grundlagen, Konzepte, Hintergründe, Wiesbaden 1993, S. 109 - 131

Rück, H. R. G.: Dienstleistungen - ein Definitionsansatz auf der Grundlage des „Make or buy"-Prinzips, in: Kleinaltenkamp, M. (Hrsg.): Dienstleistungsmarketing. Konzeptionen und Anwendungen, Wiesbaden 1995, S. 1 - 31

Sandig, C.: Betriebswirtschaftspolitik, 2. Aufl., Stuttgart 1966

Schäfer, E.: Die Unternehmung, 6. Aufl., Köln und Opladen 1966

Schäfer, E./Knoblich, H.: Grundlagen der Marktforschung, 5., neubearbeitete Aufl., Stuttgart 1978

Schaper, T.: Produktorientiertes Marketing. Eine Analyse auf typologischer Basis, Diss., Thun - Frankfurt a. M. 1992

Scheuch, F.: Marketing, 3. Aufl., München 1989

Schildhauer, T.: Strategisches Softwaremarketing. Übersicht und Bewertung, Diss., Wiesbaden 1992

Schmidhäusler, F.: Wachstum mit Kooperationen, in: online 9/90, S. 16 - 17

Schnaars, S. P.: When Entering Growth Markets. Are Pioneers Better than Poachers?, in: Business Horizons, 1986, March-April, S. 27-36

Schneider, H. J. (Hrsg.): Lexikon der Informatik und Datenverarbeitung, München 1986

Schoch, R.: Der Verkaufsvorgang als sozialer Interaktionsprozeß, Winterthur 1969

Schott, E.: Andere Gewichte und neue Inhalte. Kommunikationspolitik für Informationssystem-Anbieter, in: absatzwirtschaft 12/94, S. 88 - 93

Schweiger, G.: Image und Imagetransfer, in: Tietz, B./Köhler, R./ Zentes, J. (Hrsg.): Handwörterbuch des Marketing, 2., vollst. überarb. Aufl., Stuttgart 1995, Sp. 915 - 928

Sempert, F. P.: Der Software-Markt in Deutschland - Trends und Ausblicke. Vortragsmanuskript zum Software-Forum '94 (5. Kölner Softwaretag), 26.05.1994

Silberer, G. (Hrsg.): Marketing mit Multimedia. Grundlagen, Anwendungen und Management einer neuen Technologie im Marketing, Stuttgart 1995

Simon, H.: Die Zeit als strategischer Erfolgsfaktor, in: ZfB, 59 (1989), S. 70 - 93

Simon, H.: Management strategischer Wettbewerbsvorteile, in: ZfB, 58. Jg. (1988), Heft 4, S. 461 - 480

Simon, H./Homburg, C.: Marktbarrieren, in: Tietz, B./Köhler, R./ Zentes, J. (Hrsg.): Handwörterbuch des Marketing, 2., vollst. überarb. Aufl., Stuttgart 1995, Sp. 1744 - 1756

Sneed, H. M: Hohe Wartungskosten kommen nicht von ungefähr. Anpassungen und Erweiterungen erfordern ständig steigenden Aufwand, in: Computerwoche, 17 Jg., 1990, Nr. 27, S. 13

Sneed, H. M.: Software-Wiederverwendung, in: ADV (Hrsg.): EDV in den 90er Jahren: Jahrzehnt der Anwender - Jahrzehnt der Integration, ADV 1990, S. 199 - 214

Sommerlatte, T.: Die Veränderungsdynamik, die uns umgibt. Ist das Unternehmen ausreichend darauf eingestellt?, in: Arthur D. Little Int. (Hrsg.): Management der Geschäfte von morgen, Wiesbaden 1986, S. 1 - 15

Spiegel-Verlag (Hrsg.): Der Entscheidungsprozeß bei Investitionsgütern. Beschaffung, Entscheidungskompetenzen, Informationsverhalten, Hamburg 1982

Spiegel-Verlag (Hrsg.): Innovatoren. Eine Pilotstudie zum Innovationsmarketing in Maschinenbau und Elektroindustrie, Hamburg 1988

Stahlknecht, P.: Einführung in die Wirtschaftsinformatik, 7. vollst. überarb. und erw. Aufl., Berlin - Heidelberg - New York 1995

Staiger, W.: Treibende Kraft. IBM sieht sich als Wegbereiter zu einer neuen Softwarekultur, in: Chefbüro, 18. Jg., Nr. 1/95, S. 44 - 46

Starke, U.: Absatzwirtschaftliche Kooperation zwischen Unternehmen der Konsumgüterindustrie, Diss., Erlangen-Nürnberg 1970

Steeb, H.: Strategische Allianzen: Neue Wege durch Wandel, Gastkommentar in: Computerwoche, 12. Juli 1991, S. 8

Steffenhagen, H.: Industrielle Adoptionsprozesse als Problem der Marketingforschung, in: Meffert, H. (Hrsg.): Marketing heute und morgen, Wiesbaden 1975, S. 107 - 125

Steinbeißer, K./Dräger, U.: Ein betriebstypologisches Verfahren zur Segmentierung des Anwendungssoftware-Marktes, in: Informatik. Forschung und Entwicklung, 5/90, S. 63 - 71

Streicher, H./Hansen, J. R.: Die stille Macht am Markt. Wirtschaftsprüfer im IT-Geschäft, in: IT-Marketing, 7/8 1997, S. 28 - 30

Strothmann, K.-H.: Investitionsgütermarketing, München 1979

Strothmann, K.-H./Baaken, T./Kliche, M./Pörner, R./Stiefel-Rechenmacher, R.: Merkmale innovativer Unternehmen der Investitionsgüter-Industrie, Würzburg 1987

Strothmann, K.-H./Baaken, T./Kliche, M./Pörner, R./Stiefel-Rechenmacher, R.: Integrationspolitik und Technologie-Beobachtung im Innovationsmarketing, Würzburg 1988

Strothmann, K.-H./Kliche, M.: Innovationsmarketing. Markterschliessung für Systeme der Bürokommunikation und Fertigungsautomation, Wiesbaden 1989

Strunz, H.: Strukturwandel in der Softwareindustrie, in: Seibt, D./Szyperski, N. /Hasenkamp, H. (Hrsg.): Angewandte Informatik, Braunschweig 1985, S. 279 - 287

Stuke, G.: Zwischenbetriebliche Kooperation im Absatzbereich von Industriebetrieben, Diss., Frankfurt am Main, Zürich 1974

Szyperski, N./Winand, U.: Duale Organisation. Ein Konzept zur organisatorischen Integration der strategischen Geschäftsfeldplanung, in: ZfbF-Kontaktstudium 31 (1979), S. 195-205

Taylor, D. A.: Objektorientierte Technologien. Ein Leitfaden für Manager, Bonn - München - Paris 1992

Töpfer, A.: Marketing für Start-up-Geschäfte mit Technologieprodukten, in: Töpfer, A./Sommerlatte, T. (Hrsg.): Technologie-Marketing. Die Integration von Technologie und Marketing als strategischer Erfolgsfaktor, Landsberg/Lech 1991, S. 163 - 200

Töpfer, A./Sommerlatte, T (Hrsg.): Technologie-Marketing. Die Integration von Technologie und Marketing als strategischer Erfolgsfaktor, Landsberg/ Lech 1991

Tüschen, N.: Unternehmensplanung in Softwarehäusern. Entwurf und Weiterentwicklung eines Bezugsrahmens auf der Basis empirischer Explorationen in Softwarehäusern in der Bundesrepublik Deutschland, Diss., Bergisch-Gladbach, Köln 1989

UBM (Hrsg.): Ausverkauf der deutschen Software-Industrie? Vortragsunterlagen für UBM-Trendgespräch, München 1990

UBM (Hrsg.): PPS-Paket für die Zulieferindustrie, UBM-interne Workshop-Unterlage, Bremen 1989

Vogel, H.: Die Aktivierung originärer immaterieller Anlagewerte im aktienrechtlichen Jahresabschluß, Diss., Berlin 1982

Vollmer, R.: Das blaue Wunder. Die IBM und ihre Mitbewerber, Reutlingen 1984

von Hippel, E.: Lead Users: A Source of Novel Product Concepts, in: Management Science, 32 (July 1986), S. 791 - 805

Weis, H. C.: Persönlicher Verkauf, in: Tietz, B./Köhler, R./Zentes, J. (Hrsg.): a. a. O., Sp. 1981

Wendel, D.: Systemarchitektur: Corporate Server und die Zukunft des Mainframes, in: Diebold Management Report Nr. 6 - 95, S. 12 - 16

Webster, F.E./Wind, Y.: Organizational Buying Behavior, Englewood Cliffs, N.J. 1972

Welge, M. K.: Strategische Allianzen, in: Tietz, B./Köhler, R./Zentes, J. (Hrsg.): Handwörterbuch des Marketing, 2., vollst. überarb. Aufl., Stuttgart 1995, Sp. 2397 - 2410

Wieselhuber, N./Töpfer, A. (Hrsg.): Handbuch Strategisches Marketing, Landsberg a. L. 1985, S. 308 - 318

Wileden, J. C./Dowsen, M. (Hrsg.): International Workshop on the Software Process and Software Environments, Software Engineering Notes vol. 11 (1986) No. 4, S. 1 - 74

Wimmer, F./Zerr, K./Roth, G.: Ansatzpunkte und Aufgaben des Software-Marketing, in: Wimmer, F. /Bittner, L. (Hrsg.): Software-Marketing: Grundlagen, Konzepte, Hintergründe, Wiesbaden 1993

Wind, Y./Cardozo, R.: Industrial Market Segmentation, in: IMM, 3 (1974), S. 153 - 166

Witte, E.: Kraft und Gegenkraft im Entscheidungsprozeß, in: ZfB, 46 (1976), S. 319 - 326

Wittmann, W.: Unternehmung und unvollkommene Informationen, Köln und Opladen 1959

Wolfmeyer, P.: Markterschließung durch grenzüberschreitende Kooperation. Serviceleistungen der EG-Beratungsstellen, in: Marktforschung & Management, 34. Jg. (1990), H. 1, S. 18 - 21

Wolfrum, B.: Technologie-Marketing, in: Tietz, B./Köhler, R./Zentes, J. (Hrsg.): Handwörterbuch des Marketing, 2., vollst. überarb. Aufl., Stuttgart 1995, Sp. 2450 - 2460

Zentes, J.: Grundbegriffe des Marketing, 2., überarb. Aufl., Stuttgart 1988

Zahrnt, C.: Vertragsrecht für Datenverarbeiter, 2., völlig überarb. Aufl., München 1992

Zimmermann, A.: High-Tech-Marketing - eine neue Dimension, in: Thexis, 4 (1987), H. 1, S. 17 - 18

Zimmermann, G.: Qualitätsmerkmale von Standardsoftware und Möglichkeiten ihrer Beurteilung, in: Online-adl-nachrichten 4/78 (1. Teil), S. 300 - 303

Zimmermann, G.: Qualitätsmerkmale von Standardsoftware und Möglichkeiten ihrer Beurteilung, in: Online-adl-nachrichten 5/78 (2. Teil), S. 419 - 422

Zimmermann, G.: Qualitätsmerkmale von Standardsoftware und Möglichkeiten ihrer Beurteilung, in: Online-adl-nachrichten 6/78 (3. Teil), S. 504 - 507

STICHWORTVERZEICHNIS